马克思主义国家、社会、个人关系理论视角下的中国社会治理研究

殷树凤　著

合肥工業大學出版社

图书在版编目(CIP)数据

马克思主义国家、社会、个人关系理论视角下的中国社会治理研究/殷树凤著. —合肥:合肥工业大学出版社,2017.7

(马克思主义与当代研究丛书)

ISBN 978-7-5650-3487-9

Ⅰ.①马… Ⅱ.①殷… Ⅲ.①社会管理—研究—中国 Ⅳ.①D63

中国版本图书馆 CIP 数据核字(2017)第 180752 号

马克思主义国家、社会、个人关系理论
视角下的中国社会治理研究

殷树凤 著

责任编辑	章 建 张 燕
出版发行	合肥工业大学出版社
地　　址	(230009)合肥市屯溪路 193 号
网　　址	www.hfutpress.com.cn
电　　话	总 编 室:0551-62903038
	市场营销部:0551-62903198
开　　本	710 毫米×1010 毫米 1/16
印　　张	14.5
字　　数	252 千字
版　　次	2017 年 7 月第 1 版
印　　次	2017 年 7 月第 1 次印刷
印　　刷	安徽昶颉包装印务有限责任公司
书　　号	ISBN 978-7-5650-3487-9
定　　价	45.00 元

马克思主义与当代研究丛书

编 委 会

序（一）

出版学术著作文库，这是一件非常高兴的事。能为该丛书作序，这是我的荣幸。

2013 年上半年，教育部学位与研究生教育发展中心发布 2012 年学科评估结果，在全国 121 个高校马克思主义理论学科的评估中，河海大学马克思主义理论学科全国排名并列第九位。2013 年，以教育部“长江学者”沈壮海教授主持的课题组对全国高校思想政治教育学科博士点（马克思主义理论学科的二级学科）进行调查分析，河海大学思想政治教育学科综合学术成果产出在全国排名第五位①。而最近几年来，河海大学在全国高校排名通常居六十多位。由此表明，河海大学是以理工科（水利学科）为特色的全国重点大学，但其马克思主义理论学科的实力较强，在全国高校居于前列。

这是令人十分高兴的成果，说明我们几辈人为之努力的事业，获得了良好的成果。我于 1993 年担任社会科学系主任以来，一直在这个岗位上，见证了我校马克思主义理论学科发展历程。据我所知，杨书恩先生、周容如先生和符丕大先生等带领马列教研室、社会科学系的师生为该学科奋斗，开创了我校思想政治教育、行政管理、法学、文秘等本科专业和马克思主义哲学、自然辩证法、中共党史等硕士研究生专业，在思想政治理论课（当时称为政治理论课，后来称为“两课”）课程建设及教学方面居于

① 排在前四位的分别为武汉大学、华中师范大学、中南大学、大连理工大学。教育部哲学社会科学发展报告建设项目“中国大学生思想政治教育发展报告”课题组：《思想政治教育学科博士点发展调查分析（上）》，《思想理论教育》2013 年第 10 期（上），第 39—48 页。

江苏省高校前列，为后来的马克思主义理论学科和人文社会科学等相关专业建设打下了良好的基础，特别是他们在实践中积累形成的那种视野开阔、艰苦奋斗、开拓创新、不计名利的精神成为后来者的宝贵财富。

最近，新任校长徐辉教授到马克思主义学院调研，我说到马克思主义理论学科的发展要有三个基本条件。一是领导重视，从学校党委书记、校长到各部门领导重视马克思主义理论学科建设。这是河海大学的优良传统，历任书记、校长都重视这个学科的建设和作用，充分肯定该学科做出的贡献，这也是继承了河海大学作为“红帽子大学”的革命传统。二是要有经费支持。三是师生自己要努力。我校马克思主义理论学科的发展，正是三个基本条件“系统合力”的结果。

今天出版一批学术成果，表明我校马克思主义理论及相关学科建设保持着持续发展势头，表明学科的整体学术力量不断壮大起来，也表明学术队伍在数量壮大、素质提升上越来越强，与我们国家的社会主义事业和中华民族伟大复兴同行，我们以我们的方式为河海大学发展和国家与人类事业正在积极做出贡献。我借此祝愿，河海大学马克思主义理论学科为马克思主义理论发展及教育事业，为提高学生思想政治素质发挥更大能量。

是为序。

孙其昂

2013 年 11 月

序（二）

河海大学在新世纪的第一批文科文丛今天得以出版，作为马克思主义学院的院长，我深感荣幸！

马克思主义学院近年来在学校科研方面获得较大成就，先后获得国家基金 14 项、教育部人文社会科学基金 15 项、江苏省基金 18 项，面涉马克思主义、哲学、教育学等学科，这对于才 40 人的学院来说，获得的投入应该是好的。在产出方面，学院老师五年来在《马克思主义研究》《哲学研究》《新华文摘》等高等级刊物上发表论文 41 篇，CSSCI 论文 200 余篇，为马克思主义学院在教育部学位与研究生教育发展中心 2012 年学科评估中获得第九名立下汗马功劳。然而，在书籍出版方面，我们一直苦于没有得力的抓手，没有将老师尤其是年轻人的学术成果转化为产品。此虽为憾，但是今天我们排除困难，终于让这些青年教师和博士生的成果得以和读者见面了。

马克思主义学院成立于 2011 年。马克思主义学院的历史最早可以追溯到 1952 年刚刚成立华东水利学院之初以王克为负责人的马克思主义教学小组。经历这些年的分分合合，我们已经拥有马克思主义理论博士后流动站，具有马克思主义原理、思想政治教育两个博士点，马克思主义一级学科硕士点和思想政治教育本科专业；我们的存在说明河海大学马克思主义教学和研究的生命力，也证明我们是一所传承着杰出校友张闻天精神的名副其实的“红帽子”大学。

当今社会，如何构建中国特色、中国气派的话语体系，是学者尤其是年轻学人应该考虑的问题。文丛在意识形态的怀疑与坚守当中、在法律与道德的交锋当中、在绵绵西语与盈盈东调的对话当中，正经历着一场与中国的改革开放同样的波澜壮阔。民族自尊、文化自强、道路自信的思想被冲激出来。说到底，我们正在为一个民族伟大而富强的梦编织光环，我们已经走向世界，在与古今中外的交流中秉持一种影响全球的文化力。

“人世漫长，人世艰辛，我仍然希望。”（沈浩波《蝴蝶》）文丛是年轻人成长的阶梯，是燃向黎明的一支支火炬。你们播种的，将以光明奉还。

余达淮

2013年11月17日

前　言

在“中国特色社会主义”这一理论体系中，“社会主义市场经济”作为经济领域的内容，“党的领导、人民当家作主、依法治国有机统一的人民民主”作为政治领域的内容，历来都是学者讨论的重心，而“中国特色社会主义”的社会领域内容却没有得到应有的重视。

事实上，由于缺失了“中国特色社会主义社会理论”这一内容，“社会主义市场经济”和“人民民主”都显得缺乏基础，并在很大程度上受到学界和民众的质疑。尤其是在今天，经济高速发展带来的阶层分化问题在中国已经是一个必须面对的现实。面对此问题，知识界的学术探究却出现一些不良趋势：一方面，很多学者力图以欧美自由主义社会理论来作为分析和解决中国社会问题的主要理论依据，却忽略了这一思路必然导致的社会改革方向与我国政治、经济制度的逆反性。由此，很多学者甚至得出了需要彻底告别“社会主义”制度的错误结论。另一方面，马克思主义理论领域兴起的“经典研究”路径，力图回到原点，还原马克思主义理论的“本来面目”，这也不可避免地导致会出现马克思主义研究脱离中国现实、日益“书斋化”的现象，而这恰恰背离了马克思主义理论“理论联系实际”的基本精神。

要解决中国的社会问题，一方面，必须从马克思主义理论中找寻资源，因为马克思主义理论构成了近代以来中国国家建设的主要思想资源，并已经深深融入中国的政治、经济和文化肌体之中，不是少数人反感就能抛弃的；另一方面，从方法论的角度看，马克思主义理论本身也需要从中国的社会治理实践中得到更新和发展，因为作为当代重要的社会主义国家，中国对社会主义实践的具体探索、对人类走向更美好未来的道路开拓有着标志性作用。从这个角度来看，研究中国的社会治理理念、实践及其与马克思主义社会理论之间复杂的互动关系有着重要意义。因为建设和完善“中国特色社会主义社会”，不仅对于执政党有着迫切性，也可以为普通民众提供一种更具理想性的未来社会图景，可以凝聚人心，重塑人们对社会主义国家的认同感。

在建设“中国特色社会主义社会”这一问题上，若要做到“不走邪路，也不走老路”，就更离不开鲜活的、发展的马克思主义社会理论的支持。“社会治理”理念和实践，恰恰可以作为一个重要的突破口。

改革开放30余年，中国各方面发展取得了重大成绩，但面临的社会问题也日趋严重，正如有研究所言：对于执政党而言，现实的挑战在于改革开放30余年来日益严峻的社会分化趋势正在瓦解其社会基础；对于整个国家而言，问题的尖锐之处在于是否还要坚持“社会主义”，或者说，中国特色社会主义是不是仅仅停留在意识形态层面①。从这个意义上来说，在学术上广义的“社会治理”概念，在现实的国家建设方面有着独特的政治意义：既是执政党社会基础的重组过程，也是创建中国特色社会主义社会的实践过程。

---

① 冯靖文：《改革开放以来中国社会阶层分化对党的执政资源的挑战及对策研究》，华东师范大学2009年硕士学位论文。

目　录

第一章　绪　论 ………………………………………………………… (001)

第一节　研究的缘由 ……………………………………………… (001)

一、社会治理理念的正式提出 ………………………………… (001)

二、深化改革的必经之路：从社会管理到社会治理 ……… (003)

三、推进社会治理必须以马克思主义作为主导理论 ……… (005)

第二节　研究现状 ………………………………………………… (006)

一、社会学语境中的社会治理研究及其局限 ……………… (006)

二、案例实践研究中对社会治理理念的发展 ……………… (009)

三、马克思主义中国化视域中的社会治理研究 …………… (010)

第三节　基本理论与理念 ………………………………………… (011)

一、社会治理理念的核心范畴 ………………………………… (011)

二、“国家、社会、个人”视野下的社会治理理念 ……… (016)

三、相关概念辨析 ……………………………………………… (018)

第四节　本书研究方法与创新之处 ……………………………… (022)

一、研究方法 …………………………………………………… (022)

二、本研究课题的创新之处 …………………………………… (023)

第二章　马克思主义“国家、社会、个人”理论的历史源流与现实意义 ……………………………………………………… (026)

第一节　马克思对自由主义社会理论的超越 ……………… (026)

一、马克思对黑格尔国家和社会理论的扬弃 ……………… (026)

二、马克思对“国家、社会和个人关系”的界定和探讨 ……………………………………………………… (029)

三、马克思社会理论的深刻洞见 ……………………… (035)

第二节　恩格斯对马克思社会理论的发展 ……………… (041)

一、社会发展阶段论：国家和社会的消长问题 ………… (041)

二、社会发展中经济基础与上层建筑的关系 …………… (044)

三、东方国家的社会发展问题 …………………………… (047)

第三节　马克思恩格斯之后的马克思主义社会理论 ………… (052)

一、列宁与葛兰西对马克思社会发展观的修正 ………… (052)

二、资本主义的自我调整与社会主义事业的挫折 ……… (055)

三、全球化时代的挑战与马克思主义社会理论回归 …… (057)

第三章　社会治理理念在中国：马克思主义社会理论的中国化历程 ……………………………………………………… (061)

第一节　马克思主义社会理论对中国革命的影响 ………… (061)

一、中国近代的社会结构巨变与救亡思想的兴起 ……… (061)

二、以革命再造社会：中国共产党的定位与先锋队的历史意涵 ……………………………………………… (063)

三、毛泽东对中国社会发展历程的理解及其影响 ……… (066)

第二节　新阶段的国家、社会和个人关系的多元挑战 …… (072)

一、邓小平对国家、社会、个人关系的重新定位 ……… (072)

二、江泽民时期的改革：国家、社会、个人关系的规范化 ……………………………………………………… (077)

第三节　从社会管理到社会治理的初步探索 …………………… (080)
一、胡锦涛时期中国的社会发展成就、挑战及应对 ……… (080)
二、十八大以来的社会治理探索 ……………………………… (084)
第四节　社会革命、社会管理与社会治理的历史使命回顾 …………………………………………………………… (087)
一、社会发展条件与社会政策的相关性 …………………… (087)
二、对不同阶段的成就和问题分析：从辩证法的视角出发 ……………………………………………………………… (093)

第四章　国家、社会、个人关系与当代社会治理理念 ………… (097)

第一节　全球化时代的社会困境 ……………………………… (097)
一、资本全球化带来普遍的社会分化 ……………………… (097)
二、信息全球化急剧放大社会矛盾 ………………………… (099)
第二节　中国面临的现实挑战 ………………………………… (101)
一、国家在全球化时代的双重使命及其矛盾性 …………… (101)
二、全球化时代需要重新定义社会边界 …………………… (103)
第三节　社会治理作为中国深化改革的重点方向 …………… (106)
一、社会治理是中国社会发展阶段的客观要求 …………… (106)
二、社会治理是执政党保持执政合法性的现实任务 ……… (108)
第四节　社会治理作为马克思主义中国化的系统工程 ……… (113)
一、理论上的系统化 …………………………………………… (113)
二、实践上的系统化 …………………………………………… (116)
三、社会治理具体方法的系统化 …………………………… (118)

第五章　国家、社会、个人关系及中国社会治理实践 ………… (122)

第一节　社会治理的不同模式：以不同区域国家、社会、个人三元主体的发育程度为基础 ……………………………… (122)

一、我国东、中、西部面临的不同社会问题 …………… (122)
二、我国东、中、西部具有不同的现实资源 …………… (125)
第二节 社会治理的“深圳经验”：社会、国家与自主个体的互动与协调 …………… (127)
一、深圳的现实挑战：城市化过程中的社会资源分配难题 …………… (127)
二、深圳社会治理经验的几个面向 …………… (129)
三、深圳社会治理经验的理论内涵 …………… (134)
第三节 社会治理的“成都经验”：快速成长期的社会力量需要国家的合理引导 …………… (139)
一、成都的困境：城市化、工业化红利的分配难题 ……… (139)
二、成都社会治理经验的几个方面 …………… (141)
三、“成都经验”的理论内涵：经济发展的共同富裕模式探索 …………… (144)
第四节 社会治理的“鹰潭经验”：社会性资源缺失条件下国家对个体的组织和维护 …………… (147)
一、鹰潭农村社会问题的代表性：人口流出地的社区组织空心化 …………… (147)
二、鹰潭社会治理经验的几个方面 …………… (149)
三、“鹰潭经验”的理论内涵：农村地区的社会建设不能脱离政府的扶持 …………… (155)
四、“鹰潭经验”小结：基层社会治理实践作为构建“中国特色社会主义社会”的理论可能性 …………… (158)
第六章 当代中国社会治理与和谐社会、中国特色社会主义建设 …………… (162)
第一节 社会治理理念的提出：探索国家、社会和个人关系良性互动运行机制 …………… (162)

一、社会治理理念是对“和谐社会”观念的现实化和具体化 …………………………………………………………（162）
二、社会治理理念的核心任务在于探索国家、社会和个人关系良性互动运行机制 ……………………………（165）
三、社会治理理念包含了对马克思主义国家、社会和个人关系视角的遵循与发展 ……………………………（168）
第二节　社会治理理念标示了中国未来的改革方向 …………（173）
一、执政党与政府的主要任务将从发展经济转向社会治理 …………………………………………………………（173）
二、进一步强化企业与社会组织的社会责任 ………………（176）
三、我国公民自主意识的培育需要马克思主义思想资源的滋养 ………………………………………………………（178）
第三节　社会治理现实探索作为中国特色社会主义的实践方式 ……………………………………………………（180）
一、工业化与城市化背景下的社会分化挑战 ………………（180）
二、社会主义的必要性：重整分裂的利益格局与社会思潮 …………………………………………………………（182）
三、社会主义的可能性：中国社会治理实践对个人、社会和国家角色的重新定义 ……………………………（186）
四、全球化时代中的“中国特色社会主义”的未来前景 …………………………………………………………（193）

第七章　结论与展望 …………………………………………（198）

参考文献 ………………………………………………………（204）

后　记 …………………………………………………………（215）

第一章 绪 论

第一节 研究的缘由

一、社会治理理念的正式提出

改革开放30余年来，中国各项事业取得重大进步，人民生活水平不断提高。但需要承认的是，成绩也与问题相伴——在经济建设取得重大成就的同时，中国的社会矛盾也愈发突出：贫富差距拉大、社会阶层不断分化、社会共识破碎化、社会冲突不断涌现。这充分说明，社会问题不会随着经济增长而“自然而然”地得到解决。社会问题的解决需要投入巨大的人力、物力资源。

从国际形势来看，社会矛盾的日益尖锐也已经成为一种普遍的社会趋势。在欧美等国，自20世纪八九十年代以来，里根和撒切尔夫人等人推动的新自由主义改革客观上为金融资本的自由化提供了便利，但降低了劳动阶层的谈判能力，造成欧美社会的内部分裂同样日趋严重。2008年爆发的全球金融危机充分暴露了这一问题。在东欧、北非、西亚等地区，“颜色革命”浪潮不断发生，但旧有权力结构的瓦解和普选制度的建立，并不能消解这些国家内部的巨大不平等，而且还固化和加剧了这些地区内在的社会分裂与宗教矛盾，使各国陷入秩序动荡的泥淖。这说明，建立在欧美历史经验基础上的自由主义政治、社会理论，需要在全球化的背景下重新加以认识和评价。这些理论对中国等后发国家的指导、借鉴作用，需要置于这些国家现实的实践性的动态视野中加以考察和检视。

作为一个具有强大学习能力的执政党，中国共产党对社会矛盾尖锐化的历史挑战有充分的认识。在2004年召开的十六届四中全会上，党明确提出把“社会管理创新”作为社会建设的一项重要任务目标；而在2007年党的十七大报告中要求“健全党委领导、政府负责、社会协同、公众参与的社会管理格局”；2012年，党的十八大报告进一步指出“构建中国特色社会主义管理体系”；到了2013年，“创新社会治理体制”成为党的十八届三中全会之后新的改革目标。

在2013年11月召开的党的十八届三中全会上形成的《中共中央关于全面深化改革若干重大问题的决定》（以下简称《决定》）则进一步强调：“创新社会治理，必须着眼于维护最广大人民根本利益，最大限度增加和谐因素，增强社会发展活力，提高社会治理水平，维护国家安全，确保人民安居乐业、社会安定有序。”由此昭示了我国的社会治理事业从形式到内容必须秉持群众观点，坚持人民民主与社会主义的基本前提，而不是以建立西方意义上的“市民社会”为目标。

在社会治理的方法论立场和理论视野上，改进社会治理方式，要“坚持系统治理，加强党委领导，发挥政府主导作用，鼓励和支持社会各方面参与，实现政府治理和社会自我调节、居民自治良性互动”。这说明，执政党充分认识到，中国的历史和现实资源中存在“党—国家”“社会”与“个人”的三元互动关系，这与西方自由主义理论中普遍存在的国家与社会、国家与个人的对立图景有着本质上的差别，而是与马克思主义社会理论的基本视角存在着寓发展于继承中的辩证关系。因此，中国的现实改革方向，不是以自由主义理论为指导——力图以个人或社会来限制国家，而是去理解和探索“国家”“社会”与“个人”在社会主义思想历程和中国历史进程中的复杂关系及其改善方向。

在社会治理的具体内容和方法上，党的十八届三中全会《决定》指出了几个方向：首先，是国家、政府在社会治理层面的规范化运作，摆脱运动式的“维稳”思路——“坚持依法治理，加强法治保障，运用法治思维和法治方式化解社会矛盾”。其次，是注重道德引导和利益协调的双重作用，改变“人民矛盾人民币解决”的功利性思路——“坚持综合治理，强化道德约束，规范社会行为，调节利益关系，协调社会关系，解决社会问题”。再次，是将基层党政系统的工作重心逐步从经济建设转向社会治理，加强党和国家的社会基础和群众基础——“坚持源头治理，标本兼治，重在治本，以网格化管理、社会化服务为方向，健全基层综合服务管理平台，及时反映和协调人民群众各方面各层次利益诉求”。最后，是探索“政府培育社会”的实践路径——“激发社会组织活力。正确处理政府和社会关系，加快实施政社分开，推进社会组织明确权责、依法自治、发挥作用。适合由社会组织提供的公共服务和解决的事项，交由社会组织承担。支持和发展志愿服务组织”。

可以发现，“社会治理”理念的提出，与中国进入工业化和城市化的中后期的历史进程密切相关：新中国成立60余年，改革开放30余年，中国已经成为GDP世界排名第二的重要国家，建立起门类齐全的工业体系，在世界产业分工体系中占据着较为核心的地位。这些条件成为中国推动社会治理探索的物质基础。而从目前来看，中国经济的巨大“体量”及其内在运行逻辑，已经使得党和国家对经济发挥的主导和推动作用相较改革初期有所降低，党和国家的下一步工作重心和主要政治职能，势必将逐步调整，着重于制定解决和回应社会问题的路线方针政策。

二、深化改革的必经之路：从社会管理到社会治理

新中国成立以来，中国逐步建立城市“单位制”和农村“公社制”的二元社会管理体制。依托“单位”和“公社”的组织系统，国家对个人和社会实现了全面的管理，并承担相应的福利责任。20世纪八九十年代，党和国家确立了以建立社会主义市场经济为主的改革目标和方向，农村经历了“包产到户”的历程，城市也经历了以“企业改制”为核心的市场化改革。这是一个国家对社会和个人“松绑”的过程，但也在一定程度上体现了国家对社会和个人福利责任的相对退化。

进入21世纪，随着经济发展，社会利益主体多元化的趋势日趋明显，传统以政府承担为主的社会管理策略面临越来越多的挑战，党和政府无法独立应对日益多元化的社会冲突，因此，到了党的十六大，提出社会管理要推进管理主体的扩充——在党委领导下，实现政府、社会与公众的协同。社会管理主体的扩充，标志着社会管理的行政化逻辑已经发生系统性的变革。再经过10余年的发展，中国的市场经济体制改革日益深入，与此同时，社会发展也遇到了更大困境——卡尔·波兰尼等人指出的“市场社

会”的一些危机和特征逐渐出现：市场经济的逻辑突破经济的边界，进入伦理、文化和政治领域，拜金主义、虚无主义观念愈发盛行，腐败问题严重。这表明，社会改革不仅仅意味着放权与让利，也意味着必须调动社会主体积极性，重建社会共识，探索更加良性的社会秩序。这是社会治理理念出现的基本语境。

首先，从“社会管理”到“社会治理”的转变，意味着行动主体的变革。“社会管理”的主体是党和政府，是国家对社会事务和个人的管制，社会和个人相对于国家而言处于被动局面，是被强制的对象，而非拥有主动性的实体。“社会治理”，既不同于“社会管理”观念——过度强调秩序的稳定而牺牲社会和个人的自由，又不同于自由主义的“市民社会”理念——过度强调个体自由和社会自主，反对国家的强大和发展。“社会治理”强调国家、社会和个人的共同参与，强调一种多元主体的良性互动和“共治”理念。

其次，从“社会管理”到“社会治理”的转变，意味着行动逻辑的变革。“社会管理”更多地强调行政性，是一种自上而下的单向行动；而“社会治理”则体现着多元的互动关系，这些互动关系反过来必然要求国家、社会和个人三者行动逻辑的转变。这意味着，第一，政府的职能转变要从经济发展转向社会服务：过去30年来，政府在推动经济发展期间，也逐步受到经济逻辑的影响，转变为一种科层化的管理机构，在掌握丰厚资源的同时，与基层民众也产生了越来越多的隔膜，部分地区干群关系恶化、少数官员腐败严重，党的执政基础受到挑战。为了改变这些状况，政府必须调整工作重心，强化自身的公共服务职能，加强与民众的日常联络，帮助民众解决就业、住房、教育等问题，调整资源分配方向，完善福利体系建设。第二，要发挥社会组织的公共性职能，激发社会组织活力。今天，社会组织如雨后春笋般不断产生，成为一种不可忽视的社会力量，诸如各种类型的NGO组织、行业协会、社区组织等等。社会组织的客观存在不可否认，传统的“社会管理”体制往往用限制登记和行政执法的手段来控制和监管社会组织，这不仅无法控制社会组织的自我发展，也往往使得社会组织的正面价值无法得以体现。而“社会治理”理念则强调激活社会组织的正面价值，引导社会组织良性发展，力图在政府与社会组织之间建立合作关系而非激化为对抗性矛盾关系。第三，要实现个人的全面发展。传统的“社会管理”理念将个人视为管理的对象，使之客体化，与马克思主义的基本理念存在矛盾。“社会治理”理念强调个人参与，但这种参与不同于自由主义的个体立场，而是强调个人的自由要在社会层面加以实现，注意发掘个人的公共面向。因此，执政党以社会主义核心价值观来引导个人的发展，力图将个体价值与国家、民族的集体伦理相联系，构建起更为健康的社会伦理秩序，以探索“更好的生活”。

最后，从“社会管理”到“社会治理”理念的转变，不仅意味着现实条件变化带来的执政策略的变革，也意味着执政党执政理念的深化发展：党的十八届三中全会在深化改革层面上的主要进展，一是明确提出了市场在资源配置领域的决定性作用，二是明确提出了“创新社会治理体制”的任务。这意味着党和政府在经济上放权的同时，将把未来工作的重心逐步转移到社会治理领域。

三、推进社会治理必须以马克思主义作为主导理论

从历史事实到理论逻辑都证明，马克思主义社会观之所以在近代中国复杂的社会思潮竞争中脱颖而出，是因为其同中国革命的胜利存在着内在相关性。马克思主义中国化的突出特点，就是创生于具体的革命实践之中。众所周知，1938 年毛泽东在系统总结之前革命实践的得与失的基础上写作了《论新阶段》这本光辉著作。在该书中，他第一次科学而详细地概述了马克思主义中国化的理论内涵：“马克思主义必须和我国的具体特点相结合并通过一定的民族形式才能实现。……要学会把马克思列宁主义的理论应用于中国的具体的环境。……离开中国特点来谈马克思主义，只是抽象的空洞的马克思主义。”“使马克思主义在中国具体化，使之在其每一表现中带着必须有的中国的特性，即是说，按照中国的特点去应用它，成为全党亟待了解并亟须解决的问题。”[①] 由此可以看出，马克思主义中国化就是将马克思主义与我国的具体实践相结合，这是普遍性与特殊性的统一，需要在中国的具体背景中实现普遍性。

如果说中国过去已经探索出了一条在东方欠发达国家进行革命、进行工业化的道路，那么到了今天，新的任务就是必须探索出在工业化中后期

① 《毛泽东选集》第二卷，人民出版社 1991 年版，第 534 页。

阶段，如何克服资本带来的社会分化、阶层固化、政党官僚化的问题，这是“社会治理”面临的宏观历史挑战。

从党的十八届三中全会《决定》中我们可以发现，执政党依然非常清晰地认识到，中国的社会治理并不能完全照搬西方“市民社会”的理念，而必须延续和发展马克思主义的基本理念，并在此基础上探索国家、社会和个人在社会治理层面的良性互动模式。

今天，人类历史已经进入新的发展阶段，伴随着新的技术、新的经济趋势的推动，个人、社会和国家的关系正经历着复杂的变迁。此时讨论国家、社会和个人三者间的关系，需要针对一个相对实在的领域进行，无论是太过宏观还是太过微观都难以展开合适的论述，而社区作为个人、社会和国家交叉的一个中观领域，恰好能满足这一要求。而且，随着中国自身发展阶段的提升，中国的社区建设实践必将逐步成为处理众多社会问题的枢纽。

第二节　研究现状

一、社会学语境中的社会治理研究及其局限

20世纪90年代以来，社会学在中国逐步成为一门“显学”，一个关键性的原因是经过经济的高速发展之后，中国社会正在日趋分化。如何评价这种分化，如何应对这些分化带来的社会问题，成为众多学者关注的重点，且他们的依据大多数是引自西方的“市民社会”理论。而依据西方“市民社会”理论的标准来分析，中国社会面临的问题又集中在以下几个颇具争议性的方面：

（1）断裂化。孙立平等人提出，20世纪90年代以来，我国的社会分化趋势日益明显，并渐渐分化为一个内置性的“断裂社会”，即整个社会分裂为相互隔绝、差异鲜明的两个部分——上层社会和底层社会[①]。这即

① 孙立平：《博弈：断裂社会的利益冲突与和谐》，社会科学文献出版社2006年版，第27页。陈定湾：《社会分层视角下卫生公平性研究：基于浙江省的实证调查》，浙江大学出版社2015年版，第107页。

是说，我国的社会呈现一种两极分化的趋势。

（2）中产化。同前述观点截然相左的是，陆学艺等人抛出了社会形态“中产化”或“中间层化”的观点。这种观点认为，我国社会结构已然从正“金字塔形”逐渐变成被誉为现代社会结构理想形态的“椭圆形”或“橄榄形”①。

（3）结构化。“结构化”和“再生产”概念最早由李路路提出。显然，这种结构色彩浓厚的学理表述是对我国社会阶层化趋势发展的凝练解释。他认为：“在当代中国社会，社会经济差异已结构化，或者说阶级阶层结构稳定化，而且阶级阶层结构将被延续下去。”②

（4）碎片化。与李路路的结构化观念相似但不同的是，“碎片化”观点认为：“传统的几大阶级或阶层——工人阶级、农民阶级和知识分子被分化为许许多多的小群体，这些小群体如同一个个的碎片，而这些碎片并未显示出集聚为几大阶级或阶层的迹象。”③

上述观点对我国社会阶层的分化形态及特性做了四种截然不同的分析判断。分化形态上，“断裂化”和“中产化”分别代表了相反的两方结论：一方认为，中国社会阶层的分化正在趋向于一种两极分化、上下对立的社会阶层状况；而另一方则认为，中国社会阶层的分化将形成中间层占主导地位的整合社会状况。分化特性上，“结构化”和“碎片化”同样代表了相反的两种认识：前者认为，我国目前的阶层分化正在形成一种固定化的、有持续影响力的、界线分明的阶级阶层的结构；而后者则认为，目前的阶层分化是在多维度中分散性地呈现的，其并不一定会出现一种能够具有一致利益认同的阶级阶层。

这四种观点之间存在持续的争论，尽管来自各种理论立场的学者都尝试通过改进理论观点和增加经验材料来充实理论，但争论依然存在。这些观点的背后，实际上是认为中国的现实发展应该参照西方社会发展的历史经验，即自由主义式的“社会治理”，其基本语境与逻辑是认为中国的社会主义实践是一种“历史错误”，改革开放是对错误的改正，但还不够彻

① 陆学艺：《当代中国社会阶层研究报告》，社会科学文献出版社2002年版，第11页。

② 李路路：《再生产的延续：制度转型与城市社会分层结构》，中国人民大学出版社2003年版，第8页。

③ 转引自李春玲：《我国社会分层研究30年》，《中国社会科学院院报》2008年9月20日。

底，彻底的改革应该是排除党的长期执政地位，反对马克思主义的指导①。这种观点已经受到越来越多的批判。

比如，邓正来认为，中国的社会改革实践不能照搬西方的“市民社会”理论，不应该秉持市民社会对抗国家的理论立场，而是应该主张社会与国家的“良性互动”②。这种观点在很多学者的研究中都有体现。郁建兴认为，中国必须建立一种国家、市场与社会之间的互补与协作关系。陈晏清指出，当代中国正处在与资本主义国家不同的社会治理历史背景条件下，因此，国家必须有意识地发挥作用。因为，支持社会发展的重要力量便是国家的行政权力。陈江岚认为，建立多角度、分层次的综合评价体系，可以更全面地反映社会发展水平和社会实际状态，对监测社会发展实际进程、客观测评各地区社区建设实效具有重要的意义。尽管这些言论各自具备理论基点，但共同体现出学界对构建有关社会治理的理论体系的努力和尝试。

综上所言，学界目前存在的误区是一些学者以西方自由主义的“市民社会”理论来裁断中国的实践，并严厉批评“党和政府过度参与”，甚至希望以民间自组织来对抗“国家权力”。由此造成的结果，就是低估了改革开放以来的社会治理实践的理论意义和现实意义，甚至可能造成严重的政策性误导，从而极大影响未来的改革方向。于中国而言，西方理论虽然具有借鉴意义，但不能成为指导思想。可以说，大量的专业研究放弃了马克思主义中国化的理论指导，以西方为中心，以西方理论为方法，脱离实际，甚至有进一步颠覆中国政体的意图。具体而言，当前大量的社会建设研究集中在社会学理论领域，这些研究往往从西方研究范式出发来阐释中国城市社区建设实践，言必称欧美，以欧美社会为理想标准，被自由主义的“公民社会”理论所蒙蔽，却没有看到社会建设、共同体重建是个世界性的难题。这样的研究取向必然带来研究成果的南辕北辙，不接地气。不仅如此，当前的研究有许多都是针对社会治理包含的某一内容展开的单线研究，大多未能立足核心问题设计相关的研究路径，也未能站在执政的视角去研究中国化的实践问题，反映了学理分析上的不足，因此本土化社会

① 李春玲：《断裂与碎片：当代中国社会阶层分化实证分析》，社会科学文献出版社 2005 年版，第 11 页。

② 邓正来：《国家与社会：中国市民社会研究》，北京大学出版社 2008 年版，第 221 页。

治理的理论尚未形成。

二、案例实践研究中对社会治理理念的发展

虽然“社会治理”理念正式出现在党的纲领中是在2013年，但在学术领域，构成“社会治理”有机组成部分的基层案例研究已经开展了多年，尤其是在处理政府与社会的互动关系层面上，学术界的研究已经取得了一定成果。

具体而言，如郑杭生在《“中国经验”的亮丽篇章》一书中，对杭州“构建社会复合主体的城市发展整体战略”进行了较为深入的研究，总结出了社会治理的“杭州经验”①。郑杭生的研究与党的十八届三中全会确立的“发挥政府主导作用，鼓励和支持社会各方面参与，实现政府治理和社会自我调节、居民自治良性互动”的改革方向相一致，提供了“国家与社会”良性互动的具体案例和中层理论，相当具有启发意义。而陈红太则对“成都经验”进行了系统研究。他指出，成都城乡一体化建设的快速推进，比较清晰地暴露了我国在工业化和城市化建设中基层自治制度存在的不足和迫切需要改进与完善的地方。比如，对农民流动和城市化过程中的自治权的保护，对基层自治的选举、决策、管理和监督的组织程序进行规范等等问题。而成都新型村级治理机制的探索，既保障了村民的民主权利，又使村党组织的领导权和核心地位由基层民主权利的普遍施行来予以体现和巩固。这事实上是作为一种实践经验和制度范本而存在的②。这一研究表明，在我国农村地区，社会治理需要充分调动国家、社会和个人三者参与。

综上所言，现实的案例研究，一定程度上摆脱了对西方“市民社会”理论的盲目信赖，在基本的理论前提下具有马克思主义的思想特质；但是，尚未与马克思主义的国家、社会和个人关系的视角进行自觉联系，有

---

① 所谓“杭州经验”，即在城市发展中，构建一个个由多个、多层、多界和多域行为主体联合或结合而成的复合型社会组织，以推进社会性项目建设、知识创业、事业发展为目的，社会效益与经营运作相统一，由党政界、知识界、行业界、媒体界等不同身份的人员共同参与、主动关联而形成的多层架构、网状联结、功能融合、优势互补的新型创业主体。参见郑杭生：《“中国经验”的亮丽篇章——社会学视野下“杭州经验”的理论与实践》，中国人民大学出版社2010年版，第2页。

② 陈红太：《成都市新型村级治理机制调研报告》，参见中国农村村民自治信息网，http：//cmzz. mca. gov. cn/article/xncjs/lltt/201201/20120100263603. shtml.

待进行进一步的理论升华。

三、马克思主义中国化视域中的社会治理研究

目前，在中国学术界，马克思主义理论视野下的“社会治理”研究，延续了马克思主义中国化的思想路径，力图从现实的社会问题出发，探索“社会治理”的可行方向。

例如，林尚立在《当代中国政治形态研究》中指出，包括中国在内的社会主义国家，在实际的革命和建设历程中，往往都会形成国家和社会的一体化格局。这种格局虽然从表面上看类似于马克思设想的国家和社会从分裂走向统一，但实际上面临的是国家对社会的代替，而不是社会对国家的克服。因此，对社会主义国家而言，可能出现“政党国家化、国家官僚化”问题，例如苏联沦为“官僚—工人国家”。由于社会分工和大规模社会生产的复杂化，官僚系统显然无法规划所有生产和生活，这就会导致难以克服的官僚主义。而改革开放以来中国的一系列调整，可以看作国家、政党向社会放权，释放空间。林尚立由此认为，面对在市场经济条件下逐步成长起来的社会，党和政府应该采取的态度既不能是压制，也不能是放手不管。在其一系列研究成果中，如《社区党建：中国政治发展的新生长特点》《有机的公共生活：从责任建构民主》等，林尚立指出，应该突出基层党组织在社会治理中的作用，扩大党在基层群众自治中的有效参与范围，使党成为基层自治的主导，从而有效推进基层群众自治的健康发展。林尚立的研究成果，力图纠正主流社会理论“对执政党的遗忘和忽略”，具有相当的理论意义。

李君如对应该发挥“马克思主义理论对社会建设的理论指导作用”有着更强烈的意识。在他看来，目前社会建设理论已然成为学术热点，但多数研究基本是以西方自由主义的公民社会理论为指导，忽略了中国问题的复杂性和特殊性。他认为，改革开放以来，在中国各地的具体实践中，新的具有“马克思主义特性”的社会建设基本经验已被酝酿出来，如浙江温岭通过做实政协的公共参与、政治参与功能，建立起国家与社会的沟通机制，将分化的社会阶层在讨论公共性议题的背景中整合起来。

齐仁在《论中国模式：中国化马克思主义的历史道路》一文中指出，马克思主义中国化历程可以分为三个发展时期，第一，是毛泽东思想从萌

芽、发展到成熟的时期；第二，是中国特色社会主义理论体系的构建；而现在正处于马克思主义中国化的第三期阶段。显然，社会治理是马克思主义中国化第三个时期的重要战略任务。现代化进程的推进、小康社会的全面建设等相关社会治理内容都必然要求我国在加快经济发展的同时要更加注重内涵性建设，例如精神文明与道德风貌、生态持续与资源利用、面向世界与人文传承。正如陈学明对“小康”概念的定义一样，小康就是包含了“全面小康”的自我定义。因而，它不但在本质上体现为社会和谐与共同富裕，还关涉政治清明、文化昌盛、社会正义、环境优美等全方位的协调与和谐的内容。

甘阳自20世纪90年代末以来，提出了“通三统”的理论，即打通西方传统、中国历史传统和马克思主义传统，并将之视为马克思主义中国化在当代发展必须应对的挑战。汪晖在《代表性的断裂：反思未来民主的进程》《“后政党政治”与中国的未来选择》等一系列文章中分析了现代政党政治面临的普遍性难题——丧失代表性、丧失与民众的联系。他还认为，在新自由主义的语境中，资本相对于劳动的优势被极端放大。就中国而言，执政党也必须重新进行社会化，重新定义和发展自身的群众基础，这是马克思主义中国化在社会建设问题上面对的机遇和挑战。

从已知的文献中可以看到，马克思主义视野下的“社会治理”研究已经有了相当的深度。但总体看来，其更多是停留在哲学和思想层面，更多是对过去经验，尤其是革命经验的解释，试图实现马克思主义和中国传统的“和解”。然而，马克思主义中国化研究要真正产生影响、获取认同，成为人们自觉行动的方法，就必须再次走向实践，从庙堂走向民间。

第三节 基本理论与理念

一、社会治理理念的核心范畴

“社会治理”的概念，从思想源流上，与“市民社会”理论有着密切的联系。在西方，“市民社会”理论的兴起是与资本主义秩序的建立密切相关的。社会与国家的二元对立的一个潜在背景是市场的不断扩张。在早期，市场与社会具有很强的同构性，而到了一定的发展阶段，市场反而拥有了巨大力量反过来压制社会。每一次市场大扩张，都会激起相应的社会保护运动，但是社会保护运动对市场扩张过程的反抗，既可能缓解社会矛盾，也可能导致社会的解体。20 世纪八九十年代以来，新自由主义改革推进了全球资本主义的大发展和大扩张，这一扩张过程的成本开始在 21 世纪集中体现，比如 2008 年以来的全球金融危机，以及随之而来的层出不穷的社会抗争运动。面对如此的危机局面，西方思想界重新发掘“市民社会”理论，力图以重建公共空间和公共政治平台来构建新的社会共识，这是新时期“社会治理”概念兴起的现实背景。

“社会治理”概念进入中国后，在很大程度上被重新诠释。党向来注重社会管理和社会管理创新，党的十六大就已提出要将二者作为社会建设的重要内容，并放置于国家战略层面，即将构建社会主义和谐社会提上了党和国家的重要议事日程。而党的十八届三中全会的《决定》更是在理论创新和实践积累的前提下创造性地使用“社会治理”概念，从社会治理改革、体制创新等方面将社会治理工程体系化、全面化与制度化。有关文献将“社会治理”定义为在党的领导下，由政府主导，吸纳社会组织、公民个人多方参与，对社会事务进行协调和处理的活动，而社会治理的诉求图景是福利完善、公平有序的社会主义和谐社会。这正体现了中国的“社会治理”概念在历史观和社会观层面上与西方“市民社会”理论存在巨大差别，其基本立场是坚持和发扬马克思主义的历史观和社会观。

因此，社会治理的目标无非是要创造社会与政府治理社会的和谐共同主体而已。在这一共同主体中，应该凸显出“权利社会”和“社会本位”的治理理念，将“政府本位”的现状扭转过来，而把“社会本位”凸显出来。所以，“权利社会”的重中之重在于强调公民权利的保证和保障，强调政府行使公共权力应当且必须基于公民在政治、经济、社会、文化以及日常生活的各种权利的充分享有与享受的基础上，从而形成社群合作与社区互助的立体交叉之良性的社会政治生态。因此，社会治理应在如下方面表现出自己的时代内涵和政治使命：

首先，要坚持中国特色社会主义的社会公平和正义，这既要体现在法律制度的制定方面，更要落实于现实中人民群众在公共服务（例如，享受教育、医疗保障、就业培训等等）的机会平等上，公正的社会运行机制就能产生公平的社会效果。

其次，公民作为社会活动的主体和实体，应该以积极主动的方式参与其中，因而培养每个人的公民意识、公民参与能力尤其重要。社会是国家有机体的重要基础，而公民有效参与社会管理是实现公民参与国家事务性管理的基本途径。这种方式可以促进社会的自我服务。

最后，强化“社会本位”不等于“废除政府”，不等于资产阶级鼓吹的无政府主义，而是要把握好政府角色和政府职能同社会主体之间的张力结构。在笔者看来，基于中国的社会性质，“无政府主义”的鼓噪背后是“去党化”和“去社会主义化”。

至此，我们可以明晰这样一种辩证关系和有机构架，“社会本位”是一种“相对本位”，而非“绝对本位”。从历史发生学角度考察这个来自于民间的概念，正是要对那种“政府本位”的绝对性和宰制性而建构起来的相对关系进行祛魅。不过，正如我们“扬弃”计划经济一样，我们也批判地看待自由市场。换言之，“社会本位”的这种构架恰是应对政府失灵（“绝对本位”）和市场失灵（资本主义的经济危机）双重困境的有效行为体。作为一个非折中性质的方案，我们知道，一方面，政府失灵体现在对日益多元化、现代化、多层次化、多主体化、多需求性的社会和个人利益的无法满足上；另一方面，市场失灵难以解决分配问题和相关公共资源的配置性问题，撇开是否存在一个高度成熟的市场假设不说，市场机制的逐利性就决定了它在社会公共空间和公益事业上的结构性空间缺位。而强调政府与市场有机互动的“社会本位”却可以使二者保持真正的完善度和效率性。正所谓，“尺有所短，寸有所长”，各取所需，互补优劣。明确政府的权力，划清政府的职能；发挥市场的优势，弥补市场的短板；确立社会的主体，奉行社会的自治，让政府容纳市场和社会，让社会引导市场和政府，让市场主推政府和社会。所以，三者的良性互动一旦形成，就可以改变上述大有二律背反性质的双重困境了。“社会本位”的治理理念既然兴起于民间（社会），社会就理应成为有限政府施行社会治理的利益攸关方，从而与政府构成一个和谐的共治主体。

事实上，我国的改革在总体上都是突出了把政府同社会的对比重心倾向于社会的历史必然之选择。政府对社会管理从“绝对本位”转变为集政府主导、调控和整合于一体的“相对本位”，从而把社会作为曾经的一种绝对服从的客体转变为共治的主体。我们就是在这个意义上将之唤为“社会本位”。政府于社会，是社会主导下的服务一方；而社会于政府，是政府干预中的主体一面；即政府服务社会但却以社会为主体，社会受政府的适当干预却是自为的主体。这是一种政府和社会合作与共治的最优模式。一句话，社会治理理念要抛弃政府的绝对权威，追求自治和服务的价值归属与目标取向。所以，在这种理念下，我们既不应该追求全能、全面的政府角色，也不应该迷恋政府的那种携带自过去的自上而下的权威性。显而易见，一个社会的现代性越差，这个社会便越期望强势政府的存在，而公民的自决权和自治权便越弱。

所以，必须要破除这种非科学、非合理化的观念，要强调并通过各种有效措施强化民间社会的自我组织、自我管理能力。实践证明，一个社会的稳健性（请注意，笔者没有用“稳定性”）在于这个社会的容纳能力和自我调节功能如何；而一个“本位存在”的社会，不管是硬件还是软件，其抗破坏能力普遍较高，这的确有利于维护社会稳定。有活力的社会才有创造和创新，才有社会公民的主体地位和相应权力的施展；一个由政府包办一切而丧失了自我组织与管理能力的社会，显然毫无生气，其社会秩序也将难以维系。

所以，在社会治理改革的全部过程中，必须把促进民间社会成长、社会主体健全、进化社会秩序、维护社会稳定作为首要目标和实践目的，亦可概括为：国家和政府应该全心全意致力于民间社会自治能力提高的社会事业。

一方面，政府应当明确自身的权力界限在哪里，在具体社会治理中有所进有所出；另一方面，政府应当致力于提供更优良的公共服务产品，现代治理的核心就在于优质的公共服务。政府应当摆正自身的有限政府角色定位，并力求向服务型政府转型，以社会服务为核心，才能形成真正良好的社会治理。

社会治理以平等主体之间的相互合作为基础，必须以民间社会的繁荣发展为条件，政府与民间社会之间必须形成良性互动。社会治理需要通过政府和民间社会来共同运作，两者只有平等对待才能达到真正的社会治理目标；良政就是两种治理主体之间通过相互运作所达成的优良状态。强势政府下的羸弱民间社会，抑或两者之间处于极端的相互排斥状态，都算不上真正的良政，社会治理在这两种状态下只会陷入失灵状态。

传统上，我国民间社会发展不够充分，各类社会组织发育不够健全，如何在新时代背景下培育和完善各类社会组织，以使得其更好地发挥社会治理的功能，乃是当前中国社会发展的一大任务。政府应当注意发挥各类社会力量在社会治理中的作用，依靠市场原则逐步下放政府职能，使得社会团体、个人逐渐成为平等的社会治理的多元化主体。这些主体不仅可以为社会提供更广泛的服务，推进社会治理的进一步发展，而且可以通过参与、执行和监督社会事务，实现社会治理的真正民主化，推进社会治理真正有序的发展。

真正的社会治理应该是一种高效且有机的共同治理体系。当然，按照现代法治理念，这样的共治必须要通过有效的政治和社会制度来保证，通过制度建设为参与主体供给现实可行的管理和决策途径。由此，就提出一个“民间社会”存在的现实命题。所谓“民间社会”，就是独立于政府的、能够培育公民的社会土壤。民间社会的存在是社会与政府共同治理的坚实基础和可靠保障。不以民间社会为依托，社会与政府的和谐将会在事实层面受到削弱，由此产生社会被政府弱化的不可抗拒性。民间社会在培育公民精神、确保公民权利、推动公民自治等方面均有关键性作用。这些又恰好进一步构成社会治理的基本内容和题中之意。作为社会人，单个公民参与社会治理和国家事务的途径显然不是以个人方式展开的，而要以结合成民间社会的组织形式展开。换句话讲，民间社会在现实性和可操作性上是社会治理的真正参与主体和监督主体。在这点上，民间社会更像是一个拉康语言分析哲学中的社会“链接”：一方面反映着人民群众的愿望；一方面增加了社会治理的透明度，保护了弱势群体的权益，让所有公民享有并切实利用均等机会和平等权利。

当然，“土壤”的培育不能淹没参与形式和参与途径的合理性构建。程序正义不能代替结果正义，前者只是后者的一个逻辑前提和事实准备。因此，我们强调社会治理之协商民主的合理性和公正性，从而强调了不同利益攸关方在自由和平等的公共话语空间中的对话、讨论、协调、商榷，进而形成一种统一的但又有差异的共识。在哲学上，这被卢梭抽象为“社会公益”。各方相互约束但又互为一体，各方彼此平等且又多元差异。毫无疑问，这符合现代理念。

二、“国家、社会、个人”视野下的社会治理理念

具有英美倾向的法国自由主义奠基者贡斯当在其著作《古代人和现代人的自由》中谈到，在古希腊和古罗马时代，以个体形式存在的自由其实是不存在的，唯有城邦才是真正的政治实体，个人在城邦政治中作为个人主体是缺位的。因此，政治活动的自由在本质上走向了它的反面，即“统治权力”。所以，作为基本人权的个人的自由权利观念，既是一个近代现象，又是一个近代产物。而近代所发生的主要政治事件可以简单概述成个人与国家、国家同社会相分离的过程，这种分离才让个人自由的权利意识真正铺陈开来。从西方自由主义发展的传统来看，推动个人与国家、社会分立的源头可以在霍布斯的理论中发掘出来。霍布斯《利维坦》中的自然状态，一点也无法想象成是“自然的”，而更像是对当时社会现状的一种反馈：一切人反对一切人的战争状态。在个人残存理性的召唤下，每个人都为了保存自身生存下去的可能，而谋求通过共同的力量来克服无序战争对人的肆意侵害。霍布斯的基本立场：个人先于国家存在，国家只是为了保护个人自由与权利的条件，而社会则是一个败坏的领域①。将社会类比于自然状态，显然受到了基督教传统中的堕落观念的影响，社会就像不分善恶的炼狱一般。由此，凡是熟知一点哲学史的人都很清楚，英国经验哲学家霍布斯和洛克在开启资本主义政治和社会制度方面颇有理论共性，只不过，先于洛克的霍布斯可能看到了战火连天的欧洲而心生恐惧，从而表现出对自然状态的拒斥和控诉。他认为，自然状态中的人与人的状态是“狼与狼的战争状态”，而国家不过是囊括一切的“利维坦”。后来的洛克却重新界定了自然状态。与霍布斯相反，洛克认为，自然状态是一个和谐美满的人间天堂：那里物产丰富、资源富饶，最初的每一个人依靠自己的个人劳动将自然财富转化为属于个人的劳动成果。按照洛克的意见，国家虽然“恶”，但却是一种必不可少的“恶”，个人依然是国家构成的前提。从社会环境考察，我们也不难理解洛克之于霍布斯的此种观点转变：英国正在成为一颗冉冉升起的资本主义新星，它的政治秩序和社会财富激励着无数个人发家致富的梦想，资本主义时代新纪元在英国这里开启了。

---

① 参见［英］托马斯·霍布斯：《利维坦》，黎思复、黎廷弼译，商务印书馆1985年版。

在论及个人、社会和国家关系的政治理论时，传统哲学巅峰的代表人物——黑格尔带着庞大的思想体系走来了。为了克服市民社会的缺陷，黑格尔回到了国家观念中，因为市民社会中人的行为固有的那种盲目性、自私心已经造成了社会的诸多困难。那种恣意妄为的资本主义萌芽时代快要过去了，资本逻辑要求一种强制的政治权力和规范的社会秩序。所以，黑格尔不满于市民社会中的那种“伪自由”，因为这种自由带来了社会和国家的整体混乱，而解决方案是政治国家的强力保障。由此，在黑格尔的逻辑中，国家反而成为伦理理念的化身，是自由的实现，是绝对精神普照下的地上精神的实存。他不仅断言国家是个人精神的归宿，还认为德意志民族是人类自由的最终真理彼岸。这样一来，国家事实上凌驾于市民社会之上，市民社会从国家观念中产生，国家观念则是绝对精神的产物。当然，这不符合马克思的历史唯物主义原理。而马克思的历史唯物主义世界观正是从批判黑格尔的法哲学开始的。在马克思看来，黑格尔没有在政治国家和市民社会之间找到真正的平衡点，因为黑格尔在根本上无视了市民社会拥有的独立的政治特征和经济品格。市民社会作为独立的阶级实体可以利用和操纵政治国家。按照马克思主义的国家观，国家不过是统治阶级掌控其他阶级和整个社会的暴力工具罢了。所以，马克思寄希望于无产阶级和无产阶级革命，以此最终消亡国家并重建自由联合的个人所有制，个人自由也就在新形态的社会共同体中真正予以实现。

当然，现实与逻辑的统一绝非线性关系。从霍布斯到马克思，再到今天的全球化世界，资本主义总是在各种曲折的环境中得到了在历史唯物主义理论解释之下的合理性范围内的发展（不要把这句话理解为“先验观念”）。特别是在黑格尔和马克思的时代，在100余年间，资本主义彻底重塑了人类生活的自然空间和社会空间，重塑了个人、社会和国家的面貌，以及这三者之间的相互关系。地理空间的制约和传统精神的牵制被资本无限扩张的现实力量无情地击碎，整个人类文明纳入世界历史和世界文学的历史进程当中。过去的种种关系，个人的、家庭的、民族的、行会的、教会的、城邦的、地域的、民族的、国家的等纷纷瓦解，世界呈现出统一的生产、销售体系和格局，由此掀起一场又一场瓜分世界的图景，新帝国与旧帝国之间的矛盾、阶级与阶级之间的矛盾、社会与国家之间的矛盾不断爆发出来。资本为了对外扩张、对内镇压，就不得不一再强化国家的暴力工具职能。这样既造成了帝国主义国家之间的对立，也造成了民族之间的对立，更造成了无产阶级和资产阶级之间的对立。各种矛盾的集中爆发均采取了战争形式。这些战争包括了各种性质：民族独立的、人民解放的和帝国主义之间的。它们交织在一起，构成了推动历史前进的现实“合力”。所以，世界就爆发了一战、二战，以及各个殖民地和半殖民地的民族解放运动、苏维埃的十月革命、中国的两次土地革命和抗日战争等等。辩证地讲，社会主义国家从可能变成现实，不只是无产阶级的主观努力，还有诸多客观因素，以及必然性和偶然性条件。由此，社会主义实践一开始就面临极大困难：一方面，要建立国家、社会和个人三者之间的新型关系，从而为最终实现人的自由全面发展提供条件；另一方面，面临资本主义国家体系的外部压力，社会主义国家又不得不集中国家权力，压缩个人和社会发展空间，让社会主义国家的社会治理事业和人的全面发展受到不可避免的历史性影响。不但如此，资本主义国家也开始自我调整——它们管制资本、推动国有化、提高社会福利待遇，在某种意义上开始践行黑格尔式的国家角色。因此，从 1945 年以后，我们看到了一个经历较长的平稳发展期的资本主义社会。

当世界步入 20 世纪 80 年代之后，社会主义国家，抑或资本主义国家均面临自身的困境：前者在经过多年的经营后逐渐陷入“全权国家”的僵化结构，国家以一种自上而下的管理方式控制整个社会和个人，导致其发展越来越缺乏维持的动力；而后者，则因其长期推行全民福利政策而难以为继。但新的经济、技术变革的出现，在摧毁福利国家基础的同时，也激发了社会主义国家的内在困难。这都表明，国家、社会和个人之间的关联处于不断的、动态演变的进程中。因此，为应对此种新的时代演变，新的考察是有必要的和有益的。

三、相关概念辨析

（一）“国家治理”“政府治理”与“社会治理”的概念异同

党的十八届三中全会《决定》中，不仅提出了“社会治理”概念，也提到了“国家治理”的概念。与此同时，与“国家治理”概念相关，在政策阐述和理论研究领域还存在着“政府治理”概念。这三个概念在内涵和外延上存在着一定的重合度和相似性，但也存在着实际的差别。对于本书而言，“社会治理”概念作为核心内容之一，需要与“国家治理”“政府治理”的概念厘清关系。

在学术界，“国家治理”概念来源于20世纪末西方理论界的“治理”和“善治”（词源均为Governance）概念，即认为政府应该向社会放权，实现多元主体的参与式治理，弱化行政权的主导性，力图实现社会的自我治理。“治理”概念与“统治”“管理”等概念相对，力图纠正马克斯·韦伯所描述的“科层化官僚体制”的僵化性管理模式，强调参与式、民主化的社会和政治协作。总体而言，西方现代意义上的“治理”概念反映了西方思想界对福利国家体制的“大政府模式”的反省和纠正。而“治理”概念在经由学术界的介绍引入中国之后，其原意发生了很大的转变，中国的历史资源和现实探索中的国家建设思想与“治理”概念发生融合，出现了中国化的“国家治理”概念，集中体现在党的十八届三中全会《决定》之中。从《决定》来看，执政党所理解的“国家治理”概念，一方面与传统的“治民之术”存在本质差别，强调了以人为本和人民民主的基本面向；另一方面也与西方的治理理念存在差别，虽然也强调国家对社会的分权让利，但在国家与社会、个人的关系上，依然秉持马克思主义的基本观点，即坚持党的领导、依法治国和人民群众当家作主的结合。这一视角和立场，超越了西方政治理论的基本立场，反映了马克思主义中国化的历史实践对马克思主义国家和社会理论的推进与发展。

“政府治理”的概念，指的是以行政性的政府组织和系统为主体进行的公共治理活动。其内容包括政府系统的自我管理、对经济和市场的调控、对社会提供公共服务和对社会组织进行的引导。学术界的“政府治理”概念，与20世纪70年代兴起的新公共管理运动密切相关，其基本思路是参照现代企业模式对政府进行改造，提高治理行动的效率性和合理性，降低等级制的官僚结构的低效率风险。这一趋势，与20世纪中期以来西方经历的新技术和产业革命相伴而生：在信息技术普及和产业分工全球化的影响下，传统集中监管式的垄断型企业和垄断型政府模式无法处理日益分散和日益精细化的产业分工体系，也无法处理日益多元化和碎片化的民众诉求，不得不进行改革，从金字塔形的组织结构转变为扁平式的组织形式。对于我国而言，20世纪90年代以来引入“政府治理”的概念，有两个基本前提：其一，是推进政府行为合理化的改革要求，比如优化政府内部的组织架构，克服叠床架屋、机构臃肿的固有问题；规范领导干部的权限范围和权力运作过程，提高政府决策的科学性和民主性。其二，是为了应对全球化的经济挑战，政府调控作为中国处理经济的“两手”之一，发挥过积极作用，但也造成过不良后果；在面对全球化的挑战之时，政府调控需要考量的因素不限于一时一地，宏观调控的难度及调控后果受到质疑的可能性大大增强，因此，必须探索健全宏观调控的评估机制，探索合理行动的可能性。

比较当前执政党所运用的“国家治理”“政府治理”与“社会治理”三个概念，可以发现，三者具有内在的一致性，都是构建现代国家治理体系的有机组成部分。与西方语境中的概念不同，这三者都经过了一定的“中国化”过程。具体而言，三者都认为，执政党的领导是治理的基本前提，治理的目标则是保障和实现人民利益，治理的过程要坚持依法治国的基本原则。

三者的区别主要在于：首先，在内涵范围上，国家治理与政府治理、社会治理之间存在种属关系，政府治理和社会治理存在着交叉和平行关系。国家治理涵盖了政府治理和社会治理。比如，在党的十八届三中全会《决定》中，把建立健全“现代国家治理体系”作为总体目标，而把政府治理和社会治理置于这个总体框架之中。

其次，在治理主体上，国家治理、政府治理和社会治理存在差别。国家治理的主体，从逻辑上讲是人民，而中国共产党作为人民的代表，在现实中承担着国家治理的基本责任，成为治理主体。政府治理的治理主体是政府机构，包括各级行政机关和部门。在社会治理中，治理主体除了党和政府（国家）之外，还包含社会组织和公民。因此，社会治理的主体是三元主体：国家、社会和个人。

最后，在治理逻辑上，国家治理的基础是执政合法性原则，政府治理的基础是效率和科学性原则，社会治理的基础是人民自我管理的人民民主原则。

（二）“社会管理”“社会建设”与“社会治理”的区别及联系

广义的“社会管理”概念，指的是“把社会看作一个有机整体，通过运用计划、沟通、协调、控制、指导等手段，使社会系统协调有序、良性运行的过程”[①]；而狭义的“社会管理”概念，指的是“政府和民间组织运用多种资源和手段，对社会生活、社会事务、社会组织进行规范、协调、服务的过程，其目的是为了满足社会成员生存和发展的基本需求，解决社会问题，提高社会生活质量”[②]。在党政文献中，“社会管理”的概念最先出现于1998年，在《关于国务院机构改革方案的说明》中提出，政府未来的改革方向在于将基本职能转化为宏观调控、提供公共服务和进行社会管理。这一阶段，改革开放多年来集聚的社会矛盾开始集中爆发，如下岗工人问题、拆迁问题等等，为了维护社会秩序的稳定，各级党政机关开始将社会管理作为维稳的具体办法。因此，“社会管理”概念具有一定的强制性和功利性意涵。

“社会建设”概念，从词源上来看，主要来自于党的文献，而非从外部引入的概念。在西方理论中并不存在“社会建设”的专有概念，因为这与西方主流学术界认为社会自主性发展的观点相关，他们相信人们不能“建设”社会，只能引导社会。党的十六届四中全会报告中提出要“加强社会建设与管理”；十七大报告中，则将社会建设与经济建设、政治建设和文化建设并列为四大任务，并系统性地阐释了“社会建设”的内容：一是发展社会事业。社会事业主要包括教育、医疗卫生、劳动就业、社会保障、科技、文化、体育、社区建设、旅游、人口与计划生育等，主要由国家举办。二是优化社会结构。社会结构包括人口、家庭、就业、社会阶层、城乡、区域、社会组织等结构。但影响社会和谐发展的主要是社会阶层结构、城乡结构和区域结构。三是完善社会服务功能。社会要和谐发展，政府的服务必须到位。一方面，要健全民主权利保障制度、公共财政制度、收入分配制度、社会保障制度，以保障人民的权利公平、机会公平和分配公平；另一方面，要合理配置公共服务资源，建立和完善社会支持、帮助、救援的公共服务体制。四是促进社会组织发展。社会组织是沟通政府和民众的重要桥梁，它一方面把社会成员对政府的要求集中起来，转达给政府；另一方面把政府的政策意图反馈给社会成员。同时，社会公

---

① 风笑天、张小山、周清平：《社会管理学概论》，华中科技大学出版社1999年版，第6页。

② 何增科：《论改革完善我国社会管理体制的必要性和意义》，《毛泽东邓小平理论研究》2007年第8期。

益组织在赈灾救灾、扶贫济困等方面可以发挥极大作用。由此可见，社会建设概念内涵丰富，是一个较为宏观的概念。

正如前文所述，“社会治理”概念是对“社会管理”概念的超越。二者之间的主要区别在于：首先，“社会治理”与“社会管理”的行动主体不同。尽管“社会管理”在一定程度上也意识到了社会组织和公民个人的重要性，但其行动主体依然主要是政府机构，强调的是政府的管理职能。而“社会治理”则是多元主体——国家、社会组织和个人都参与其中，体现了民主化和社会化原则。其次，“社会治理”与“社会管理”的运行逻辑不同。“社会管理”主要是政府自上而下的管理社会事务，依托的是行政权能。而“社会治理”必须依赖多元主体的协商关系，是一种动态、循环的互动过程。最后，“社会治理”与“社会管理”的实现形式不同。“社会管理”必须依托行政命令来实现，而“社会治理”除了可以运用政府权力，还可运用文化、伦理、市场等等形式，较为灵活。

而“社会建设”概念，因为内涵较为丰富，常常可以涵盖“社会治理”概念，在很多研究和党政文献中，也常常将“社会建设”和“社会治理”概念等同或互用，尤其是在具体的案例实践研究上，往往都可以用“社会治理”和“社会建设”来定义相关实践。为了保证行文的一致性，本书主要以“社会治理”概念为准。

第四节　本书研究方法与创新之处

一、研究方法

本书研究的课题涉及多个概念，要使得这些概念相互之间保持关联性，必须选择相关的研究方法。

（一）文本研读和抽象思辨相结合的研究方法

本课题涉及对市民社会理论、马克思主义理论的细致梳理，因此有必要对西方经典政治思想家如霍布斯、洛克、黑格尔等人的著作深入阅读，也必须对马克思以及后来的马克思主义者关于社会组织、社会建设的观点进行梳理；在此基础上再进行形而上的抽象思辨，入乎其内，超乎其上，从而发现社会建设观念与马克思主义社会观之间的内在联系。

（二）分析和综合相结合的研究方法

在文本研读过程中，首先，要逐个深入解读不同时期的文本，弄清各个文本的思想主旨。其次，为避免孤立地进行单个文本解读而导致的片面性，需要把不同时期的文本串联起来并联系文本背景进行综合研究。

（三）比较研究方法

本课题在研究过程中，为突出各部分的特点，必须进行马克思理论体系内部各部分内容之间的比较、马克思主义理论同西方市民社会理论观点的比较以及马克思主义中国化的理论研究中不同观点的比较等。

（四）实证研究方法

本课题研究的一个关键部分是对具体的社会治理实践进行理论升华，因此必须对重要的案例进行较为精细的实证研究，积累相关资料和数据，进行翔实分析，力争做到有理有据。

二、本研究课题的创新之处

事实上，本书的创新点已经蕴含在“研究现状的简评”里。因为，本书欲探讨的核心问题是，当代中国社会治理如何避免陷入个人主义和国家主义双向分裂的历史窠臼之中，即如何奠立于“社会平面”（中观层面）来建构“国家—社会—个人”三位一体的社会治理模式。当然，这种模式应当具有中国特色社会主义性质。由此，笔者试图在前辈研究所取得的不菲成绩之基础上，努力在视角和内容两方面做出稍许创新。

（一）视角的创新

众所周知，视角的改变将会改变人们对问题的已有认知，从而改变阐述问题和探索问题的根本思路，进而决定了叙述方式的改变。是故，笔者力图在如下两个方面有所突破：选题视角和研究视角。

第一，选题视角的创新。诚然，就课程专业的学科边界而言，本选题应归置于马克思主义理论门下，但其依然融入了多学科的研究视角。笔者希望能从马克思主义理论、管理学、哲学、社会学、政治学、经济学等学科交融和交叉的视角出发，根据中国社会发展的当代要求和中国社会运行的时代特征，选择一个研究置身全球化语境下、处于现代化转型期的中国社会治理的合理选题视角，以期对社会主义社会治理规律做出更接近其本质的阐释，从而超越单纯的社会学、实证主义或马克思主义中国化选题视角的范畴。

第二，研究视角的创新。从研究现状的分析中，我们不难看出一些学者自觉或不自觉地把研究对象进行形而上学化的逻辑处理，因而出现了多种非辩证逻辑的研究视角。例如，社会学语境中“社会治理”研究由于其浓厚的西方“市民社会”理论背景，便把“个人、社会、国家”两两对立起来。这种视角完全源自近代西方哲学认识论的转向，即人与环境（他者）的“主奴式”哲学关系，也可以说是始于文艺复兴的工具理性逻辑之自然延伸。此外，实证主义的研究视角，毫无保留地将社会治理关系中的主客体完全视为物化结构，基于数理化或模型化逻辑研判社会治理问题。这是工具理性逻辑的直接呈现。尽管笔者的分析也离不开实证案例，但它不是实证主义的研究视角，这是一种原则性的方法论区别。再者，已有的从马克思主义中国化视角出发的学术研究，非辩证性视角呈现为对研究对象的非历史化处理，即试图将历史（革命）经验同当代社会治理问题进行“拼接式”和解。其哲学追问依旧表现为将研究对象进行凝固的结构化处理。所以，其研究视角同样是非辩证的。由此可见，三种类型的研究视角具有殊途同归的效果。诚然，历史唯物主义辩证法本身并非新视角，但在分析社会治理问题上，较于前辈，笔者的确在努力将历史唯物主义辩证逻辑的研究视角运用其中：笔者欲重构的“个人、社会、国家三元主体的互动关系”，正是从历史运动中这三者的主体间关系——“非主奴式”关系的研究视角出发的。而且，这一研究视角与研究方法，与下文内容创新的第二点形成了有效的两两互证关系。

（二）内容的创新

同时，笔者紧紧围绕本研究课题讨论的核心问题，尝试在内容的如下两个方面做出（可能之）创新。

第一，对现存经验的系统化总结。在研究社会治理的马克思主义中国化“理论序列”中，研究内容通常“两极分化”，要么在哲学维度上进行抽象的理论总结，要么在直观的经验层面上进行实证主义的技术性归纳。其实，这完全是马克思主义中国化理论在社会治理维度上理论自觉性“缺位”的表现。因此，笔者希望通过系统总结“成都经验、深圳经验、鹰潭经验”，自觉地把实践认知提升到“中国特色社会主义社会理论”层面，而非一般性的抽象辨析或地方性的经验直观。

第二，期望在马克思主义社会理论的“经典形态”和“当代形态”之间，形塑一种具体的理论共时性和运动的历史合法性。试想，倘若泛泛而议当代中国社会治理应该坚持马克思主义的基本原则、价值取向和理论辩解，这必然会流于形式。因此，笔者努力在马克思主义理论的“经典形态”和“当代形态”之间建构起一条动态的历史“桥梁”，在历史与逻辑相统一的原则下，使二者形成相互关照，即把中国当代的社会治理视为马恩经典理论的当代实践，把马恩经典理论当作中国当代实践的具体规约，亦是研究中国探索的社会治理是否具有在“生产资料的共同占有的基础上，重新建立个人所有制”“个人自由联合体的社会”理论的社会性质和实践的萌芽形式。这也是为何笔者花了不少文墨探究、辨析众多经典理论家的社会理论和几次重大的历史实践的根本原因。毕竟，鲜有国内学者对此做具体的关联性的学理分析。因为，他们更倾向于从党的社会治理理论、从一些重要的理论与实践之间的抵牾错置出发，为中国特色社会主义道路进行“技艺性的政治辩护”或“政治性的技艺辩解”。

第二章　马克思主义“国家、社会、个人”理论的历史源流与现实意义

第一节　马克思对自由主义社会理论的超越

一、马克思对黑格尔国家和社会理论的扬弃

“一切固定的僵化的关系以及与之相适应的素被尊崇的观念和见解都被消除了，一切新形成的关系等不到固定下来就陈旧了。一切等级的和固定的东西都烟消云散了，一切神圣的东西都被亵渎了”①，马克思在《共产党宣言》中如此描绘工业资本主义的兴起对欧洲社会的冲击。大规模的工业生产和全球市场的逐步形成，彻底改变了传统的生活方式，也瓦解了传统的自然社区。马克思在论述古代社会的基本形态时，强调了个人对于整体的从属性：首先从属于家庭，然后是扩大的家庭——氏族，最后才是由氏族发展而来的国家。传统的社区可以被称为“自然的共同体”，基于血缘和亲属关系发展而来的自然村社是其代表②。自然社区的特点在于职业、阶层和意识的尚未完全分化，即使存在简单的社会分工，这种分工也足以支撑个体产生出独立的主体意识和价值诉求。有一些社区，诸如古希腊的城邦、欧洲中世纪的城市和中国古代的城市表现出更为复杂的社会形态，

① 《马克思恩格斯文集》第二卷，人民出版社 2009 年版，第 34—35 页。
② 马克思：《古代社会史笔记》，人民出版社 1996 年版，第 320 页。

也发生了一定程度的阶层分化和观念分化[①]，但这些城市居民的职业和生活更多地表现出一种“寄生性”，即对周围广大农村地区和商业贸易网络的依赖，而不具有独立的生产性能力。

真正具有广泛性和不可逆性的社会分化发生于19世纪中后期，以大机器生产为代表的资本主义彻底改变了欧洲和北美的社会结构，并进一步向亚洲、拉美等边缘地区发展。大工业生产不仅需要数量巨大的劳动者同时工作，也需要日益复杂的分工体系。现代工厂、职工宿舍、劳工社区、商业社区等等新生事物不断出现，改变了传统城市以小资产者为主体的社会结构，也改变了城市生活的组织形态。工业化和城市化相伴，城市规模不断扩张，城市数量不断增多，而广大农村则因人员和资源的流出而出现了普遍的衰败和瓦解现象[②]。经济的高速增长不能掩盖剧烈的社会动荡，社区分化带来的不仅仅是政治、经济关系的重组，还带来严重的伦理危机和普遍的惶恐、焦虑情绪。个体从自然社区未经反思的共同体情感中解脱出来，因为不断遭遇他者和复杂的生活场景而产生了初步的主体意识，但是，这种意识由于缺乏足够的道德指引而变得躁动不安。很多学者担忧，一种没有根基的、混乱的“原子论”的社会场景可能成为现实，因为这种场景可以说就是霍布斯描述的人与人相互战斗的“自然状态”。他们希望能从这些“传统中解放出来”的个体之间找到新的联合机制，从而塑造出一种经过反思的、代表了自由的共同体意识[③]。

马克思在《论犹太人问题》中批判市民社会，认为市民社会“扯断人的一切类联系，代之以利己主义和自私自利的需要，使人的世界分解为原子式的相互敌对的个人的世界”[④]。可以说，市民社会的产生和兴盛，与社区分化密切相关：自然社区瓦解，人员流出、重组，居住社区和工作社区分化，传统的伦理纽带逐步消解，职业伦理、社会公德等调适性的群体性伦理观念出现，并力图在原子化的个体之间建立新的团结。但是，社会分工虽然决定了抽象层面上的人与人之间的相互需要，在具体的个人之间却

---

① ［法］库郎热：《古代城邦》，华东师范大学出版社2006年版，第241页。

② ［英］艾瑞克·霍布斯鲍姆：《资本的年代：1848—1875》，江苏人民出版社1999年版，第35页。

③ 参见［法］爱弥儿·涂尔干：《职业伦理与公民道德》，渠东、杜月译，商务印书馆2006年版。

④ 《马克思恩格斯文集》第一卷，人民出版社2009年版，第54页。

充满冲突和斗争。自然社区对于其居民而言，就是整个世界，而社区分化之后，个体遭遇到日益广阔的时空秩序，由此带来的不确定感和焦虑感反过来使得个体行为变得日益复杂，阶级冲突和阶级压迫逐步显现。为了克服市民社会的缺陷，马克思提出了“自由人联合体”的主张，在《共产党宣言》中，他明确地把“自由人联合体”列为共产党人奋斗的目标。共产主义的奋斗目标就是建立自由人社区。1871 年出现的巴黎公社可以说是马克思的“自由人联合体”思想的一次有益尝试。马克思认为，巴黎公社代表了“人民群众把国家政权重新收回，他们组成自己的力量去代替压迫他们的有组织的力量；这是人民群众获得社会解放的政治形式”[①]。公社式自治与自由主义式自治之间的区别的一个关键因素在于，构筑公社的伦理是一种阶级情谊，超越个体与家庭的兄弟情感。同样，在《论犹太人问题》中，马克思对政治解放的积极意义给予了肯定：他一方面通过对宗教的批判；一方面把市民社会和国家相分离，进而把个体从原来重重压迫下解脱出来，比如封建特权和行会秩序，使追求幸福成为每个人平等自由的权利，从而实现自由和平等。但马克思也注意到，因为“普遍利益和私人利益之间的冲突”、集体利益和个人利益的张力，使得个人面临痛苦抉择。在市民社会中，每个人都是他人的工具，自己也难以置身事外。

但是，对黑格尔“市民社会”理论的研究，使得马克思从中看到异化的结构：“劳动所生产的对象，即劳动的产品，作为一种异己的存在物，作为不依赖于生产者的力量，同劳动相对立。”[②] 所谓异化，实质就是压迫和剥削，饥饿与贫困皆来源于此。劳动的结果却违背了劳动的目的，以至于使工人到了忍饥挨饿的程度。市民社会存在着根本的冲突和矛盾，必须把这一冲突和矛盾予以揭示，否则，国家的管理就无从谈起。1844 年，异化的概念震撼出世，彰显了马克思思想的重要转折。从此，马克思笔下“市民社会”的内在紧张代替了黑格尔思想中“市民社会”与政治国家间的对立。经济需要之间的冲突并非这种内在紧张的全部原因，但经济活动却保持着支配性的关系。以上便是马克思与黑格尔的根本分歧。在马克思眼中，黑格尔的谬误是他取消了市民社会自身所具备的政治性，并为市民

① 《马克思恩格斯文集》第三卷，人民出版社 2009 年版，第 195 页。
② 《马克思恩格斯文集》第一卷，人民出版社 2009 年版，第 156 页。

社会设立了对立面——政治国家。这样的做法注定了其失败的命运，市民社会中隐藏的将占主导地位的政治力量必然取得对政治国家控制的力量。马克思的终极目标，并非要重返与市民社会相对立的政治国家，而是要消除贫困和异化[①]。马克思力求以无产阶级的力量在市民社会中带来新的政治性和公共性。他将被黑格尔排斥在市民社会之外的阶级概念重新注入市民社会中，并转而使之变成了强大力量以解放市民社会。最终获得解放的社会——共产主义社会，不再是相对于市民社会的一般意义上的政治国家，而是成长为一种崭新的政治秩序，这种秩序根除了异化的存在。

二、马克思对“国家、社会和个人关系”的界定和探讨

（一）马克思对个人的重新界定

在马克思看来，费尔巴哈对宗教的批判已经获得了启发性的意义，即发现了是“人创造了宗教，而不是宗教创造人”[②]。由此，由神创造人类的传说不攻自破，没有了神，人类从何而来？马克思认为是“劳动创造了人本身”[③]。马克思笔下的“劳动”，可以做一个层次上的分类与剖析。阿伦特就深刻地揭示“劳动”在马克思思想理论之中的应有含义：“马克思学说真正反传统的倒是一个未曾有的侧面，即对劳动的赞美。它却是自从哲学发轫以来经常遭到蔑视的，被认为没有必要特意去理解、解释那不中用的人及其营生活动（activity），也没有必要重新评价被轻视的工人阶级和劳动。马克思是 19 世纪唯一的使用哲学用语真挚地叙说了 19 世纪的重要事件——劳动的解放的思想家。”[④] 劳动不仅仅是为了满足个人自身的生理需要，劳动同样使人和动物分离开来，让人类获得了升华。人们不应当轻视或误解劳动，因为“通过实践创造对象世界，改造无机界，人证明自己是有意识的类存在物”[⑤]。马克思在《资本论》中揭示出了一个长期遭到忽视的简单道理：劳动提高了工作效率，进而节约了大量时间，这节约的大

① 《马克思恩格斯全集》第三卷，人民出版社 2002 年版，第 206 页。

② 《马克思恩格斯文集》第一卷，人民出版社 2009 年版，第 3 页。

③ 《马克思恩格斯文集》第九卷，人民出版社 2009 年版，第 550 页。

④ ［美］汉娜·阿伦特：《马克思与西方政治思想传统》，孙传钊译，江苏人民出版社 2007 年版，第 12 页。

⑤ 《马克思恩格斯文集》第一卷，人民出版社 2009 年版，第 162 页。

量时间应属于全人类。“沉思”这种以往需要花费时间的奢侈品不再是贵族的专利，而最终开始走向大众。普通人亦获得了思考、沉思的权利。假设自然规律施加给全人类的无法逃避的责任就是体力劳动，那么，随着机器劳动的出现，人们获得了无限解放自己的可能。为了生存，不再必然地指向艰辛的劳动，从而赋予了劳动以新的含义和可能，思想与知识参与的创造性活动正是这种劳动新的扩展。分工协作、使用价值与价值的分离，伴随着劳动形式的转变发生了。虽然不能否认劳动仍将是人类生存的保障性条件，但是我们也不可否认劳动的范围、对象和方式都毫无疑问地扩大了。当此种改变波及社会生活时，必然引起制度的变化。在《历史哲学》中，黑格尔便论述了从一个人自由的东方专制国家到几个人自由的古希腊、古罗马世界再到只要是人都自由的时代，他的逻辑路径与劳动是可以用来相互支持的。二者共同反映了人类反抗必然性，不断追求自由的艰难道路。

人的劳动与历史发生勾连，人通过自觉的劳动可以创造历史。也就是说，历史于人的规定性是可以被超越的。马克思在论及时间时曾这么谈道，“时间实际上是人的积极存在，它不仅是人的生命的尺度，而且是人的发展的空间”①。以此而言，人不只是无尽时间之域的“偶在”，人可以通过积极活动，融入时间而成为某种“定在”。严格来讲，此刻并不存在，存在的只是过去和未来，回想过去，期待未来，生活就在这回想与期待中不断流逝，这本身也属于历史。历史是不断绵延的过程，个体的人、一个国家、一个民族，甚至是被作为“类存在物”的整体的人，在其面前并不比朝生暮死的蜉蝣更持久，但是“根据辩证法运动的逻辑，马克思能把自然与历史、物质与人类结合起来。人类成了有意义的，可以理解的历史的创造者。因为与动物不一样，人类与自然的物质代谢不仅仅是消费，还被要求从事劳动的营生。对马克思来说，所谓劳动，是统一物质与人类、自然与历史的一个圆环”②。

劳动是人与现实世界的最现实交流，而哲学式的反思虽然代表了更高层次上的生命与世界的召唤与回响，但这种个体式的追问并不能对作为整

① 《马克思恩格斯全集》第四十七卷，人民出版社1979年版，第532页。

② ［美］汉娜·阿伦特：《马克思与西方政治思想传统》，孙传钊译，江苏人民出版社2007年版，第43页。

体的人类达到自由状态产生坚定的支持力。只有劳动与哲学相结合，才能造就完整意义上的人。单纯的哲学是一种虚妄的幻想，只有将哲学现实化，才能改变那令人迷茫的现实世界。马克思曾经对两种相反的倾向做出了批判，“德国的实践政治派要求对哲学的否定是正当的。该派的错误不在于提出了这个要求，而在于停留于这个要求——没有认真实现它，也不可能实现它。该派以为，只要背对着哲学，并且扭过头去对哲学嘟囔几句陈腐的气话，对哲学的否定就实现了。该派眼界的狭隘性就表现在没有把哲学归入德国的现实范围，或者甚至以为哲学低于德国的实践和为实践服务的理论。你们要求人们必须从现实的生活胚芽出发，可是你们忘记了德国人民现实的生活胚芽一向都只是在他们的脑壳里萌生的。一句话，你们不使哲学成为现实，就不能够消灭哲学”①。这种观点彻底否弃哲学的意义，在马克思看来是不明智的。而相反的一种倾向，即“起源于哲学的理论政治派”认为：“目前的斗争只是哲学同德国世界的批判性斗争，它没有想到迄今为止的哲学本身就属于这个世界，而且是这个世界的补充，虽然只是观念的补充。该派对敌手采取批判的态度，对自己本身却采取非批判的态度，因为它从哲学的前提出发，要么停留于哲学提供的结论，要么就把从别处得来的要求和结论冒充为哲学的直接要求和结论，尽管这些要求和结论——假定是正确的——相反地只有借助于对迄今为止的哲学的否定、对作为哲学的哲学的否定，才能得到。”② 马克思在对这两种倾向的批判之中，依稀呈现了他对这两种观点的综合，“与现实的调和，即在哲学实现自身的同时，消灭‘作为哲学’的哲学。这类似于他后来提倡的‘理论与实践相统一’”③。将哲学向民众普及，具有极其深远的意义，“批判的武器当然不能代替武器的批判，物质力量只能用物质力量来摧毁；但是理论一经掌握群众，也会变成物质力量。理论只要说服人［ad hominem］，就能掌握群众；而理论只要彻底”④，就能说服人。

明确了劳动和哲学对个人的重要作用之后，马克思重新对个人的概念进行了大胆而全新的界定。不同于传统自由主义理论将个人定义为自然权

---

① 《马克思恩格斯文集》第一卷，人民出版社 2009 年版，第 9 页。

② 《马克思恩格斯文集》第一卷，人民出版社 2009 年版，第 10 页。

③ ［英］戴维麦·克莱伦：《马克思传》，王珍译，中国人民大学出版社 2006 年版，第 97 页。

④ 《马克思恩格斯文集》第一卷，人民出版社 2009 年版，第 11 页。

利的持有者和财产所有者，马克思将个人定义为社会关系的总和，即“人的本质不是单个人所固有的抽象物，在其现实性上，它是一切社会关系的总和”①。在马克思看来，“没有超出作为市民社会的成员的人，即作为封闭于自身、私人利益、私人任性、同时脱离社会整体的个人的人。”② 而人的自由，不是像自由主义理论说得那般，以掌握财产和权利为标准，而是需要通过解放来实现的。独立的个人不存在完全的自由状态，真正的自由是一种总体的、社会的自由，最终，只有完成和实现无产阶级的解放，才能达到政治解放，继而才能实现真正的人的解放，正像马克思指出的：“个人的全面发展，只有到了外部世界对个人才能的实际发展所起的推动作用为个人本身所驾驭的时候，才不再是理想。”③

（二）马克思对市民社会和国家的重新定义

马克思认为，现代自由主义国家彻底颠倒了人：将特殊性的人实现为普遍的现实，而将普遍性的人本质降低为特殊性。马克思继承了卢梭“公民”的概念，将建立在人类共有的普遍性基础上的权利称为“公民权”，明确了任何一种“人权”都不能超出市民社会的利己主义性质的观念，“在这些权利中，人绝对不是类存在物，相反，类生活本身，即社会，显现为诸个体的外部框架，显现为他们原有的独立性的限制。把他们连接起来的唯一纽带是自然的必然性，是需要和私人利益，是对他们的财产和他们的利己的人身的保护”④。在这个意义上，市民社会的成员们有动物性的一面，仍受自然需要的牵制。马克思在这种认识下指出，政治解放的实现是远远不够的，只有“人的解放”才得以将人升格为公民，“使人的世界即各种关系回归于人自身”。随着思考的不断深入，马克思逐渐与卢梭分道扬镳，尤其是对自由主义的道德批判使其越走越远。1845 年，马克思在《德意志意识形态》一文中阐述了其历史唯物主义思想框架，尤其是真正科学地认识了社会历史和人的存在，同时更加准确地把握了现代社会的本质结构，也对自由主义的个人权利原则进行了更彻底的批判。

---

① 《马克思恩格斯文集》第一卷，人民出版社 2009 年版，第 505 页。
② 《马克思恩格斯全集》第一卷，人民出版社 1956 年版，第 439 页。
③ 《马克思恩格斯全集》第三卷，人民出版社 1960 年版，第 330 页。
④ 《马克思恩格斯文集》第一卷，人民出版社 2009 年版，第 42 页。

卢梭以“良心”“同情心”批判了现代欲望心理学，其批判仍不能说脱离了唯我论和主体性意识哲学，虽然他对良心的规定和理性的诉求，使其展开同霍布斯、洛克不同的另一种人性预设，但这仍是心理主义的陈词滥调。历史唯物主义开辟了一条新道路，以一种方法论革命的姿态冲进了政治哲学和社会理论领域。近代哲学家通常以唯我论的意识哲学推论出人性和现代性诸原则，但唯我论是近代哲学无法逃离的“内在性平面”。而马克思不期望通过任何“内在性平面”，却以人的社会性存在为出发点去理解人，进而得出人是一切社会关系的总和，“人就是人的世界，就是国家，社会”①。由此，马克思开启了由“内在性平面”向“社会性平面”的社会理论转换。“社会性平面”的降临质疑了之前基于心理主义的对人的抽象预设，如人之欲望、激情、良心等规定。“社会性平面”内唯一的“初始概念”只有从唯一自明的现实人的感性物质活动出发才能获得，这绝非臆测，而是从“从事实际活动的现实的人”这一直观理念出发的，是历史唯物主义的“我思故我在”。基于社会性平面的理解，一切人是从事物质活动、进行物质生产的人。人是历史性存在着的，历史是由人从事的物质生产生活组成的。每一代人都处在前人生产条件的历史格局下，同时也在为后人开辟着新的历史前提。从此，人类社会及其历史的探索再也无须假想任何一种关于自然的状态了，所以马克思谈道，“过去的联合决不像《社会契约论》中所描绘的那样是任意的，而只是关于这样一些条件的必然的联合”②，即人们是基于一定生产关系和交往形式的联合体。

社会物质生活的生产方式是马克思认为的社会存在基础，生产关系和经济关系是人和人关系的本质，因此，揭示了“自由主义心理学连同其对意识的不恰当理解，本身就是错误意识的一种意识形态和模式”。从唯物史观角度出发，自由主义及其相关的权利体系把社会关系的真实本质歪曲了，又将阶级的特殊利益抽象为超越历史的自然正当，从而达到了掩盖人与人真实社会关系的目的。

马克思从历史唯物主义的角度来使用“市民社会”概念。用马克思的语言来说，它是与各个历史时期的生产力和不同生产方式相联系的社会交

---

① 《马克思恩格斯文集》第一卷，人民出版社 2009 年版，第 3 页。

② 《马克思恩格斯文集》第一卷，人民出版社 2009 年版，第 573 页。

往形式，“市民社会包括各个人在生产力发展的一定阶段上的一切物质交往”①。在马克思的“私人利益体系”中，既有阶级关系的领域、社会关系的领域，又有意识形态的领域，其中最重要的是阶级关系和阶级结构。

马克思指明了市民社会诸领域中“物质生活关系的总和”或经济关系对政治国家的决定性意义，扭转了黑格尔颠倒的世界观。他把整个社会分成三部分：生产力—生产关系（经济基础）—上层建筑，并强调了经济基础对上层建筑的决定性作用。他说道：“这种历史观就在于：从直接生活的物质生产出发阐述现实的生产过程，把同这种生产方式相联系的、它所产生的交往形式即各个不同阶段上的市民社会理解为整个历史的基础，从市民社会作为国家的活动描述市民社会，同时从市民社会出发阐明意识的所有各种不同的理论产物和形式，如宗教、哲学、道德等等，而且追溯它们产生的过程。这样做当然就能够完整地描述事物了（因而也能够描述事物的这些不同方面之间的相互作用）。”② 马克思希望依靠无产阶级来发动社会革命，以社会革命超越政治革命，塑造一种更具公共性的共同体生活，个人自由也因此得到真正的实现。

马克思将黑格尔对市民社会和政治国家的定义进行了颠倒，在考察了实际的国家形态（从封建主义到资本主义）之后，马克思否弃了黑格尔“理念上的国家”形态。在马克思看来，国家的根本特征，其实是“阶级社会中在经济基础上拥有绝对主导地位的统治阶级”，借助阶级斗争胜利而获得的“镇压和剥削被压迫阶级的新手段”③。因此，国家不是一个伦理实体，而是一个政治和阶级的范畴，是出于统治阶级意愿建立的从事阶级压迫的暴力机关，其主要目的是维护统治阶级的利益。马克思从历史发展的角度，论证了国家是人类文明发展到一定阶段的产物，是社会分化的后续结果。国家的存在本身正表明阶级矛盾的不可调和性，国家归根到底产生于社会之中，但又凌驾于社会之上，而且是“同社会相异化的力量的代表”④。

---

① 《马克思恩格斯文集》第一卷，人民出版社 2009 年版，第 582 页。
② 《马克思恩格斯文集》第一卷，人民出版社 2009 年版，第 544 页。
③ 《马克思恩格斯文集》第四卷，人民出版社 2009 年版，第 191 页。
④ 《马克思恩格斯文集》第四卷，人民出版社 2009 年版，第 191 页。

最终，在市民社会和国家的关系上，马克思指出是“市民社会制约和决定国家”①。

三、马克思社会理论的深刻洞见

（一）历史唯物主义视野下的“国家、社会和个人”关系

“理性是有机巧的，同时也是有威力的。理性的机巧，一般讲来，表现在一种利用工具的活动里。这种理性的活动一方面让事物按照它们自己的本性，彼此互相影响，互相削弱，而它自己并不直接干预其过程，但同时却正好实现了它自己的目的，在这种意义下，天意对于世界和世界过程可以说是具有绝对的机巧”②。马克思受到了黑格尔此种历史主义立场的深刻影响，在马克思看来，必然的因果律替代了神作为最高标准，而因果律是从人类以往的历史经验中抽象得知的。因此，马克思对人类历史的研究没有再以个体式的伟人或英雄作为研究路径，转而从人类的物质生产活动处挖掘人类社会从低级向高级、由落后生产关系到先进生产关系的发展线索。同时，马克思相信此种趋势仍将延续。马克思还预言了代表最先进生产力的无产阶级终将取代在当时仍如日中天的资产阶级，这便是革命，而革命必将预示着彻底而全面的变化，革命中包含了必然性和期待性，体现了人类社会不断更新的历程。从辩证法的视角看，革命是历史的展开和终结，而历史构成了革命活动的场域。如果人类想从以往不自由的状态进入彻底自由的状态，革命成了唯一的道路——以终结历史的方式促成历史的实现。“自由仅仅作为历史才能实现，人只有是历史的（=社会的=国家的），才可能是自由的”③。人只有在完成了否定自身所有外部条件和内心束缚的过程后，实现自由才成为可能。对于人所处的历史活动领域而言，“作为有限性，或时间性的否定性，或自由，死亡既是历史的最后基础，也是历史的最初动力”④。

历史与革命改变了相互依赖的状态，走向了共同实现的道路。天主教—新教传统中以神意为最终标准的目的论历史观在文艺复兴运动之中发

---

① 《马克思恩格斯文集》第四卷，人民出版社2009年版，第232页。

② ［德］黑格尔：《小逻辑》，贺麟译，商务印书馆1980年版，第394页。

③ ［法］科耶夫：《黑格尔导读》，姜志辉译，译林出版社2005年版，第664页。

④ ［法］科耶夫：《黑格尔导读》，姜志辉译，译林出版社2005年版，第666页。

生了变化。斯宾诺莎对于上帝的重新诠释影响了后世众多的思想大师，他认为："上帝本人既不是精神（思维）也不是形体；关于上帝，可以说的只是：他存在。"[①] 历史活动中的神意因素被化解，进而树立起一种"机巧"因果律的观念，虽然我们不得不承认这种反对神意目的论的历史观仍然带有目的论的成分，但随之而来的启蒙运动则将因果律的信念发展成为一种带有强烈乐观精神的普遍思潮，"无一物本身是邪恶的，无一物是完全错误的。在某一个体系中显得是丑恶的东西但在另一个关联或更高一级的关联中却表明是良善的，是合目的的整体结构中不可缺少的成份。具体的一切不完善的东西在宇宙的完善中消逝了；一切不和谐之声都消逝在宇宙的和谐之中"[②]。不仅黑格尔的理论中蕴藏着此种乐观主义，而且马克思的思想内也包含着这种乐观主义。正是乐观主义的态度，使马克思即便看到资本主义生产方式在残酷地压榨人民群众，看到"金钱拜物教"日益盛兴于人类生活之中，却仍保持乐观，最终相信人类能够摆脱物质力量奴役的命运，以及由盲目而造成的人与人之间的压迫与剥削。于是，马克思才真诚地认为："对德国来说，彻底的革命、普遍的人的解放，不是乌托邦式的梦想。"[③] 马克思讨论共产主义，同时为人类绘制了一幅具体的蓝图，这更像是一个宏大的叙事背景，其中，无产阶级不再基于工资主张和休息权利而抗争，而基于一种改变人类固有生活方式进行革命活动。无产阶级肩负了历史使命，其抗争被赋予了更为深远的意义。

"只有为了社会的普遍权利，特殊阶级才能要求普遍统治。要夺取这种解放者的地位，从而在政治上利用一切社会领域来为自己的领域服务，光凭革命精力和精神上的自信是不够的。要使人民革命同市民社会特殊阶级的解放完全一致，要使一个等级被承认为整个社会的等级，社会的一切缺陷就必定相反地集中于另一个阶级，一定的等级就必定成为引起普遍不满的等级，成为普遍障碍的体现；一种特殊的社会领域就必定被看做是整个社会中昭彰的罪恶。"[④] 资产阶级曾代表社会的普遍利益与封建阶级展开斗争并不断取得进步，但伴随着胜利，资产阶级日益堕落为压迫民众的特

① ［德］文德尔班：《哲学史教程》下卷，罗达仁译，商务印书馆 1987 年版，第 571 页。
② ［法］科耶夫：《黑格尔导读》，姜志辉译，译林出版社 2005 年版，第 674 页。
③《马克思恩格斯文集》第一卷，人民出版社 2009 年版，第 14 页。
④《马克思恩格斯文集》第一卷，人民出版社 2009 年版，第 14 页。

殊阶层，它完成了历史使命，逐步成为历史发展的障碍而不是支持者了。于是，无产阶级受到压迫，最终处境悲惨。因此，他们基于“自己的直接地位、由于物质需要、由于自己的锁链本身的强迫”① 会具备普遍解放的需要和能力。无产阶级团结在一起，打破身上所有枷锁的努力，将最稳妥地打破旧有制度对人的限制，以此实现人的解放。“无产阶级宣告迄今为止的世界制度的解体，只不过是揭示自己本身的存在的秘密，因为它就是这个世界制度的实际解体。无产阶级要求否定私有财产，只不过是把社会已经提升为无产阶级的原则的东西，把未经无产阶级的协助就已作为社会的否定结果而体现在它身上的东西提升为社会的原则。”② 以此而言，无产阶级革命是一种必然的趋势，是旧历史的终结与新历史的生成，是人类在历史之中拒绝被异化的过程，并回归到没有异化的自由状态之中。以此逻辑展开，无产阶级革命的胜利并不代表着革命的终结，而是意味着革命仍将继续。不断持续的革命，终会消除人类所有的阶级差别，无产阶级也将消灭自己，这种消灭可以理解为一种彻底的解放。

劳动作为人类与现实世界的直接交流，也是人类改造世界的途径。长久以来，人类一直期望剔除劳动本身的痛苦性。社会分工的推行有效地降低了劳动的痛苦性，使人获得了有限的自由，然而，不合理的社会分工造成的思考与实践的分裂也将人引入另一种盲目与苦痛之中。马克思力图通过对哲学的批判将哲学与劳动结合到一起，使劳动者本身成为思考者，成为具备完整认识能力的人。这样，人在劳动的过程中，就能有意识地去了解现实世界的运行规律，进而有意识地组织自身的实践行为。当反思由个体转变为整体人类时，人也就不再会被割裂为虚弱无力的单独的存在者，而成为具有强大力量的、不断延续的类存在。这样，类存在不断展开的过程与历史合一了，革命与运动就不再只是历史与人类的新陈代谢，而是人类实现其本质的途径与进路。于是，我们也就可以理解，马克思在说出“哲学不消灭无产阶级，就不能成为现实；无产阶级不把哲学变成现实，就不可能消灭自身”③ 时，他是在述说人类的一种自我超越、投身永恒的

① 《马克思恩格斯文集》第一卷，人民出版社 2009 年版，第 16 页。
② 《马克思恩格斯文集》第一卷，人民出版社 2009 年版，第 17 页。
③ 《马克思恩格斯文集》第一卷，人民出版社 2009 年版，第 18 页。

愿望。

在这种历史观念的影响下，马克思对于国家、社会和个人的认识，就不再是一个个固定不变的概念，而是随着历史的变化而变化的范畴。而国家、社会和个人的关系，也会随着历史情势的变化而变化。

具体而言，对于国家，马克思虽然指出其最终是要消亡的，但这种消亡是在人类社会的高级阶段——共产主义阶段实现的。在社会主义阶段，国家依然有其存在的价值。比如，马克思认为，在无产阶级通过革命掌握国家政权之后，一方面，要打破压迫机关；一方面，要保留国家的公共服务职能。即“旧政权的纯属压迫性质的机关予以铲除”，而其合理的职能则应“从僭越和凌驾于社会之上的当局那里夺取过来，归还给社会的承担责任的勤务员”①。因此，在社会主义时期，依然需要保留国家，而到了共产主义时期，国家则将重新回归社会，“公共职能将失去其政治性质，而变为维护真正社会利益的简单的管理职能”②。

尽管共产主义社会是人类社会的终极理想，但它并不会因为人们的渴望和意愿而加速到来，而是必须以现实的物质生产力的进步为基础，个人的解放也是如此。早在《德意志意识形态》中，马克思就已经明确指出，“当人们还不能使自己的吃喝住穿在质和量方面得到充分保证的时候，人们就根本不能获得解放。‘解放’是一种历史活动，不是思想活动，‘解放’是由历史的关系，是由工业状况、商业状况、农业状况、交往状况促成的”③。为此，马克思甚至与其他社会主义者产生过激烈争论。他批判蒲鲁东，认为他由于缺乏历史知识而没有看到“人们在发展其生产力时，即在生活时，也发展着一定的相互关系；这些关系的形式必然随着这些生产力的改变和发展而改变”④。

马克思在对资本主义社会进行历史分析时指出，社会发展经历了一个异化过程，“社会为了维护共同的利益，最初通过简单的分工建立了一些特殊的机关。但是，随着时间的推移，这些机关——为首的是国家政

---

① 《马克思恩格斯文集》第三卷，人民出版社2009年版，第156页。
② 《马克思恩格斯文集》第三卷，人民出版社2009年版，第338页。
③ 《马克思恩格斯文集》第一卷，人民出版社2009年版，第527页。
④ 《马克思恩格斯文集》第十卷，人民出版社2009年版，第47页。

权——为了追求自己的特殊利益，从社会的公仆变成了社会的主人”[①]。但是，马克思指出，与封建社会相比，资本主义社会依然是一个巨大的进步，因为其促进了生产力的发展。比如，马克思在评价英国在印度的作用时指出：“英国在印度要完成双重的使命：一个是破坏的使命，即消灭旧的亚洲式的社会；另一个是重建的使命，即在亚洲为西方式的社会奠定物质基础。”[②] 而在《共产党宣言》中，马克思指出，未来能取代资产阶级社会的社会，需要依靠社会生产力的不断发展，因为只有如此，“每个人的自由发展是一切人的自由发展的条件”[③] 方有实现的可能。这说明，国家、社会和个人关系的调整必须以生产力的进步为物质基础。

（二）马克思社会理论中内含的关于社会治理的宝贵思想资源

尽管马克思没有明确提出“社会治理”的概念，但在其思想脉络之中，我们依然可以找到大量思想资源用来丰富当前的“社会治理理念”。

首先，社会治理理念的基本立场，是坚持人民当家作主。早在《法兰西内战》中，马克思就较为详细地论述了人民当家作主的基本内涵。在马克思看来，工人、农民和中产阶级是巴黎公社时期的“人民”的主要组成人员，其敌对的是大地主、高级教士、大资本家等等富裕阶层。因此，人民当家作主，是与权贵统治、大资本家统治截然相对的。工人阶级作为人民的主体，是公社自治的主要担当者，工人阶级“担负着原先由政府、警察局和省政府分担的全部职务”[④]，这不同于封建国家和资产阶级国家的统治职能，是一种社会的自我治理职能的实现，是“生产者的自治政府”[⑤]。资本主义社会，虽然也强调社会自治，但这种自治，往往因为财产等现实因素沦为虚假的自治，因为它无法克服资本主义社会内在的贫富差距扩大的基本困境，正像马克思指出的，资本主义在分配上存在并加剧着必然的社会对立：“资本积聚于少数人手中，另一方面，一无所有的群众集中在大城市——，因此它必然要走向灭亡。”[⑥]

其次，在社会治理的内容和方法上，马克思的很多思想也可以为后来

---

① 《马克思恩格斯文集》第三卷，人民出版社 2009 年版，第 110 页。
② 《马克思恩格斯文集》第二卷，人民出版社 2009 年版，第 686 页。
③ 《马克思恩格斯文集》第二卷，人民出版社 2009 年版，第 53 页。
④ 《马克思恩格斯文集》第三卷，人民出版社 2009 年版，第 197 页。
⑤ 《马克思恩格斯文集》第三卷，人民出版社 2009 年版，第 155 页。
⑥ 《马克思恩格斯文集》第九卷，人民出版社 2009 年版，第 155 页。

者提供借鉴。其一，是关于社会保障方面的内容。马克思提出了社会保障金的概念，社会保障金来源于劳动的剩余价值，是“在剩余价值和剩余产品、从而剩余劳动中，除了用来积累，即用来扩大再生产过程的部分以外，甚至在资本主义生产方式消灭之后，也必须继续存在的唯一部分”①。马克思明确指出，“保险必须由剩余价值补偿，是剩余价值的一种扣除”，而且国家有必要“保证所有的工人都有生活资料，并且负责照管丧失劳动力的人”②。其二，是关于社会教育方面的内容。马克思提出，要用“社会教育代替家庭教育”，这样可以“使教育摆脱统治阶级的影响”③。为了实现这一目标，应该将教育与生产劳动的过程相结合，“把有报酬的生产劳动、智育、体育和综合技术培训结合起来”④。其三，是提出社会监督的理念。马克思根据巴黎公社的实践提出，按照民主原则，行政领导人应向当地居民汇报工作，政治代表应向委托者报告自己的活动。在马克思看来，由无产阶级掌握的政权，应该“以真正的责任制来代替虚伪的责任制”⑤。而无产阶级政权要保证长期存在，就必须让“一切社会公职，甚至原应属于中央政府的为数不多的几项职能，都要由公社的勤务员执行，从而也就处在公社的监督之下”⑥。

最后，在社会治理的必要性和可能性层面，马克思关于公共服务和生产力的关系的论述，尤其值得今天的我们加以重视。基于历史唯物主义观念，马克思专门研究了生产力的发展对公共服务增长的影响，并且揭示了随着人类社会与生产力的不断前进、发展，社会关系日趋复杂，物质财富迅速积聚，人们的社会交往领域不断扩展，公共领域和私人领域不断分化，维护公共利益的必要性和可能性不断上升。即使在无产阶级取得政权之后，依然需要创立国家来维护社会秩序，来保护自己的共同利益，免遭内部和外部的侵犯。

对于当今的中国而言，既面临着工业化的历史任务，也面临着社会治

① 《马克思恩格斯文集》第七卷，人民出版社 2009 年版，第 960 页。
② 《马克思恩格斯全集》第二十一卷，人民出版社 1965 年版，第 253 页。
③ 《马克思恩格斯文集》第二卷，人民出版社 2009 年版，第 49 页。
④ 《马克思恩格斯全集》第二十一卷，人民出版社 2003 年版，第 271 页。
⑤ 《马克思恩格斯文集》第三卷，人民出版社 2009 年版，第 196 页。
⑥ 《马克思恩格斯文集》第三卷，人民出版社 2009 年版，第 222 页。

理的重大调整；既要避免脱离实际、追求“民主化”、追求完全的“社会自治”的政治狂热病，又必须防止社会主义国家的性质被资本主义的逻辑所俘虏，堕落为资本家和权贵压迫人民的工具。因此，我们必须在牢牢坚守“人民民主”的底线的前提下，探索切实推进社会实现良性治理的有效途径，探索国家、社会和个人的良性互动形式，反对各种“左”和“右”的政治激进主义。

第二节　恩格斯对马克思社会理论的发展

一、社会发展阶段论：国家和社会的消长问题

恩格斯在其晚年阶段，不仅致力于整理和传播马克思的思想和著作，而且也形成了自己的思想体系，并进一步对马克思尚未充分展开的理论进行发展，最终确立马克思主义的基本社会理论。在这一阶段，恩格斯写下了《自然辩证法》《家庭、私有制和国家的起源》《路德维希·费尔巴哈和德国古典哲学的终结》，以及关于历史唯物主义的书信等重要哲学著作。这些著作包含了十分丰富的社会发展思想，奠定了马克思主义社会发展阶段论的根基。

在《路德维希·费尔巴哈和德国古典哲学的终结》中，恩格斯的“社会发展阶段论”思想已明确出现，“一个伟大的基本思想，即认为世界不是既成事物的集合体，而是过程的集合体，其中各个似乎稳定的事物同它们在我们头脑中的思想映象即概念一样都处在生成和灭亡的不断变化中，在这种变化中，尽管有种种表面的偶然性，尽管有种种暂时的倒退，前进的发展终究会实现”①。这一观念是在继承和改造黑格尔辩证法的基础上提出来的，同时也是对马克思辩证法思想的一个再度凝练和提升。恩格斯观点的新颖之处是抛开了以往的空幻与虚无，着重从具体与现实方面阐述，即社会发展不仅可以表现为生成和灭亡的过程，而且也可表现为永无止境的进程。

---

① 《马克思恩格斯文集》第三卷，人民出版社2009年版，第298页。

在这个基础之上，恩格斯开始科学考察国家起源，进而努力地揭示了国家的实质、类型、职能以及国家消亡等原理。现代资本主义国家的本质、职能和形式是其研究的重点，而这为恩格斯认识和解决无产阶级革命与国家的关系奠定了坚实的理论基础。

进入19世纪中后期，资本主义发展到稳定阶段，一些资本主义国家在政治经济方面出现了新状况，如推行议会民主制、实行普选制等；随着托拉斯等垄断组织的产生，大型生产、交通机构逐渐转化为国家财产，新现象在大部分资本主义国家出现，无疑是不容忽视的现实问题。恩格斯得出结论：资产阶级民主共和国的形式并没有改变国家的阶级实质。"现代国家，不管它的形式如何，本质上都是资本主义的机器，资本家的国家，理想的总资本家。它越是把更多的生产力据为己有，就越是成为真正的总资本家，越是剥削更多的公民。"① 恩格斯将现代资本主义国家简明深刻地概括为"总资本家"。

恩格斯披露资本主义国家本质的同时，研究了资产阶级民主共和国的形式问题。他认为，这种民主制度不仅利于资产阶级政治上的统治，而且也为无产阶级提供了合法斗争的可能。1892年11月，在致拉法格的信中，恩格斯谈到，在法国，人民利用普选权取得市镇选举的胜利，"只要善于使用，普选权在法国是多么好的武器！这要比号召革命缓慢而枯燥，但是要可靠十倍，而且更好的是，能最确切地指明哪一天应当号召武装革命"②。三年之后，在《卡·马克思〈1848年至1850年的法兰西阶级斗争〉一书导言》中，恩格斯指出：虽然普选制是资产阶级为维护自身利益而创制的，但"向来是欺骗的工具变为解放的工具"③。除此之外，恩格斯认为民主共和国应该成为未来无产阶级统治的国家治理形式，他在《1891年社会民主党纲领草案批判》中指出，"如果说有什么是毋庸置疑的，那就是，我们的党和工人阶级只有在民主共和国这种形式下，才能取得统治。民主共和国甚至是无产阶级专政的特殊形式"④。

在国家与社会二者的关系中，国家显然相对于社会处在第二性位置。

---

① 《马克思恩格斯文集》第九卷，人民出版社2009年版，第295页。
② 《马克思恩格斯全集》第三十八卷，人民出版社1972年版，第513页。
③ 《马克思恩格斯文集》第四卷，人民出版社2009年版，第544页。
④ 《马克思恩格斯文集》第四卷，人民出版社2009年版，第415页。

1891年，恩格斯为马克思的《法兰西内战》所写的导言中天翻地覆地指出：国家就是祸害。所以，一旦使无产阶级取得政权，必须立即根除这最坏的祸害，即消灭作为国家的国家，建立无产阶级共和国，这里不再有官僚制。恩格斯认为：“国家再好也不过是在争取阶级统治的斗争中获胜的无产阶级所继承下来的一个祸害；胜利了的无产阶级也将同公社一样，不得不立即尽量除去这个祸害的最坏方面，直到在新的自由的社会条件下成长起来的一代有能力把这国家废物全部抛掉。”①

恩格斯明确地把国家分为两类：一类是原来意义上的，被称为旧国家，其保留着被认为是最坏的祸害；另一类如巴黎公社那样已除掉祸害，不是原来意义上的国家，被称为新国家。但是，新国家也是国家，仍然存在着危害性。面对此种状况，必须慎重考虑如何防止它由“新”重返“旧”，防止它由“社会公仆”变为“公仆社会”。恩格斯眼中的国家是一个祸害，既包括了旧国家，也容纳了新国家。但是，面对两者时，一个旨在“根除”，一个意在“防范”，只有同时实现二者，彻底消除国家的祸害才成为可能。概而言之，恩格斯的国家观就是：无产阶级要有属于自己的国家，决不能把旧的国家掌握在自己的手里。

那么，属于无产阶级的国家会是什么样子？简言之，就是除去了国家祸害的最坏方面，“同公社一样”。国家祸害的“最坏方面”又是什么？1876年，恩格斯在《反杜林论》中把它称为“国家的国家”，无产阶级将取得国家政权，“这样一来也消灭了作为国家的国家”，然后才是国家的“自行消亡”②。再联系“同公社一样”的句子，显然，这个取消了官僚制的共和国才是无产阶级的国家。无产阶级的国家不同于无政府主义，它不否定国家；其也不同于机会主义和一切修正主义，不把旧的国家掌握在他人手里。无产阶级掌握国家，并不意味着革命的彻底胜利和结束，而是意味着一个新的开始。国家最终仍然需要被消灭，国家要消融在高度发展的社会自治条件之下，这恰恰是共产主义图景所揭示的。而要实现社会对国家的扬弃，就需要社会生产力的大发展，这涉及恩格斯对社会发展物质基础问题的讨论。

---

① 《马克思恩格斯文集》第三卷，人民出版社2009年版，第111页。

② 《马克思恩格斯选集》第三卷，人民出版社1995年版，第630—631页。

二、社会发展中经济基础与上层建筑的关系

现实生活的生产和再生产——即物质生产——是历史过程中的决定性因素，囊括了物质资料和人类自身的两种生产。其中结成了两种关系：人与自然的和人与人的关系，这就是经济关系。经济关系在历史发展中具有决定的意义，它是一条始终贯穿历史，并用以理解历史的唯一线索。因此，我们必须回到生产或交换方式的变革中探究社会或政治变化的原因，也只能到有关时代的经济中寻找答案。

恩格斯指出，生产方式和交换方式是社会历史决定性的基础经济关系，其中，生产力又决定生产关系和人们的全部社会关系。生产力决定了产品的交换方式和分配方式，不仅决定了阶级的划分，更进一步规定了统治和被奴役的关系，更深意义上还决定着国家、政治和法。除此之外，经济关系中还包括地理基础、前代残存的生产方式以及特定社会的外部环境和种族人口等要素。总之，经济关系意味着社会物质生活条件，包括生产方式、地理环境和人口因素在内的社会存在，而生产力是历史发展的决定力量。

经济关系在三个方面对社会历史有决定作用。第一，地理环境为人类社会的存在和延续提供了物质保障。“自然界是不依赖任何哲学而存在的；它是我们人类（本身就是自然界的产物）赖以生长的基础”①。虽然劳动创造了人类社会，但物质自然界的存在却是生产劳动得以进行的首要前提。自然界提供了材料，劳动将材料变为财富，所以，只有劳动和自然界一起，才是构成人世间一切财富的源泉，缺少了自然界，人们难以生产，生存就成了问题。除此之外，自然界还是人脑思维和意识的源泉。

第二，经济基础决定政治上层建筑。人类的原初时代，国家并不存在，只有当社会经济水平发展到一定程度时，社会阶级才产生，国家也随之产生。最终，经济的高度发达又造成了阶级的消灭，随之而来的便是国家的消亡。国家是由能够在经济上占统治地位，从而也能在政治上占统治地位的阶级掌控的，是掌握了政权的统治阶级用来镇压被剥削阶级的工

① 《马克思恩格斯文集》第四卷，人民出版社2009年版，第275页。

具。虽然，国家在一定程度上相对独立，但国家、政治制度毕竟处于从属的地位，只有经济关系才是最终的决定因素，因而国家并不成为一个独立发展的领域，其存在和发展必须从经济生活条件出发以求得圆满解释。作为国家统治阶级意志的法，最终也是对经济运动的反映。法的发展就要求法必须以适应经济状况为目的，但是经济的不断发展，又使得法律不断陷入与经济矛盾的境地。

最后，经济关系决定思想的上层建筑。虽然它在远离经济基础的意识形态领域不断地被忽视，但它同社会物质生活条件的联系并不能因此遭到否定。纵观西方近代发展历程，虽然经济上落后的国家依然能够在哲学方面领先其他国家，但哲学和文学的繁荣都必须建立在经济发展的基础上。在这一点上，宗教的变迁和改革也不例外，一些民族的神也随着民族生活的没落而灭亡。基督教的发展是适应了罗马帝国经济和领土扩张的现状，到中世纪，它也相应地发展成同封建等级制相适应的宗教。16 世纪，路德和加尔文的宗教改革结果不同的原因就在于德国经济远远落后于法国经济。在恩格斯眼中，路德和加尔文“克服了”官方天主教，黑格尔“克服了”费希特和康德，卢梭以共和主义的《社会契约论》间接“克服了”立宪主义者孟德斯鸠，重农主义者和亚当·斯密克服了重商主义者等等，以上的种种都不单是纯粹的思想胜利，在更深层次上，这都是对已经改变了的经济事实的一种思想反映。他还曾用“曲线”和“轴线”来形象比喻意识形态与经济基础的关系，尽管意识形态的发展表现出更多的偶然性，曲线更加弯曲，但如果我们拉长考察时间和范围，它的轴线就越平行于经济发展的轴线。当然，人们必须牢记，经济关系是间接地对意识形态发挥作用，能够对哲学发生直接影响的是政治法律和道德。

恩格斯认为，经济关系对历史发展只有在归根到底的意义上才能够发挥影响，并且其绝不是唯一决定因素。如果有人歪曲说经济关系是唯一决定因素，那么，这些人就想要把唯物史观看成荒诞无稽的空话。恩格斯指出：“经济状况是基础，但是对历史斗争的进程发生影响并且在许多情况下主要是决定着这一斗争的形式的，还有上层建筑的各种因素：阶级斗争的各种政治形式及其成果——由胜利了的阶级在获胜以后确立的宪法等等，各种法的形式以及所有这些实际斗争在参加者头脑中的反映，政治的、法律的和哲学的理论，宗教的观点以及它们向教义体系的进一步发展。”[①] 国家权力理应反映经济的运动，但它必定不能被动地受到调整，而一定会反过来对生产的条件发生影响：它既可以推动经济的发展，也有可能阻碍经济发展。“如果政治权力在经济上是无能为力的，那么我们何必要为无产阶级的政治专政而斗争呢?”[②] 暴力（即国家权力）也是一种经济力量。虽然，法一般情况下是要依赖于生产的，但它无疑具有反过来影响生产的能力。法能在某种程度上改变经济基础，如继承法对财产的分配就有很大的影响作用。意识形态也会反过来影响经济社会的发展，如德国资产阶级在封建贵族面前表现出来的疲惫软弱就是德国经济重新振兴的最大障碍。

社会一切因素间的相互作用贯穿于历史发展的始终，整个世界就是一幅由各种事物相互联系、相互作用交织起来的图景：与此同时，相互作用构成了一切事物运动的根本动力。在这些作用中，既包含了经济、政治和意识形态间的相互作用，也有以上三大结构内部的相互作用，如经济中生产力与生产关系，政治中国家与社会，意识形态中艺术、道德、宗教、哲学等。恩格斯把这种社会诸因素间的相互作用归因到因果联系上，在此关系中，原因和结果经常变换角色，此时因成为彼时因，此地因成为彼地因，反之亦然，一切都成了相对的，世间再也没有什么事物成为绝对的东西。因此，“一种历史因素一旦被其他的、归根到底是经济的原因造成了，它也就起作用，就能够对它的环境，甚至对产生它的原因发生反作用”[③]。“政治、法、哲学、宗教、文学、艺术等等的发展是以经济发展为基础的。但是，它们又都互相作用并对经济基础发生作用。这并不是说，只有经济状况才是原因，才是积极的，其余一切都不过是消极的结果，而是说，这是在归根到底不断为自己开辟道路的经济必然性的基础上的相互作用”[④]。然而，形而上学机械决定论者却并没有这样的认识，他们非辩证、僵硬地将因果对立，并认为在这里看到原因，就只能在另外一处看到结果，愚蠢地不承认两者间可能存在的相互作用。恩格斯指出，虽然社会诸因素中间

① 《马克思恩格斯文集》第十卷，人民出版社 2009 年版，第 591 页。
② 《马克思恩格斯文集》第十卷，人民出版社 2009 年版，第 600 页。
③ 《马克思恩格斯文集》第十卷，人民出版社 2009 年版，第 659 页。
④ 《马克思恩格斯文集》第十卷，人民出版社 2009 年版，第 668 页。

不可否认地存在着相互的作用，但各因素之间存在的力量是极其不均等的，也不可能完全均等，经济和政治就是两种不可能力量均等的社会因素。经济运动的必然规律指明了历史发展的方向和趋势，构成了历史发展最原始的、最有决定性的原初力量；而反过来讲，上层建筑对经济基础的影响只能是第二性的，它只能影响历史发展进程的快慢，促进或阻碍历史的发展。但这并不绝对，上层建筑也可以在一定条件下决定历史斗争是通过暴力的还是和平的形式实现。由此可见，恩格斯所倡导的历史动因论是一种坚持了两点论和重点论相统一的辩证决定论，这是既不同于唯意志论和唯经济决定论，也不同于把社会诸因素等量齐观的“均衡论”的一种全新的观念和方法。

三、东方国家的社会发展问题

从19世纪开始，以英、法领衔的西欧资本主义国家快速发展扩张，历经了大工业繁荣阶段。此时，除欧美资本主义核心国家之外，以俄国、印度、中国、阿尔及利亚等为代表的广大东方国家，仍然处于前资本主义时期，无疑是落后国家的代表。马克思、恩格斯通过对以上落后国家的广泛深入研究，系统说明这些国家的社会发展理论，而正是因为他们敏锐地察觉并抓住了历史转变的时代特征，他们才将落后国家作为自己社会理论研究的重要内容。前资本主义时代的基本特征是，社会生产力高度不发达，社会生产完全处于简单分工状态，人类受到自然地理等环境条件严重阻碍，使得人们之间的交往受限于一定的地域、民族内，完全处于不普遍、不全面的状态。仅仅选取封建时代作为例子，此时的社会生产主要集中于以家庭为单位的农业和手工业，自给自足反映了此时的经济状况，专制独裁是基于此种经济的政治形态的表象，从而造就了愚昧封闭的社会形态；整个人类的历史都处于一种相对独立、相互隔绝、彼此封闭的缓慢发展进程中，各个国家之间相对陌生。

正是在资产阶级的强力主导下，当今世界格局才逐步形成。资产阶级主动积极渴望财富的行为所形成的现实中当然地蕴含着资本主义生产方式的无限扩张，这无疑对世界市场的形成具有重大的推动作用，而这是世界历史形成的标志。资本主义造就的生产和消费的世界属性，同样促使了生产资料和劳动产品的流动范围扩展到整个世界，这使国家、民族、地域之间的交往成为可能并日益频繁。这种交往不仅包括了经济和政治领域的，同样涉及精神领域。但是，世界性的交往呈现出不平等、不公平和不公正的倾向，是一种有利于发达资本主义国家的新型世界秩序，其最典型的代表便是19世纪存在的广大殖民地。例如，英、法等先发资本主义国家毫不留情地将印度划分为殖民地，并从中攫取大量廉价劳动力和资源，将其经济结构破坏殆尽，且利用向殖民地倾销商品的方式获取巨额利润。但另一方面，不平等的世界秩序有助于推动落后殖民地逐步走向开放，人类社会发展在世界历史中被连接成一个整体。

19世纪70年代以前，马克思、恩格斯通过细心研究西方发达国家的社会发展进程，详尽考察先发资本主义国家的本质和趋势，揭示出整个人类社会发展可能的规律，用以指导无产阶级开展各项运动，为人类社会指明了美好的共产主义方向。19世纪70年代以后，发达资本主义国家不断加紧了对落后国家的侵占步伐，变其为殖民地，从而造成了落后国家民众对本国专制以及殖民统治的双重反抗。面对现实状况，马克思、恩格斯必须予以回答的首要问题便是怎么样促使落后国家具有自我意识的发展。因此，两人更多地投入对落后国家社会发展的现状的深入研究中。马克思、恩格斯对两种不同国家发展进程的研究，使得其世界历史理论的基本原则初步浮出水面。他们将目光放在世界历史中，对不同类型国家的社会发展问题进行考察，以求在事物的普遍联系背景中研究国家间的不同的社会发展道路。

继承了马克思的研究思路，恩格斯独立地对东方落后国家的社会发展道路展开了积极探索。在1875年的《论俄国的社会问题》一文中，恩格斯首次提出了俄国农民公社所有制向更高级形式发展的可能，并深入地分析了国内和国际两个条件。在1882年的《共产党宣言》俄文版序言中，马克思、恩格斯表明了他们关于俄国农民公社历史命运的观点，认为“假如俄国革命将成为西方无产阶级革命的信号而双方互相补充的话，那么现今的俄国土地公有制便能成为共产主义发展的起点”①。按照此观点，如果俄国企图避免资本主义制度的必然困境，那么只有通过民主革命的形式以引发西方国家发生无产阶级革命；也只有西方无产阶级革命取得伟大的胜

① 《马克思恩格斯文集》第二卷，人民出版社2009年版，第8页。

利，才可以反身引领俄国民主革命向社会主义革命的深层次发展。这便在俄国和西方革命之间形成了一种互相帮扶的局面，这也就是马克思、恩格斯为俄国公社公共占有制形式向高级的共产主义的公共占有形式过渡提供的理论指引。

恩格斯在马克思去世后并未中断独立地求索东方社会发展之路。1894年，恩格斯写就了《〈论俄国的社会问题〉跋》的长篇文章，系统而详尽地论述了类似俄国的东方落后国家避免资本主义制度困境的可能性。“当西欧各国人民的无产阶级取得胜利和生产资料转归公有之后，那些刚刚进入资本主义生产而仍然保全了氏族制度或氏族制度残余的国家，可以利用公有制的残余和与之相适应的人民风尚作为强大的手段，来大大缩短自己向社会主义社会发展的过程，并避免我们在西欧开辟道路时所不得不经历的大部分苦难和斗争。但这方面的必不可少的条件是：目前还是资本主义的西方作出榜样和积极支持”，恩格斯断言，“这不仅适用于俄国，而且适用于处在资本主义以前的阶段的一切国家”①。如果俄国在这样的历史条件下能够实现超越资本主义制度卡夫丁峡谷的历史性实践，那么，大量处于前资本主义阶段的落后国家当然也能够实现这种超越。但是，应该看到，恩格斯仍然坚持把发达资本主义国家作为落后国家的“榜样和积极支持”，并将其作为一个“必不可少的条件”，同时加上“目前还是”这样的限定。

但是，世界的一个基本特征便是落后国家与发达国家并存。此时，不同社会制度的国家在发展的过程中能够在社会生产方式上形成一种相互影响的态势。详细说来，以西方为代表的发达的资本主义制度与以非西方国家为代表的落后的封建专制制度并存；以西方为代表的相对成熟的资本主义生产方式与以非西方国家为代表的非资本主义生产方式并存。正是在两种国家的并存影响中，西方发达资本主义国家与非西方落后国家之间既可以容纳合作，又可以容纳竞争，形成了既有影响又有联系的特殊样貌。因此，我们可以看到在当时的社会背景下，任何国家都不再可能孤立地存在，虽然极不情愿，但是非西方的落后国家的发展决不可能完全离开西方资本主义国家的影响。国与国之间无论发展程度如何，形成的普遍交往就成了世界历史在当时的基本特点。

① 《马克思恩格斯文集》第四卷，人民出版社2009年版，第459页。

马克思、恩格斯以世界历史的视角探讨俄国农村公社命运，充分尊重而不忽视人类社会基本的发展规律，充分考虑资本主义制度成长历程的因素，充分联系无产阶级革命的现实状况，从容地面对了农村公社是将被资本主义取代，还是成为社会新的起点的两难问题。恩格斯在 1874 年的《论俄国的社会问题》中指出："如果有什么东西还能挽救俄国的公社所有制，使它有可能变成确实富有生命力的新形式，那么这正是西欧的无产阶级革命。"① 虽然恩格斯也指出了西方资本主义制度的弊端，但是他更进一步地指出俄国不能完全否定西方资本主义。公社自身并不会主动地发展出更高级的公有制形式的因素，其内部因素将导致公社的解体和衰败，任何促进的因素只能通过外部的——西方无产阶级革命——予以寻找。"西欧无产阶级对资产阶级的胜利以及与之俱来的以社会管理的生产代替资本主义生产，这就是俄国公社上升到同样的阶段所必需的先决条件"②。

俄国爆发的革命与西方爆发的无产阶级革命互为彼此的外部推动力，两场革命之间有着千丝万缕的关联，此种联系无疑可以套用到以后发生的相类似的落后国家的革命与西方无产阶级革命的关系上来。从一个角度来看，非西方的落后国家中的革命可以创造西方国家无产阶级革命渴望的外部环境。非西方的落后国家常年作为资本主义国家的殖民地和附庸，遭受了无情的压迫。落后国家的人民在自我觉醒后，将会对资本主义国家给予激烈的反抗，以争取自身的独立和发展，其反抗无疑会对殖民国家的经济、政治、军事实力造成巨大的损害。资本主义国家应对殖民地反抗而自顾不暇之时，就为无产阶级提供了在国内爆发革命的有利条件，有助于无产阶级夺取政权。换一个角度来看，资本主义国家无产阶级革命的成功案例无疑会激发和引领更多的革命发生。西方无产阶级一旦成功地夺取并建立了政权，就可以尽力帮助其他国家，为殖民地国家的无产阶级提供各种革命、建设所需要的资源，缩短其发展历程。"当西欧各国人民的无产阶级取得胜利和生产资料转归公有之后，那些刚刚进入资本主义生产而仍然保全了氏族制度或氏族制度残余的国家，可以利用公有制的残余和与之相适应的人民风尚作为强大的手段，来大大缩短自己向社会主义社会发展的

① 《马克思恩格斯文集》第三卷，人民出版社 2009 年版，第 399 页。

② 《马克思恩格斯文集》第四卷，人民出版社 2009 年版，第 457 页。

过程，并避免我们在西欧开辟道路时所不得不经历的大部分苦难和斗争”①。无产阶级的任务不仅是在其革命胜利后推动落后国家的发展这一项，同时也包括了在其成功之前，缓慢有序地帮助落后国家的社会发展的重大任务。只有齐头并进，才能尽快帮扶其他国家完成独立的重大使命。恩格斯在论及波兰社会发展时说道，非西方的国家爆发革命所面临的首要任务就是实现民族的独立，这无疑也是开展国家间交流的前提条件。民族独立对于落后国家具有决定性和根本性的意义。

恩格斯在晚年的几封书信中仍在论及历史唯物主义，并创造性地倡导了历史发展表现为“一切因素间的相互作用”的观念。“经济状况是基础，但是对历史斗争的进程发生影响并且在许多情况下主要是决定着这一斗争的形式的，还有上层建筑的各种因素”②。就恩格斯的本意来理解，虽然他认为经济因素在“归根结底”的深层次上毫无疑问地是历史发展的决定性因素，但他并没有将经济因素视为唯一起决定作用的因素。除此之外，上层建筑中的诸多因素，如哲学、政治和法律，也会对历史的进程产生或多或少的影响和决定作用。基于以上全新的认识，我们必须从上层建筑中的各种因素的相互作用来把握历史变革的原因。此论断一出，无疑为非西方落后国家的革命注入了新鲜的动力元素，最好的例子便是在20世纪上半叶一系列国家革命胜利的历史事实。恩格斯多次指出俄国公社已深陷瓦解之渊，“要想保存这个残存的公社，就必须首先推翻沙皇专制制度，必须在俄国进行革命”。首先，要把农民从农村隔绝的封闭状态中解脱出来，使其渐进地获得对外部世界和自身的认识，不断学习摆脱困境的方法。其次，俄国的革命无疑会反身推动西方的无产阶级运动，有助于革命的早日胜利。“没有这种胜利，目前的俄国无论从公社那里还是从资本主义那里，都不可能达到社会主义的改造”。以上种种有力地证明了，俄国公社过渡到高级社会形态的过程，绝对不可能是简单地“嫁接”资本主义生产方式就可以的，而必须建立在对农民公社生产方式的改造基础上。由此可见，非西方的落后国家走向社会主义的道路是何其艰辛。它们不仅要积极地运用各种革命手段，同仇敌忾地推翻本国反动专制统治，同时也需要尽可能

① 《马克思恩格斯文集》第四卷，人民出版社2009年版，第459页。

② 《马克思恩格斯文集》第十卷，人民出版社2009年版，第591页。

地团结西方无产阶级，并争取他们的各方面援助。即便是在革命完成后，它们也要虚心的学习资本主义曾经或现在造就的属于人类共同体的伟大成就，不可一味地嗤之以鼻而白白丧失后发优势。

第三节　马克思恩格斯之后的马克思主义社会理论

一、列宁与葛兰西对马克思社会发展观的修正

理论和历史有复杂的相关性，马克思所经历的19世纪，是资本主义不断胜利的时代。在短短百年时间里，资本主义彻底改变了人类社会的基本面貌，资本按照自己的逻辑重塑个人、社会与国家的关系。资本的力量逐步摆脱各种历史和伦理的制约，从自身的利益出发，击溃遭遇到的所有敌人，把欧洲、美洲、亚洲、非洲“编织”在贸易的网络之中，彻底改变了东西方相对独立发展的局面，把不同的世界文明带入了同一个历史逻辑之中。人类原有的传统纽带不断在市场和资本的扩张之下破裂：原本的家族、氏族、教会、行会、城邦、帝国纷纷解体或萎缩，从属于这些实体的成员们被解放出发，然后被卷入市场的复杂分工体系之中。在这个时代，国家的形式发生了重大转型，多民族的帝国趋于解体，封建制的邦国也纷纷重组，新的民族国家逐渐从这些帝国和邦国的灰烬与残躯之中成长起来，成为新的历史主体。在民族国家的领域内，个人、市民社会和政治国家分立的现象也日趋明显：资本以个人的自利为动机；市民社会则成为资本自由扩张的活动领域；国家的角色一方面是充当起资本和市场的“守夜人”，另一方面则是作为资本国际扩张的先锋和护卫。但是，在西方民族国家的疆域内，虽然常见到阶级压迫和阶级对抗，但马克思等人所期待的无产阶级国际革命却迟迟没有到来。如何应对这种局面？以列宁为代表的一部分无产阶级革命家，开始从世界资本主义体系的广度来思考国家与国家的矛盾，并探索在落后国家获取革命胜利的可能性。

列宁是坚定的马克思主义者，他熟悉马克思的理论和著作，并充分吸收了马克思的唯物史观和辩证法。1913年，列宁在《马克思学说的历史命运》一文中指出：“马克思学说中的主要的一点，就是阐明了无产阶级作

为社会主义社会创造者的世界历史作用。”① 列宁认为，不能教条地理解马克思的思想，而是应当将其作为行动的指南：“我们决不把马克思的理论看做某种一成不变的和神圣不可侵犯的东西；恰恰相反，我们深信：它只是给一种科学奠定了基础，……对于俄国社会党人来说，尤其需要独立地探讨马克思的理论，因为它所提供的只是总的指导原理，而这些原理的应用具体地说，在英国不同于法国，在法国不同于德国，在德国又不同于俄国。”② 列宁还强调，要在实践中讲求实际，反对空谈和幻想。由于俄国本身属于资本主义落后地区，原本在马克思眼中，俄国并不具备完成社会主义革命的条件。列宁则看到了资本主义世界体系的不平衡性：“经济和政治发展的不平衡是资本主义的绝对规律。由此就应得出结论：社会主义可能首先在少数甚至在单独一个资本主义国家内获得胜利。”③ 列宁认识到资本主义世界链条从薄弱环节断裂的可能性，也认识到了为了攫取利润和维持国内相对平衡，资本主义国家对外输出资本和矛盾的必然性：为了缓解国家内部的阶级矛盾，资本的对外扩张成为一种必然趋势，从边缘地区和边缘国家掠夺资源、倾销商品，以外部剥削来缓解内部剥削，这就是列宁所说的资本主义的帝国主义阶段。而一旦帝国主义国家之间脆弱的平衡无法持续，它们之间的战争和冲突就将发生，而无产阶级需要组织起来——以先锋队的模式积聚力量，加速旧有的政权瓦解并夺取政治领导权，建立无产阶级专政。事实证明，列宁的观点很有预见性：在一战的战火中，诞生了苏联，而在二战之后，则出现了以苏联和中国为代表的社会主义阵营。社会主义国家的出现预示着列宁等人设想的新的国家、社会和个人的关系正式开始从理论进入实践阶段。

关于如何建设现实的社会主义国家，列宁提出了一系列构想。

首先，无产阶级国家的基本任务在于大力提高社会生产力。1918 年，列宁在《苏维埃政权的当前任务》一文中指出：“在任何社会主义革命中，当无产阶级夺取政权的任务解决以后，随着剥夺剥夺者及镇压他们反抗的任务大体上和基本上解决，必然要把创造高于资本主义的社会结构的根本

① 《列宁选集》第二卷，人民出版社 2012 年版，第 305 页。
② 《列宁选集》第一卷，人民出版社 2012 年版，第 274 页。
③ 《列宁选集》第二卷，人民出版社 2012 年版，第 554 页。

任务提到首要地位，这个根本任务就是：提高劳动生产率。”[①]

其次，无产阶级国家要加强工人阶级与农民阶级的联系。列宁认为，工人阶级要保持对农民的领导，必须获得农民的信任。唯有如此，才能获得工业化的积累条件[②]。

最后，无产阶级国家要注重国民教育。因为资本主义国家不断地运用多种手段，包括并不限于利用意识形态来影响无产阶级国家。无产阶级国家的堡垒有可能从内部被攻破，因此只有通过国民教育来克服这种影响的干扰。

列宁的国家观念与马克思的国家观念的差别，来自于二者对资本主义和社会主义之间历史关系的不同理解。在马克思看来，社会主义是对资本主义的取代，因此，资本主义和社会主义之间属于前后相继的线性发展关系。但是进入列宁的时代，即便资本主义不断出现困境，历史仍然没有发展到允许社会主义取代资本主义的阶段，相反，社会主义不得不面对和资本主义长期共存的历史挑战。列宁认为：“社会主义共和国不同世界发生联系是不能生存下去的，在目前情况下应当把自己的生存同资本主义的关系联系起来。”[③] 可以说，列宁的观察对于现实的社会主义革命而言，有着极其重要的作用，为中国等落后的东方国家建立社会主义政权提供了思想基础。

稍晚于列宁的葛兰西，面对的则是如何看待社会主义运动在发达资本主义地区（西欧）难以取得胜利这一问题。在葛兰西所处的时代，西欧发达资本主义国家，虽然经历过很多次无产阶级革命，但都以失败告终。葛兰西思考了这些革命失败的原因，在他看来，在西欧国家，无产阶级革命的失败，很大程度上与无产阶级对“国家”的认识不足有关。他认为，西欧的资本主义国家（英、法、德等），与落后的国家如俄国，有很大的不同。它们同时具有政治社会和市民社会两个层面，依靠意识形态与舆论的强大黏合作用，西欧国家中资产阶级的统治更为坚固与复杂，这是俄国所不具备的，所以俄国比起这些国家更为脆弱，俄国革命的胜利经验无法被照搬到这些国家。国家在葛兰西那里获得了一种意义上的划分：狭义国家

① 《列宁选集》第三卷，人民出版社 2012 年版，第 490 页。
② 《列宁全集》第四十二卷，人民出版社 1987 年版，第 347 页。
③ 《列宁全集》第四十一卷，人民出版社 1986 年版，第 167 页。

就是政治社会，即“用以控制民众使之与一定类型的生产和经济相适应的专政或其他强制机构”，但这仅仅是一种极其片面的概念；广义国家包含了政治社会和市民社会，是两者的结合形式。市民社会相对于国家而言，无论是相平行，还是被隶属，都不能被否认其作为上层建筑的存在。在葛兰西的理论中，市民社会是超出国家范围之外的社会组织的总称，它应有的功能在于对文化价值与道德形态的塑造。因此，市民社会是全部的意识形态和文化关系。

葛兰西的思考，与列宁一样，都是不得不面对资本主义和社会主义长期共存这一历史趋势。与列宁相比，葛兰西更为清晰地指出，无产阶级革命不仅要取得政权，还必须取得意识形态领导权。

二、资本主义的自我调整与社会主义事业的挫折

在过去的100多年中，人类社会经历了前所未有的巨大变迁，这种变迁甚至使得最大胆、最有想象力的预言都显得过于平庸。古老的东方帝国在西方大工业体系的竞争之下，如同沙化的城堡一般，在短短数十年间相继崩溃、灰飞烟灭。然而，在突然而来的巨大胜利面前，资本主义的世界体系却从内部开始爆裂，先后两次陷入疯狂的全面战争之中。也是从这两次战争之中，一些资本主义的边缘性地区相继退出资本主义世界体系，决心使“社会主义”“道成肉身”，建立一个与资本主义迥异且坚决反对资本主义的社会。面对马克思主义理论与无产阶级革命的冲击，西方资本主义国家经历过多次自我调整，在理论上和政策上都对自由主义社会理论进行了发展。

第一个阶段，是19世纪末期。在经济上，面对日益壮大的工人阶级组织的挑战和压力，德国在俾斯麦政府的主导下推出了由国家支持的社会福利政策，由政府作为仲裁者，要求资产阶级向工人阶级让渡部分利润，后来这一政策被西方国家广泛学习和应用，并在很大程度上收到了实际效果。在政治上，英国、德国等国家逐步以向劳工阶层开放选举权的模式，消化工人阶级的政治诉求。在理论和思想层面，这一阶段的西方逐步产生了社会学思潮和进步主义思潮，努力反思和试图弥补资本主义扩张给社会带来的巨大破坏性。在这个阶段，自由主义社会理论中，原本过度强调个人、强调个人主义的倾向在现实的发展过程中越发展现为社会原子化和社

会冲突加剧的不良局面。为了克服这一问题，西方思想界和政治界对自由主义进行了一定的修正，强调社会团结、社会协作、分工的思潮逐步酝酿成一种公共舆论，并进一步通过社会改革试验、社会政策辩论、选举的形式进入政治领域。同时，为了维系国内的社会秩序和保障国际竞争力，国家的作用也越来越得到肯定，出现了诸如自由主义的民族主义等复杂的思想流派。

第二个阶段，是20世纪中期。在接下来30余年的时光里，社会主义事业一度声势浩大，前途光明，社会主义阵营一度拥有了全世界三分之一的人口和领土。然而，资本主义体系并没有在社会主义的竞争之下走向崩溃，而是逐步稳住阵脚，卷土重来。随着以苏联和中国为代表的社会主义阵营出现，面对生存性的竞争压力，资本主义国家从社会主义中吸取经验，开始自我调整：二战结束以后，西方国家开始有意识地学习管制资本、限制资本的策略，推动国有企业的发展，推进社会福利的普及。这一时期，资本主义体系中的政治国家，开始扮演起类似黑格尔预言的政治国家的角色，开始调节个人之间、个人和社会之间的矛盾和冲突。因此，在二战后，西方经历了一个较长时期的平稳发展期。

第三个阶段，是20世纪后期。资本主义国家开始进行新的调整，例如以英国首相撒切尔夫人和美国总统里根为代表所主导的一系列自由主义改革。这些改革，旨在降低国家的福利负担，将个人重新推向市场，国家放开对社会的管制，社会重新获得自由，个人也重新肩负起为自身谋利和负责的重担。这似乎是一种对自由放任式的资本主义的回归。从短期来看，这种改革获得一定的成就，尤其是在社会主义阵营解体的衬托之下。社会主义国家由于在多年的建设中，深陷僵硬的“全权国家”结构中。这一结构包含了由上至下的社会和个人，稀释了社会内部的动力。20世纪80年代末以来，社会主义国家陷入了一股社会经济系统崩溃和政权瓦解的浪潮之中。伴随着“苏东剧变”的发生，马克思主义的理论丧失了政治实体的支撑，感召力也受到质疑。而社会主义国家在多年的实践中，似乎也没有找到切实有效的方法来实现马克思关于个人、社会和国家关系的理想预言。笑到最后的似乎是资本主义，以至于很多人宣称，历史已经终结，资本主义及与其相匹配的政治制度是一种不是最好但却是唯一可能的选择。20世纪末以来，自由主义在世界范围内普遍扩张似乎是一个基本的趋势。

自由主义意识形态提出个体解放，提倡权利，限制权力，对原本属于社会主义阵营的国家中的知识界、媒体、舆论界有较大的吸引力。自由主义者力图彻底废弃马克思等人对国家、社会和个人关系的构想，将自由主义的构想作为一种“普世的真理”加以对待，这也就是所谓的“历史终结论”。

这一切说明，历史往往比理论更为复杂和吊诡，尽管人们曾经无数次期待发现一个可以“一劳永逸”地解决现实难题的理论体系，但现实的难题却并非意味着对理论的“修修补补”。理论在掌握群众的同时，群众也在选择理论。自由主义如此，保守主义如此，社会主义也如此。旧有的国家结构、世界体系的崩溃，并不必然带来新的秩序；相反，任何新的秩序，都需要借助或是通过改造在旧有体系中生长出的权力结构和社会阶层才能实现。在今天，在这个全球资本主义时代，民族国家体系下的政治经济结构疲态尽显，但是，新的、更好的世界秩序并没有由此而自然生长出来，相反，资本主义固有的缺陷却由于丧失了旧体系中一些制约因素的平衡和束缚，愈发显示出其自我瓦解的惊人破坏力。无论是物质生产和财富分配领域的巨大不平等，还是伦理生活层面的虚无主义浪潮，都表明我们必须有所行动。这种行动，既不能以乌托邦式的革命热情为动力，也不能放弃人类理性决策的目标，而是必须在反思过往和当下处境的基础上，探索改善人类生活的可能性。从这个意义上而言，社会主义不仅仅作为一种理念，而且是作为实际探索过的政治实践，应该被严肃面对；社会主义不仅仅作为一种矫治资本主义固有缺陷的政治经济治理方案，而且是作为探索人类更美好的社会理想，应该被继续推进。

三、全球化时代的挑战与马克思主义社会理论回归

2008 年以来的金融危机，充分暴露了“历史终结论”只不过是浪漫的幻想。金融危机本身不是原因，而只是一系列矛盾的结果。20 世纪 90 年代以来，以互联网为代表的信息技术的发展大大扩展了全球化的深度和广度：互联网和电子产品的普及极大地降低了人类的沟通成本和组织成本，使得个人可以从地域和时空的限制之中解放出来，实现人与人之间的实时互动，其意义不亚于工业革命时代市场扩张带来的个人从传统纽带中解放出来的意义。从经济角度来讲，依靠互联网、移动通信工具等渠道，一方面，个人可以不再依靠企业、政府等组织，可以直接参与到经济分工体系

之中，原本被所有权形态、地域、时空所分割的各种资源和生产工具，可以依托互联网和信息技术重新加以组织和利用，生产环节的社会化和生产主体的多元化成为一种趋势；另一方面，掌握信息资源和资本的组织也愈发具备不可替代性，形成新的权力中心，必然产生国际金融组织和高科技企业。从日常生活的角度看，互联网和信息技术颠覆了传统的空间意识——虚拟空间的出现不仅丰富了人类生活，也重塑着人们的情感、意识和行动模式。总体而言，互联网的出现使得社会变得更为复杂、多元：一方面，从兴趣、意愿、需求出发，各种亚群体不断产生、发展，并且具备组织成员共同行动的能力；另一方面，国际交流变成一种日常性的行为，国际社会与国内社会产生了复杂的黏合，国内问题国际化和国际问题国内化的趋势日益明显。面对个人和社会领域的这些复杂变化，国家的调整则相对滞后：互联网和信息技术的发展推动全球化的持续深入，也迅速重组着世界政治经济格局，这一过程投射到现实的政治经济层面，就突出表现为世界范围内的财富分化不断加大和全球性的民众抗争运动此起彼伏。

时至今日，全球化的拓展却愈发将人类带入一种吊诡的局面之中：一方面，人们愈发呼吁政治自由、民主和平等；另一方面，人们越来越将注意力集中在私人生活领域，或是各种各样的小团体利益之中，忽视公共生活和公共利益。可以说，在新技术和资本主义的影响之下，个人愈发地陷入一种“精神分裂”之中，想要的越多，要做的越少，而且所愿和所为之间南辕北辙。这表明，新技术和新经济变革的发展虽然能带来更多的物质财富，却不能自然而然地提供更好的分配模式和组织模式，效率和公平之间的巨大鸿沟需要人的自觉行动来加以克服和平衡。社会在今天演化为越来越庞大、复杂、多层次的机体，但也陷入更多的冲突和矛盾之中。社会也并不会像早期自由主义者期待的那样，从私人利益中自主地生产出一种公共意识和共同体价值。而贫富差距拉大、金融资本脱离控制、代议制民主失灵，则表明了国家的现代困境。总体而言，新技术和新经济形态的发展导致了一种令人意想不到的结果：国家的社会化和社会的国家化，即国家和社会的边界再度变得模糊起来——一方面，大量的新型企业，如苹果公司、谷歌公司等在事实上已经具备了部分国家和政府的属性，也承担着相应的功能，掌握着巨大的权势，但却依然是以私人利益为行动标准，生产的社会化与生产资料私人占有之间的矛盾愈加明显；另一方面，国家为了回应民众诉求不得不深入社会生活的各个领域，然而，官僚制的管制模式并不能有效解决问题，反而激化出更多矛盾[①]。

为了应对这种困境，从20世纪90年代开始，“重建共同体”成为思想界普遍的理论诉求。哈贝马斯提出的“交往理论”正是为了向社会重新注入公共性和政治性。在哈贝马斯看来，资本主义后期阶段，由于国家和社会的相互渗透，公共领域和私人领域的边界再度模糊起来，尤其是以新媒体和新的通信方式的发展为代表，这些新趋势改变了人的交往模式和生活模式，使得公共性愈发缺失。哈贝马斯力图以重建公共空间和公共政治平台来构建更大范围内的共同体——具有统一政治原则和公共利益的“欧洲共同体”[②]。波考克等共和主义者，则提出以重新唤起人们自觉参与政治决策过程的方式，以新的政治行动来重塑个人，进而重塑社会、国家[③]。而查尔斯·泰勒等社群主义者则力图在发掘古希腊的城邦政治遗产的基础上，反思和批判个体优先的自由主义观念，强调共同体对于个人的必要性[④]。以上各种理论尽管侧重点各有不同，但都反映了这样一个事实：在全球化时代，强调个人至上的传统自由主义理论依然无法应对新的现实问题，而全球化所带来的个人、社会和国家关系的重整，既具有普遍性的一面，也与具体的地域和文化相关，需要从各自不同的现实中来加以进一步的认识，由此才能回答，需要建立什么样的共同体。

事实上，马克思主义的社会理论在此问题上所能提供的启示和参考，远比上述各种“共同体”思潮更深远。马克思主义对个人、社会与国家之间关系的核心论断在于，社会在三者关系中具有本体地位。社会的本体地位在阶级社会中不断受到阶级分化的侵蚀，陷入了深刻对立。这种对立在资本主义阶段空前地发展了，矛盾扩展到了以前还被这样或那样的关系掩盖起来的领域。既然资本主义社会深刻地发展了这种矛盾，那么它也就必然、全面而普遍地为解决这一矛盾，为人类社会摆脱这一束缚创造了迄今

① 参见［英］维克托·迈尔·舍恩伯格：《大数据时代》，周涛译，浙江人民出版社2012年版。

② 参见［德］尤尔根·哈贝马斯：《交往行为理论》，曹卫东译，上海人民出版社2004年版。

③ 参见［英］J. G. A. 波考克：《马基雅维利的时刻》，冯克利译，译林出版社2013年版。

④ 参见［加］查尔斯·泰勒：《现代社会想象》，林曼红译，译林出版社2014年版。

为止最为有利的条件，从而为人类社会进入社会主义社会铺平了道路。社会主义社会将彻底斩断那些曾经束缚社会的锁链而将其本体性展现出来，因而社会主义社会必将真正以社会为本位。对社会主义而言，社会生产力的充分发展是社会本位的前提，生产关系上的社会所有制是社会本位的经济基础，包括国家在内的上层建筑要服从于社会本身的发展，服务于社会本身的自我管理。以社会为本位的社会主义社会，社会、国家与个人的关系将呈现出一种完全不同于资本主义社会的新形态。

第三章　社会治理理念在中国：马克思主义社会理论的中国化历程

第一节　马克思主义社会理论对中国革命的影响

一、中国近代的社会结构巨变与救亡思想的兴起

传统中国的维持和延续，主要依赖三个因素：从社会阶层方面来看，依赖于“地主—官僚—士人”三位一体的统治阶级对政治国家的经营，依赖于乡绅和士人对民间社会秩序的维持；从思想观念上看，依赖于整个社会成员共同接受的儒家意识形态；从制度构成上看，依赖于以科举制为主要途径的社会流动方式，以及“大一统”的国家架构。这三个因素是高度稳定的，所以中国历史上的无数次改朝换代，最终还是回到传统的轨迹之中。正像白鲁恂所言，古代中国只有统治危机，没有信仰危机①。

1840 年以来，中国在西方资本主义势力的强制下，被迫踏上现代化的征程。现代化在某种意义上意味着国家和社会的重新调整，实现政治国家的法治和民主约束，市民社会与国家的良性发展。资本主义对世界市场的侵占掠夺给近代中国带来巨大的破坏和打击，传统社会下运行良好的礼法秩序分崩离析，曾在旧型社会中发挥纽带作用的士绅阶层快速消失，自然社区和村落逐渐瓦解，最终动摇了皇权的根基，社会秩序一片混乱。在“三千年未有之变局”的时代背景下，先知先觉的仁人志士们走向了探索

① 转引自黄庆杰：《概念、流派、理论——西方市民社会理论源流探析》，百度文库。

中国未来发展之可能的各种道路。从最初在“师夷长技以制夷”的指引下，希望吸收西方先进的器物文明，到后来发现西方在器物文明的背后还有一套复杂、精致的制度文明而希望学习西方法政制度，各种思潮不断涌入。

19世纪末期，在严复等人的努力之下，中国初次体验西方自由思潮。此时的自由主义注重强调个体权利的意义，对于长期习惯于宗族和家庭伦理的中国社会具有一定的正面意义，也与资本发展推动的工业化浪潮相一致。然而，问题在于，自由主义提倡的政治革命的方案，并没有办法改变旧中国落后的社会现实。这一局面的形成，有两重原因：

第一，这与自由主义的内在矛盾有关。在法国大革命之前，自由和平等是密切相关的。自由是摆脱等级的束缚，摆脱束缚就意味着平等。自由和平等是一个硬币的两个面，不可分离。自由（liberality）是从被束缚的等级制结构中解放出来的，解放出来以后的状态是自由（freedom）：从封建等级制、教会等传统权力关系和组织中解放出来，而解放出来的个体之间的状况是平等的，连接个体的则是博爱。这可以说是早期自由理论的“规范性”原则，从事后看，具有很强的乌托邦性质。自由主义在早期的发展与资本主义的扩张密不可分，自由对于资产阶级和知识分子具有强大号召力，也是资本要求挣脱原有权力结构束缚的诉求；平等则对于下层总是有感召力的。工业化的力量，不仅赋予资产阶级和知识分子以极大的活动空间，使他们在社会生活中扮演越发重要的角色，也把广大农村居民吸收进城市中，积聚在城市空间。这种城市和古代的城市不一样，是新型的工业化城市。城市化、工业化的过程，颠覆了整个社会结构和社会秩序，进步与混乱共存，希望与绝望并立。与这种历史进程相伴，思潮也发生着极大变迁：各种资本精英强调自由，尤其是经济上的自由投资、自由买卖和自由贸易。过去，他们的斗争对象是贵族和地主；工业化扩展之后，他们则面对来自工人的压力，并要求国家不能干涉他们解聘劳工和调整工资的自由。资产阶级一方面要求国家对投资自由、贸易自由的保护越多越好；另一方面要求国家对资本自由的约束越少越好，他们出于自身需求向国家提出干涉与不干涉的内容。这意味着自由和平等的原则已经逐渐分离。就在19世纪初到30年代，自由主义正式确立之时，作为其竞争对手的大量社会主义思潮也不断产生。平等成为工人阶级、下层人民的口号，资产阶级将平等限制在法律意义上，而工人阶级和下层民众则要求把平等落实到政治和经济的层面。平等运动，一旦跃出法律领域，进入政治领域，尤其是进入经济领域，就变成社会主义。自由主义和社会主义分道扬镳。

第二，这与国际形势的复杂演变存在密切关联。在19世纪末期，伴随各国间竞争的加剧，民族主义也迅速兴起。民族主义是理性的创制和感性的认同之间的复杂混合，可以视为一种“神话”、一种现代宗教。民族主义往往可以与自由主义或是社会主义分别结合，也可以呈现返回传统的保守主义姿态，因此，可以创生出更为复杂的政治观念形态。这些思潮，也通过日益复杂的国际舆论体系，对东方国家和第三世界的革命的维新派和革命派产生巨大影响。对于东方国家而言，资本主义世界体系的扩张更是加剧了内部问题的爆发，外部压力与内部危机合在一起引爆了传统的政治结构，使得“古老帝国”纷纷面临“现代转型”的压力。要生存，就必须现代化；要现代化，就必须向西方学习，不仅学习工业生产技术，也引进政治、经济和社会思潮。在中国，从早期洋务派的“师夷长技以制夷”到孙中山的三民主义，在救亡的第一原则之下，西方思潮的影响力日益加深。三民主义，希望实现对民族主义、自由主义和社会主义三者的兼收并蓄，但是，在救亡的压力下，相比利用传统为民族辩护的保守主义和以西化为目标的自由主义，反而是更激进的社会主义更能俘获人心。即使是自由主义者，在救亡的压力下，也往往倒向国家主义，例如大量的自由主义者在九一八事变之后，进入国民党主导的党国体系中，组建国家资源委员会。辛亥革命失败后的各种政治实践向我们证明，在自由主义无法生根发芽形成组织性力量的情形下，落后国家寄希望于通过建立自由民主制度以求自强，无异于痴人说梦。重组社会结构，其影响力长期只停留在少数知识精英的小范围空间中，无法联络和组织民众，更无力重新塑造符合历史潮流的国家、社会和个人关系。

二、以革命再造社会：中国共产党的定位与先锋队的历史意涵

作为一种理念的社会主义是以国际主义为导向的，但是，社会主义一旦进入政治实践层面，就必然与各个国家、各个地区原有的文化传统、社会结构、权力格局发生互动，诞生出诸如苏联式社会主义、中国式社会主

义之类的实践模式。与马克思等人的设想不同，社会主义往往在资本主义体系的边缘国家而非核心国家得以实践。在这些国家中，往往只存在数量相对较少的资产阶级和工人阶级，社会主义理念的支持者也往往是从无法跻身统治阶层的中层知识群体中产生。资本主义世界体系对于边缘性国家而言，更多的不是机会而是一种挑战：资本主义的“优越性”（大工业生产、民主）尚未显现，其破坏性就已经充分暴露（旧有的国内经济体系瓦解、自然经济共同体瓦解、社会分化），因此，知识分子群体的民族主义诉求往往与和资本主义体系相匹配的自由主义政治理念产生对抗，并倾向于寻求“敌人的敌人”的援助，社会主义便扮演了这一角色。社会主义革命在这些边缘国家往往承载了激烈的救亡和反抗外来压迫的诉求，尤其是当列宁“先锋队”式的党建原则赋予中下层知识分子以组织和动员民众的能力时，社会主义相对于自由主义理念在推动落后国家重组政治秩序、重建社会格局、推动国家现代化等方面的优势更加明显。对于中国先进的知识分子而言，“十月革命一声炮响”送来了马克思主义。

相比较而言，同样是来自西方，已经由苏俄这个相对落后的国家实践的社会主义，却给了人们以新的希望，原因不仅在于救亡，还在于赶超——建立一个比现有的资本主义体系更美好的理想社会。而社会主义之所以在中国迅速被接受，还在于其所内含的一些基本原则，与中国古代传统的社会理想具有相似性，比如说“大同小康说”——大同：“大道之行也，天下为公，选贤与能，讲信修睦。故人不独亲其亲，子其子……”这是先秦儒家对消失了的美好社会的追忆，也可以说是对阶级未分化之前的美好追忆，或者说是对原始共产主义的美好追忆。而汉代儒生批评政治，坚持“天下是天下人的天下”的观点。这是批评政治的标尺，是一种价值诉求。价值诉求可能被一时的政治情势所压制，但作为一种思想则是长期而广泛存在的。19 世纪末期，中国的知识分子听到华盛顿推翻英国统治，把华盛顿翻译成皇帝，但是，当发现华盛顿不连任，而是又选了一个领导人时，中国知识分子想起了“选贤与能”的“禅让”，感叹这才是“大同理想”[①]。他们认为，民主是中国传统中旧有的，不过后来失却了，现在是要“礼失求诸野”，向西方学习，找回中国的“大同理想”。所以说，民主

① 参见《严复集》第三册，中华书局 1986 年版。

对中国人的震撼是和大同思想结合在一起的。没有大同，民主不可能那么快被接受。但是，随着中国知识分子对西方的认识逐渐深入之后，他们对自由主义、对建立在资本主义制度之上的民主的怀疑越来越重，因为这种民主从内部来说是不彻底的，从外部来说，还必须以压迫和奴役他国为条件。而社会主义，作为将民主和平等原则激进化的理念，相对于自由主义，显得更为真诚，也更为贴近中国的古典理想，因此更能获得中国人的认同。

除了社会主义的理念，十月革命还为中国送来了列宁式的“先锋队”党建模式。中国共产党的成立，就是以此种党建模式为指导的。“先锋队”型政党，不同于各种中国近代的早期“革命党”，也不同于西方式的选举型政党。与传统的“革命党”相比，中国共产党不仅有着更为严密的组织形式，也有着更为崇高和先进的政治理念；与西方选举型政党相比，中国共产党不是为选举而生的，而是以夺取政权为目的，而且是先有理念，再有行动。这种理念就是马克思主义的先进理念，它吸引先进知识分子和先进青年，其后进行组织，将知识分子和青年改造为职业革命家。职业革命家的使命，与俄国革命家的使命相类似，都是要颠覆落后、残酷的传统社会结构，要广泛调动和领导群众，发动革命，夺取政权，最终重塑一个新的社会和政治形态。

与中国共产党在同一时期活动的，还有大量其他类型的政党组织，如国民党和国家主义党等等，这些政党在一定程度上都很像中国共产党，怀有救亡图存的坚定信念和历史意识，但是，只有中国共产党最终带领人民取得了胜利。这不仅与历史局势的变化有关，也与中国共产党自身的历史定位和先锋队政党的内在品质密切相关。具体而言，中国共产党在成立之初，就因为受到马克思列宁主义的影响而具有十分宏大的世界历史意识，超越其他各种政党，拥有强大的理论自信。更为重要的是，马克思主义社会理论本身具有强大的武器——阶级分析论和社会阶段划分论。这两个理论武器成为中国共产党认识中国社会，重新思考中国社会发展方向的关键条件。先进的理论，使得中国共产党在如何改造中国社会的问题上，可以提出一整套的理论和方案。可以说，以毛泽东为代表的中国共产党人，不仅有以马克思主义社会理论分析中国现实的能力，也有以马克思主义社会理论改造中国的勇气。而在革命实践的过程中，以毛泽东为核心的中国共产党人尝试完成了对马克思主义社会理论的创造和发展，将马克思主义的特色与我国优秀传统相结合，终以土地革命的形式取得了最广大的农民群众的响应，实现了革命的最终胜利。梁漱溟曾经感叹："中国共产党解决了中国社会的一大问题，为中国的民众带来了组织性。"① 毛泽东在1925年完成的《中国社会各阶级分析》，就充分体现了马克思主义社会理论的指导作用。而到了20世纪30年代，马克思主义的政治立场虽然还受到其他思想派别的质疑，但马克思主义的社会理论已经成为思想界的一个基本背景。比如这一时期发生的"关于中国社会性质的论战"，辩论各方，无论是自由主义者、国家主义者还是马克思主义者，都已经承认，在资本主义扩张的历史条件下，中国的社会性质正在发生变化，争论的要点在于当时属于何种性质的社会，其潜台词是，如何改变这种性质的社会，使其往好的方向发展②。而必须要处理的是经济关系。当时，中国的自由主义学者所运用的，都是马克思主义的基本理论，尤其是在社会形态分析方面。不得不承认，马克思主义理论在中国产生了深远而广泛的影响。

三、毛泽东对中国社会发展历程的理解及其影响

在1937年的《矛盾论》中，毛泽东就已经明确指出："在资本主义时代，特别是在帝国主义和无产阶级革命的时代，各国在政治上、经济上、文化上的互相影响和互相激励，是极其巨大的。十月社会主义革命不只是开创了俄国历史的新纪元，而且开创了世界史的新纪元，影响到世界各国内部的变化，同样的而且还特别深刻地影响到中国内部的变化。"③ 可见，毛泽东很早就已经认识到，在新时代，国内问题与世界局势之间存在着复杂而密切的联系。而在1939年的《中国革命和中国共产党》一文中，毛泽东指出，自1840年以来，由于受到帝国主义列强入侵的影响，中国已经变成一个"半殖民地、半封建的社会"。特点如下：

"一、封建时代的自给自足的自然经济基础是被破坏了；但是，封建剥削制度的根基——地主阶级对农民的剥削，不但依旧保持着，而且同买办资本和高利贷资本的剥削结合在一起，在中国的社会经济生活中，占着

① 《梁漱溟全集》第三卷，山东人民出版社2005年版，第321页。

② 参见马振岗：《全球化背景下的世界与中国》，世界知识出版社2008年版。

③ 《毛泽东选集》第一卷，人民出版社1991年版，第303页。

显然的优势。

二、民族资本主义有了某些发展，并在中国政治的、文化的生活中起了颇大的作用；但是，它没有成为中国社会经济的主要形式，它的力量是很软弱的，它的大部分是对于外国帝国主义和国内封建主义都有或多或少的联系的。

三、皇帝和贵族的专制政权是被推翻了，代之而起的先是地主阶级的军阀官僚的统治，接着是地主阶级和大资产阶级联盟的专政。在沦陷区，则是日本帝国主义及其傀儡的统治。

四、帝国主义不但操纵了中国的财政和经济的命脉，并且操纵了中国的政治和军事的力量。在沦陷区，则一切被日本帝国主义所独占。

五、由于中国是在许多帝国主义国家的统治或半统治之下，由于中国实际上处于长期的不统一状态，又由于中国的土地广大，中国的经济、政治和文化的发展，表现出极端的不平衡。

六、由于帝国主义和封建主义的双重压迫，特别是由于日本帝国主义的大举进攻，中国的广大人民，尤其是农民，日益贫困化以至大批地破产，他们过着饥寒交迫的和毫无政治权利的生活。中国人民的贫困和不自由的程度，是世界所少见的。”①

根据对近代社会性质的此种认识，毛泽东提出了中国革命必须分两步走的理论：“第一步，改变这个殖民地、半殖民地、半封建的社会形态，使之变成一个独立的民主主义的社会。第二步，使革命向前发展，建立一个社会主义的社会。”② 因此，对于中国而言，民主主义革命和社会主义革命是前后相继的两个过程，只有完成了前一个革命，后一个革命才有实现的基础。“中国革命分两步走”的理论充分表明，毛泽东等人对中国的基本国情、社会性质有着清醒的认识，也对马克思主义的社会观有着较为成熟的理解。毛泽东等老一代中国共产党人依靠发动群众、领导人民战争，逐步取得了革命的胜利。

毛泽东不断根据中国社会的性质和发展趋势的变动对马克思主义进行中国化的调整。在革命时期，毛泽东成功地建立起一套关于中国社会的发

---

① 《毛泽东选集》第二卷，人民出版社 1991 年版，第 630—631 页。

② 《毛泽东选集》第二卷，人民出版社 1991 年版，第 666 页。

展理论和历史阶段理论，由此，为中国未来的前进方向给出了令人信服的解释。这一时期，他的主要理论成就就是完成了关于中国的“半殖民地半封建社会”历史发展叙事。他指出，旧中国属于“半殖民地半封建社会”，而中国共产党就是要发动革命改变这一不利局面。从1939年完成的《中国革命与中国共产党》到1940年完成的《新民主主义论》，毛泽东逐步完善了社会发展的历史阶段论。原本在马克思关于社会发展形态的论述中，有一些概念并不清晰，这些概念后来经过列宁等人的发展而逐步清晰了，毛泽东在这些人思想的基础上，最终提出了中国社会的历史发展观：就是从原始社会、奴隶社会、封建社会、半封建半殖民社会到民主主义革命阶段，而民主主义革命又分成旧民主主义革命和新民主主义革命两个阶段。这一社会发展论被运用到对中国共产党制定各项政策的评估中，具有强大的解释力和战斗力。在这一理念的引领下，毛泽东领导的中国共产党成功团结了广大人民群众，领导人民相继夺取了抗日战争和解放战争的胜利，最终在1949年成立无产阶级专政的新中国。

新中国成立之后，中国共产党在迅速恢复国家财政经济和稳定社会秩序的基础上，再次运用马克思主义理论来推进对资本主义工商业、手工业和农业的社会主义改造，并且社会主义基本制度的建立也是植根于此：1950年，中央人民政府出台《中华人民共和国土地改革法》，开始实施废除地主阶级土地所有制，根据“耕者有其田”的原则在农村推动土地改革，解放农村生产力。到1953年春，土地改革运动基本完成，延续数千年的封建土地所有制被废除，3亿多无地或少地的农民分到了土地，并获得大量生产资料。在完成社会主义改造任务之后，中国共产党将自身的任务定义为领导全国人民大力发展社会生产力，推进工业化建设，继而满足人民日益增长的物质、文化需求。

在推进工业化建设时，摆在中国共产党人面前的，实际上有两条发展道路：一种是根据西方资本主义国家的历史经验，先发展轻工业后发展重工业，花费数十年甚至上百年时间来完成工业化；另一种是借鉴苏联的历史经验，先从重工业入手，集中资源、人力，用10余年时间建立起较为完备的工业体系，走完西方国家数百年的历程。而向苏联学习成为当时党内的基本共识，也是毛泽东等人的实际主张。

毛泽东也十分清楚地认识到苏联社会主义建设面临的严重问题。他对苏联在社会主义建设时期逐步膨胀的官僚体系充满疑虑，并力图在中国以发动群众的形式来监督和压制官僚体系。但是，现实的困难也十分明显：走苏联道路必须面临一个较为尖锐的问题，就是工业化的原始资本积累问题。在西欧国家，工业化的积累是一个长期过程，既包括各国对传统土地贵族、教士阶层的剥夺，对农民阶层的剥削，也包括各国对亚洲、美洲、非洲的殖民掠夺。在苏联，由于缺乏外部的殖民地，苏联的工业化积累除了剥夺帝俄时代的贵族资本家阶层之外，还包括对农民阶层利益的挤压。在中国这样一个经济十分落后的东方国家，要完成工业化的重任，在缺乏原始资本积累，又无法从殖民地等外部地区获取资源的条件下，往往必须依靠人力替代资本、依靠对人力的大规模动员和组织、依靠较为严酷的自我剥夺（如统购统销）来实现资本积累。而在实现人力和资源积聚时，可以依靠的组织有两种，第一是党政官僚组织，正像苏共和各级苏维埃政府、专家、干部都是苏联工业化的组织主体一样；第二是群众性组织，如人民公社、工会等等。出于对苏联教训的反思，毛泽东对群众组织抱有很大期待，他希望能发动、组织群众，不仅仅像革命时期那样依靠群众来进行斗争、夺取革命胜利，也依靠群众在和平时期进行社会主义建设，发展生产力，推进工业化。毛泽东的目标是发动群众、组织群众，不仅依靠群众进行革命，也依靠群众来建设社会主义。由此，在总结社会主义改造的基本经验的基础上，毛泽东提出了一个论断：“在现代中国的条件下，只有建立社会主义制度，才能真正解决我国的工业化问题。”①

然而，无论是依靠干部阶层还是依靠群众组织，建设社会主义都是一个非常高的要求。社会主义建设更多的是以理想、信念作为激励机制，更多考虑的是民族、人民的长远利益，而非眼前利益，这样对个人、对群众、对干部都会提出很高的要求，而从现实来看，无论是群众还是干部，单纯的奉献动机，一时虽然可以实现，但却很难长期持续。“毛泽东时代”的历史现实也证明了这一点：群众往往只能在短期的运动中保持活力，一旦涉及日常化的生产和建设活动，群众的集体特性往往快速被个体、家人、小团体等等的自然欲望和权力格局所俘获。为了保持凝聚力和公共

---

① 《中共中央文件选集（一九四九年十月～一九六六年五月）》第 24 册，人民出版社 2013 年版，第 248 页。

性，不得不不断发起“斗私批修”的运动，这反而会将群众运动带向混乱的泥潭。同时，工业化积累期的自我剥夺也是一个异常痛苦的过程，比如，苏联的工业化就是依靠武力推动农村公社化，进而剥夺农民来实现的，这一过程充满了流血事件，也造成了严重的后遗症。对于中国而言，虽然农村进行的公社化运动在一定程度上也是为了实现工业化积累而进行的挤压农业剩余的过程，但是，鉴于毛泽东等人认识到苏联教训的深刻性，中国的工业化成本也在很大程度上要求由全国人民共同承担，城市居民和干部队伍也要“勒紧裤腰带”过日子，这是造成改革开放前人民群众生活普遍贫困的一个重要原因。这就涉及“大仁政”和“小仁政”的争论，针对梁漱溟等人批评国家的工业化积累战略过度损害农民利益的问题，毛泽东指出，这种只顾人民眼前利益的做法只是“小仁政”，共产党人应该更多地考虑发展重工业这样的“大仁政”，“人民生活不可不改善，不可多改善；不可不照顾，不可多照顾。照顾小仁政，妨碍大仁政，这是施仁政的偏向。”①

在实际的社会主义建设探索中，为了推进工业化、发展社会生产力，计划经济体制开始在中国进行曲折的探索。首先，由国家主导的劳动就业制度的确立。从 1956 年到 1957 年，国家开始实施“统包统配”的劳动就业制度，即国家按照计划，对每年新增劳动力进行统一的管理和分配，企业、政府和事业单位可以向国家提出用人申请并接受国家的统一安排，人员一旦录用，相关机构不得随意辞退。这样，劳动者和用人单位的关系就成为劳动者和国家的关系，劳动者和用人单位都不享有自由选择的权利。其次，城乡二元的户籍管理制度的确立。1958 年，中央政府颁布《中华人民共和国户口登记条例》，政府部门为每一户居民分别颁发“居民户口簿”，并且规定了“户口簿”对于公民身份的证明作用。户口又分为城市户口和农村户口，分别对应了不同的福利待遇标准。最后，形成了高度集中的权力结构。计划经济依赖强大的数据统计、分析能力和强大的经济管理能力，必然会形成管理阶层（官僚系统）的膨胀，并且使得权力向上层集中，形成下级党政机构权力向上级集中、政府权力向党委集中、党委权力向书记集中的局面。尽管毛泽东等人对此有所认识和警觉，但计划经济

① 逄先知、金冲及主编：《毛泽东传（1949—1976）》，中央文献出版社 2003 年版，第 275 页。

的内在逻辑依然推动着这一趋势向前发展，毛泽东等人的反对并没有实际效果。

总体而言，在革命时期，毛泽东对中国社会发展趋势的认识和判断是较为准确的。而到了社会主义建设时期，由于缺乏相应的历史经验，也不具备良好的国际环境，毛泽东等人对社会主义建设时期的中国社会现实及其发展趋势的认识存在着一定偏差。尽管他们也一度力图从实际出发来修正自身的探索和行动，但最终出现了很多重大失误，尤其是在计划经济探索问题上，由于过于相信此种路径，政治决策本身对现实产生较大的副作用，出现了“社会消融于国家之中”的危险局面，企事业单位成为国家的附属，国家在控制和垄断所有重要资源的同时，也背负着沉重的管理职能，效率低下、问题重重。这一切都说明，社会主义在发展生产力层面的探索，社会主义的经济形态的探索，并没有取得明显的成功，需要在新的时代背景下再次加以探索。经典的马克思主义理论并没有给出如何在一个后发的东方国家建设社会主义的实践指导，巴黎公社的实践不能解释现代化条件下的城市社区、农村社区的民众自治和日常管理问题，而苏联的“党国体系”也无法组织有效的民众自治，反而沦为官僚专制，日益丧失活力和民心。在中国，毛泽东虽然很早就意识到了苏联模式存在的问题，但并没有找到有效的解决途径，他曾经希望通过直接发动民众来实现无产阶级大民主，但没有过基层自治实践的民众，往往容易被官僚集团诱导、分化、利用，沦为派系斗争的牺牲品，被排除在真正的政治决策、日常管理、公共利益分配之外。这与社会主义国家的特殊性质和特殊功能有着深刻的关联。

作为一个生产力发展相对落后的东方国家，中国面临双重任务。首先，国家必须以发展生产力为中心，而在推进工业发展的过程中，必然需要一个统一、高效的官僚队伍。处于积累阶段的国家天然有汲取社会资源、限制个人发展的倾向，在缺乏外部资源和市场的前提下，这种“白手起家”的工业化积累往往意味着需要相对严酷的自我剥削、内部剥削。其次，社会主义的意识形态又要求国家必须成为分配的核心，而且要实行依靠分配来重组社会的重任。这两个任务，会在现实的运作过程中不断加强国家的优势地位，直到这种模式难以持续，必须自我改革为止。这是摆在以邓小平为核心的党的第二代领导人面前的历史重任。

第二节　新阶段的国家、社会和个人关系的多元挑战

一、邓小平对国家、社会、个人关系的重新定位

20世纪70年代后期，邓小平成为党的第二代领导核心之后，面临的主要问题是如何推动国家向前发展。这时既要消除“文革”中权力分散的局面，又不能放弃“人民民主专政”立国之本。所以，邓小平的人民民主思想，核心在于“纠左防右”，维系社会主义，保证民众的基本利益。这在很大程度上回归了“新民主主义”的政策路线。为了纠正“左”的错误——否定政治权威，否定国家，邓小平开始推动改革。

改革有两个方向：政治上，依靠推进法制和反对官僚主义来完善国家制度建设。这主要用来纠正“毛泽东时代”地方党政系统权力过大的不良局面。1986年9月，在会见日本公明党委员长竹入义胜时，邓小平提出：“进行政治体制改革的目的，总的来讲是要消除官僚主义，发展社会主义民主，调动人民和基层单位的积极性。要通过改革，处理好法治和人治的关系，处理好党和政府的关系。党的领导是不能动摇的，但党要善于领导，党政需要分开，这个问题要提上议事日程。”①

在经济上，则是要向社会放权。在改革开放初期，邓小平已经认识到，计划经济时代国家对社会和个人的全面控制，严重影响了生产力的发展。1985年3月，他说道：“一个公有制占主体，一个共同富裕，这是我们所必须坚持的社会主义的根本原则。”② 1985年9月，他再次强调：“在改革中，我们始终坚持两条根本原则，一是以社会主义公有制经济为主体，一是共同富裕。”③ 在改革开放的关键时期，邓小平进一步深化认识并最终指出“共同富裕是社会主义的本质”。1990年12月，在同江泽民等几

① 《邓小平文选》第三卷，人民出版社1993年版，第177页。
② 《邓小平文选》第三卷，人民出版社1993年版，第111页。
③ 《邓小平文选》第三卷，人民出版社1993年版，第142页。

位中央负责同志谈话时，他指出：“共同致富，我们从改革一开始就讲，将来总有一天要成为中心课题。社会主义不是少数人富起来、大多数人穷，不是那个样子。社会主义最大的优越性就是共同富裕，这是体现社会主义本质的一个东西。”① 在1992年的南方谈话中，他明确提出：“社会主义的本质，是解放生产力，发展生产力，消灭剥削，消除两极分化，最终达到共同富裕。”② 共同富裕的第一步，是国家要向社会放权，使得社会具有活力并激发个人潜力。批判官僚主义既可以在政治上收权，也可以在经济上分权。提倡党政分开，事实上使得党委和地方政府的工作重心从政治转向经济，中央向地方让渡了部分经济决策权：“党的一元化领导，往往因此而变成了个人领导。全国各级都不同程度地存在这个问题。……这种现象，同我国历史上封建专制主义的影响有关，也同共产国际时期实行的各国党的工作中领导者个人高度集权的传统有关。我们历史上多次过分强调党的集中统一，过分强调反对分散主义、闹独立性，很少强调必要的分权和自主权，很少反对个人过分集权。过去在中央和地方之间，分过几次权，但每次都没有涉及到党同政府、经济组织、群众团体等等之间如何划分职权范围的问题。”③

为抑制“右”的困境，邓小平在推进开放时，必须有所取舍，反对政治上的激进民主化。针对“自由化”，邓小平指出，“搞资产阶级自由化就是走资本主义道路”，“中国在粉碎‘四人帮’以后出现一种思潮，叫资产阶级自由化，崇拜西方资本主义国家的‘民主’、‘自由’，否定社会主义。这不行。中国要搞现代化，绝不能搞自由化，绝不能走西方资本主义道路”④。邓小平认为，中国必须坚持“人民民主”，反对资产阶级的选举民主：“我们讲民主，不能搬用资产阶级的民主，不能搞三权鼎立那一套。我经常批评美国当权者，说他们实际上有三个政府。当然，美国资产阶级对外用这一手来对付其他国家，但对内自己也打架，造成了麻烦。这种办法我们不能采用。”⑤ 从国际形势来看，20世纪80年代，世界社会主义力

① 《邓小平文选》第三卷，人民出版社1993年版，第364页。
② 《邓小平文选》第三卷，人民出版社1993年版，第373页。
③ 《邓小平文选》第二卷，人民出版社1994年版，第329页。
④ 《邓小平文选》第三卷，人民出版社1993年版，第123页。
⑤ 《邓小平文选》第三卷，人民出版社1993年版，第195页。

量处于低潮，从英美等国兴起的“新自由主义”思潮开始向全世界扩散。从国内局势来看，基于对“文革”产生的逆反性心理，国内一些知识分子和学生对西式的选举民主表示支持。“人民民主”只有在经济改革领域才能有较为安全的活动空间，而在政治上缺乏突破口。这时党内民主就成为优先选择，通过党政分开，推进行政高效化、科学化，可以将政治决策与日常行政进行切割。

通过梳理邓小平的思想脉络，我们可以发现，他在推进改革开放的历史进程中，逐步对国家、社会和个人的关系进行了重新界定。

首先，从历史发展阶段论上来看，邓小平修正了毛泽东对于中国所处历史阶段的判断，认为我国还处于社会主义初级阶段，这是“国家、社会和个人关系”重新界定的历史观基础。新中国成立以后，经过30余年的发展，中国的社会主义事业虽然取得了很大成就，但是问题也十分突出，尤其是在与世界上其他国家进行比较时，中国经济落后、人民生活水平普遍不高的情形十分明显。对于广大社会主义国家而言，这也是一个普遍的问题：社会主义革命并没有在短时期内扩展到全球，而是停留在相对落后的国家和地区，西欧、北美等资本主义发达国家，不仅没有在危机中崩溃，反而还取得了长足进步。这充分说明，社会主义与资本主义长期共存将成为一个基本的历史态势，“东风压倒西风”的乐观局面，短期之内不会出现；世界革命的浪潮，也不像列宁、斯大林、毛泽东等人期待的那般，会很快到来。由此，邓小平将世界的基本主题定义为“和平与发展”：“现在世界上真正大的问题，带全球性的战略问题，一个是和平问题，一个是经济问题或者说发展问题。”① 同时，他还注意到新技术革命对于资本主义国家的巨大促进作用以及对世界经济、政治局势的深刻影响，提出了“科学技术是第一生产力”的论断。因此，社会主义国家与资本主义国家之间，必然面临一个长期共存又相互竞争的关系。竞争的关键在于如何促进生产力的发展。社会主义制度，如果不能比资本主义制度更好、更快地解放和发展生产力，社会主义国家的合理性必然受到质疑。对于中国而言，尤其要认识到这种历史趋势的影响，改变“以阶级斗争为纲”的执政理念，认清新时代的“现实”：“过去搞民主革命，要适合中国情况，走毛

① 《邓小平文选》第三卷，人民出版社1993年版，第105页。

泽东同志开辟的农村包围城市的道路。现在搞建设，也要适合中国情况，走出一条中国式的现代化道路。”① “中国式的现代化道路”必须从中国的发展状况和历史条件出发，这意味着必须再次辨认中国所处的历史阶段，放弃激进的浪漫幻想。在1981年的《关于建国以来党的若干历史问题的决议》中，党明确提出，“我国的社会主义还处于初级阶段”。1982年党的十二大报告提出：“我国的社会主义社会现状还处在初级发展阶段，物质文明还不发达。”到了党的十三大，对社会主义初级阶段已经进行了较为系统的阐述，明确了其基本特征和长期性，并指出初级阶段的基本矛盾和解决途径：社会主义初级阶段的基本特点在于生产力还不发达，远远落后于世界先进水平，与之相对，生产关系还存在很多问题，需要系统调整。为此，邓小平提出了“三步走”的发展战略，提出到21世纪中期将中国建设成为富强、民主、文明的社会主义现代化国家的目标。总的来说，初级阶段论的重要意义在于，它为社会和个人的发展提供了巨大的理论空间，使得在社会主义国家市场的存在获得了政治、经济意义上的合理性，为国家向社会放权、国家放松对个人管制奠定了思想和观念基础。

其次，邓小平丰富了对国家、社会和个人的各自使命和内涵的认识。邓小平指出，社会主义国家的根本任务在于解放和发展生产力：“在社会主义国家，一个真正的马克思主义政党在执政以后，一定要致力于发展生产力，并在这个基础上逐步提高人民的生活水平。”② 同时，国家还要在分配层面上进行必要调整，推动共同富裕：“我们是社会主义国家，国民收入分配要使所有的人都得益，没有太富的人，也没有太穷的人，所以日子普遍好过。”③ 邓小平对社会的理解，最大的突破在于其对市场经济的探讨。1979年，他提出了社会主义也可以搞市场经济的著名论断：“说市场经济只存在于资本主义社会，只有资本主义的市场经济，这肯定是不正确的。社会主义为什么不可以搞市场经济，这个不能说是资本主义。我们是计划经济为主，也结合市场经济，但这是社会主义的市场经济。”④ 更进一步，在1982年，邓小平提出了市场与计划相互配合的经济思想：“社会主

① 《邓小平文选》第二卷，人民出版社1994年版，第163页。
② 《邓小平文选》第三卷，人民出版社1993年版，第28页。
③ 《邓小平文选》第三卷，人民出版社1993年版，第161页。
④ 《邓小平文选》第二卷，人民出版社1994年版，第236页。

义同资本主义比较，它的优越性就在于能做到全国一盘棋，集中力量，保证重点。缺点在于市场运用得不好，经济搞得不活。计划与市场的关系问题如何解决？解决得好，对经济的发展就很有利，解决不好，就会糟。”①在这一观念的指导下，农村改革和城市改革相继推进，国家实行计划和市场双轨制，这为社会的自我发展提供了空间。20 世纪 80 年代后期、90 年代初期兴起的乡镇企业，恰恰代表了一种不同于国家的“社会性力量”的兴起。对于“个人”的评价，与毛泽东等人强烈批评个人“自私自利”特性的主张不同，邓小平认为，对个人大公无私的要求显然是过高了。他提倡市场化改革，鼓励资本私人积累，主张利用个人发家致富的私利动机来发展经济：“不讲多劳多得，不重视物质利益，对少数先进分子可以，对广大群众不行，一段时间可以，长期不行。”② 但是，邓小平也强调要以实现共同富裕为目标：“社会主义的目的就是要全国人民共同富裕，不是两极分化。如果我们的政策导致两极分化，我们就失败了；如果产生了什么新的资产阶级，那我们就真是走了邪路了。”③

在处理国家、社会和个人关系上，邓小平提出了两个基本的行动原则：

第一，维持社会稳定的“社会管理”原则。邓小平明确指出：“中国的问题，压倒一切的是需要稳定。没有稳定的环境，什么都搞不成，已经取得的成果也会失掉。”④ 发展经济需要稳定的社会环境，只有这样才能吸引投资，才能实现工业化积累与升级转型。很多发展中国家陷于政治和社会动荡的泥淖，使得自身长期落后的经验表明，中国这样一个落后国家，应该珍视稳定的秩序。正如邓小平所强调的：“中国要实现四个现代化，摆脱落后状态，必须有一个安定团结的政治局面，必须有领导有秩序地进行建设。”⑤ 要保持社会稳定，需要从三个方面入手：其一，坚持党的领导，坚决打击危害政治稳定的行为；其二，建立和完善社会运行机制，如社会激励机制、社会控制机制、社会保障机制、社会监督机制；其三，必

---

① 《邓小平文选》第三卷，人民出版社 1993 年版，第 16—17 页。
② 《邓小平文选》第二卷，人民出版社 1994 年版，第 146 页。
③ 《邓小平文选》第三卷，人民出版社 1993 年版，第 110 页。
④ 《邓小平文选》第三卷，人民出版社 1993 年版，第 284 页。
⑤ 《邓小平文选》第三卷，人民出版社 1993 年版，第 208 页。

须加强意识形态教育工作。

第二，民主法制原则。有感于“文革”时期的秩序混乱，邓小平十分重视民主和法制建设，在他看来：“为了实现四个现代化，必须发扬社会主义民主和加强社会主义法制。”[①] 在国家建设层面，必须完善民主集中制：“民主集中制是党和国家的最根本的制度，也是我们传统的制度。坚持这个传统的制度，并且使它更加完善起来，是十分重要的事情，是关系我们党和国家命运的事情。凡是违反这个制度的，都要纠正过来。”[②] 在社会管理层面，要保障人民民主的实现，必须加强法制，“必须使民主制度化、法律化，使这种制度和法律不因领导人的改变而改变，不因领导人的看法和注意力的改变而改变”[③]。在新中国成立以后较长的一段时间内，党和国家习惯以运动式的管理模式来推动经济建设、进行社会管制，这种做法的问题在于党和政府、国家和社会、国家和个人之间没有明显的区分，行政和政治运作贯彻到所有社会领域和个人生活之中，导致社会丧失自主活力，个人受到很大限制。到了改革开放的年代，党政分开、政企分开、社会和国家相互分离，个人也获得一定自由，在国家、社会和个人之间，需要探索一种常规化、制度化的互动模式，而法制正好符合这一要求，既可以避免过度干预，也可以避免放任自流。

二、江泽民时期的改革：国家、社会、个人关系的规范化

20 世纪 90 年代，伴随着苏联解体，社会主义国家的存在面临着极其严峻的挑战。原本美苏争霸的两强格局，为中国的和平发展提供了一个相对稳定的世界秩序空间；在苏联解体之后，以美国为首的“一超多强”的世界格局逐步显现，中国面临的世界局势相对复杂化了。从国际政治经济格局来看，以美国、西欧、日本为主体的资本主义国家国力强大、民众生活水平较高、国际竞争力较强，这使得资本主义的自由民主政治制度受到很多人的欢迎，并认为广大发展中国家也应该进行以西式民主为模板的民主化改革。

---

① 《邓小平文选》第二卷，人民出版社 1994 年版，第 187 页。
② 《邓小平文选》第一卷，人民出版社 1994 年版，第 312 页。
③ 《邓小平文选》第二卷，人民出版社 1994 年版，第 146 页。

面对“民主化浪潮”的冲击，以江泽民为核心的中国共产党第三代领导集体清楚地认识到，一方面，必须从中国的国情和实际出发，反对西式民主的路线；另一方面，需要深化必要的政治、经济改革，完善中国自身的人民民主制度。由此，江泽民提出依靠法治来保障民主的主张：“发展民主，加强法制，实行政企分开、精简机构，完善民主监督制度，维护安定团结。”①

这一时期，我们可以看到，经过改革开放10余年的发展，国内已经出现了一批先富阶层，并且出现贫富差距扩大的矛盾。西式的选举民主在国内的知识分子阶层中有一定的市场，在党内也有少部分支持者。一党执政下的“人民民主”受到的质疑越来越多，为此江泽民强调反对西式民主的重要性：“西方国家的一些人，总想把他们那套民主制度强加给我们，总想让我们实行西方式的民主。在这个问题上，我们同西方国家一直在进行尖锐的斗争。西方敌对势力打所谓的‘民主’牌，实质就是要实现他们‘西化’、‘分化’中国的政治图谋。我们千万不能上这个当。我国有十二亿多人口，搞西方的那一套三权鼎立、多党竞选，肯定会天下大乱。”②

随着经济发展和市场化改革深入，中国的社会结构也经历着快速的变革。在中央—地方关系层面，各级财政之间的关系经历了从“大锅饭”到“分灶吃饭”的改变，区域经济竞争在各地兴起，一度形成中央财政弱于地方财政的局面；而到了1994年，国家开始推动分税制改革，上收税源，重新确立中央政府的优势地位，但也引起了诸如地方“土地财政”等后续问题。在政府与企业关系层面，计划经济模式逐步退出历史舞台，政府保留诸如财政政策、货币政策和产业政策等宏观调控职能，对企业放松管制，比如推进国企改革，“抓大放小”，保留骨干型国有企业，改制中小型国有企业，推进国有资产的股份制改革，以国有控股方式的间接管理手段取代原本直接的指令性管理模式。同时，各级政府财政与企业之间的关系也发生深刻变革，从“软预算约束”演变为“硬预算约束”，政府逐步放开对企业受益的直接控制权，而以税收等形式规范其与企业的财务关系。

---

① 《江泽民文选》第二卷，人民出版社2006年版，第29页。

② 转引自梅荣政：《中国思想界存在的三种宪政思想的争论》，《马克思主义文摘》2014年第5期。

在农村，集体企业、乡镇企业在20世纪八九十年代一度蓬勃发展，但后来大多因为无法适应市场价格信号的快速波动而逐步失去活力，开始被私营经济接收和取代，农村劳动力开始大规模向城市、沿海地区转移，形成庞大的“农民工”阶层。在城市，劳动用工制度改革不断推进，打破了城镇职工在单位制结构下的“铁饭碗”模式，合同制和聘用制劳动用工制度不断扩张，职工辞职和企事业机构解聘职工成为一种常态。90年代末期，东北等老工业基地由于国企效益恶化和企业转型升级，一度产生了大规模的国企工人“下岗潮”，并引发了一系列严重的社会、经济问题。随着农村里的村庄和城镇里的单位逐渐剥离社会职能，演变为纯粹的经济机构，村民和职工的生老病死、福利待遇便失去了集体的保障，必须靠个人花钱购买，这一时期的城乡贫困家庭面临着非常大的生活压力。到了90年代下半期，中国社会的收入分配格局已经发生重大变化，贫富分化问题凸显，新的社会阶层开始产生：城市产生了依靠知识、技术参与分配的新中产阶层，也出现了以农民工为主体、为城市建设付出汗水却无法享受城市福利的新工人，还出现掌握大量财富和资本、大规模雇佣工人劳动的富裕阶层。这一趋势导致了20世纪末到21世纪初，中国社会出现既存在大发展的趋势，也存在严重社会矛盾的历史局面。

面对这种局势，江泽民等第三代领导集体审时度势，提出了“从革命党向执政党转型的历史命题”。从革命党向执政党的转型，首先就是要处理好人民的内部矛盾，不能以敌友划分的阶级斗争矛盾来看待新生的社会阶层和不断涌现的社会冲突，而是应该以创造、建设和维持一个有利发展的良性社会环境为目标。因此，必须加强社会管理和社会建设。从国家层面来讲，在政府决策角度，进一步增强决策的科学性、系统性和全面性，兼顾不同地区、不同地域、不同领域、不同行业的利益关系，兼顾社会公共利益和私人利益的协调发展，确保人民生活安定、有序，社会经济健康发展。在执政党发展的角度，对于新兴的社会精英，采取吸纳政策，夯实党的执政基础，为此，江泽民提出了“三个代表”重要思想。从社会层面来讲，则是要顺应时代发展的潮流，逐步放松社会管制，引导社会组织的有序发展。1993年，党的十四届二中全会提出，要“发展市场中介组织，发挥其服务、沟通、公证、监督作用……发挥行业协会、商会等组织的作用”。到1996年，中央政府开始推进对民办非企业机构的登记管理制度，使得原本掩藏于“地下”的社会组织，获得合法的活动空间，并积极引导这些社会组织，使其发挥服务社会的公共职能。在国家与个人关系问题上，则提出了依法治国和以德治国的重要观点，规范政府对民众的日常管理和服务职能，也提出对个人进行思想引导、道德引导的任务。

总之，在这一时期，应对国家、社会和个人关系的历史转型，江泽民等人更注重法治、民主和党的领导的结合：“党的领导是关键，发扬民主是基础，依法办事是保证，绝不能把三者割裂开来、对立起来。政治体制改革，必须在党的领导下，有步骤有秩序地进行。以为发扬民主、强调法制就不需要党的领导，这是错误的。同时，各级党委要学会在宪法和法律的范围内加强和改善党的领导。”① 而具体到现实的民主实践方面则有突破：“民主选举、民主决策、民主管理、民主监督，保证人民依法享有广泛的权利和自由，尊重和保护人权。”②

第三节　从社会管理到社会治理的初步探索

一、胡锦涛时期中国的社会发展成就、挑战及应对

进入21世纪，经过30余年的改革开放历程，中国取得巨大成绩。从经济体制改革角度来看，截止到2012年，中国较为成功地实现了从高度集权的中央指令型计划经济向灵活运转的社会主义市场经济的转型，建立了体系相对完备的社会主义市场经济体制：在农村，建立了以家庭联产承包责任制为基础的、统分结合，并有适度规模化农业模式的农村双层经营体系；在城市，逐步建立了以国有经济为主体、多种所有制经济同时推进、发展的经济制度，并且发展出了按劳分配、按生产要素分配等多种形式并存的分配模式，也形成了以市场调控为主体、国家宏观调控为补充的经济管理制度，为中国经济的进一步繁荣发展奠定了坚实的制度基础。

在30余年的对外开放历程中，中国逐步融入世界市场，尤其是在

① 《十五大以来重要文献选编》上，人民出版社2000年版，第489页。

② 《江泽民文选》第二卷，人民出版社2006年版，第258页。

2001 年加入 WTO 之后，中国迅速成长为世界上举足轻重的经济大国，并开始影响和塑造着国际政治、经济格局。自 1978 年改革开放之初的 206 亿美元的进出口总额，到 2012 年 38667.6 亿美元的进出口总额，这是一个巨大的飞跃。另一方面，2016 年我国的外汇储备已经超过 3 万亿美元，世界领先。2012 年全年国内生产总值 519322 亿元，跃居世界第二，人均 GDP 超过 6100 美元，提前实现了“三步走”的发展目标。对外投资大幅增长，成为重要的国际资本输出国家。中国制造的工业品遍布世界 200 多个国家和地区，产品范围包罗万象，既有纺织服装等轻工业产品，也有轮船、通信设备、新能源设备、高铁等高技术装备。在农业上，中国的各项重要农产品产量基本占据世界第一位，中国本身也成为世界最大的农产品消费国。从民生角度看，从 1978 年到 2012 年，中国城镇居民人均可支配收入由 343 元增加到 24565 元，农民人均纯收入由 134 元增加到 7917 元，全国贫困人口从 2.5 亿减少到 1000 万以下，城乡居民衣食住行各项生活水准明显提高，基本上改变了经济落后的历史局面。

在教育、卫生、福利等各项社会事业上，中国也取得了长足进步。通过多年的大力发展，中国早已在城乡普遍实行九年义务教育，并逐步向适龄学生群体推行财政补贴政策；而高等教育领域，学生毛入学率也突破 32%，快速改善了中国劳动者群体的整体素质，为产业升级奠定了基础。在卫生领域，截止到 2012 年，中国的基本医保体系已覆盖了全国 95% 左右的人口，初步构建起世界上最大的医疗保障网络。以农村“新农合”为例，各级财政对其补助的标准达到每人次 200 元，政策范围内的医保报销比例达到 70% 以上，受益人次突破 13 亿。在福利保障层面，截止到 2012 年，中国已经初步建立了城市职工养老保险、失业保险和住房公积金等制度。

在肯定发展成绩的同时，我们也应该认识到，改革开放以来，我国不可避免地累积了不少社会矛盾。可以说，中国的高速工业化和城市化进程，将西方社会数百年的发展历程集中到数十年的时间段中，由此所带来的巨大社会压力可想而知。从“江泽民时代”到“胡锦涛时代”，中国的社会结构产生了巨大变化。

社会阶层分化日益明显，不同阶层之间矛盾日益明显，尤其在工业化和城市化进程中，由于利益分配不平衡造成的社会冲突事件不断。其突出表现为城市化过程中的征地拆迁问题，农民工阶层与企业主阶层之间的劳资矛盾问题，以及污染企业、地方政府与城乡居民的环境纠纷问题等。这些问题涉及的空间范围广，由东部向西部不断延伸；时间范围长，从20世纪90年代至今持续不断；冲突规模大，动辄超过数百上千人积聚。比较典型的包括：2007年厦门发生的“PX事件”、2008年发生的“甘肃陇南灾后重建开发事件”、2009年广东番禺发生的“反对建设垃圾焚烧厂事件”、2011年大连“PX事件”、2012年四川什邡发生的“反对兴建钼铜项目事件”等。这些群体性事件集中爆发，主要有两个原因：第一，城市化与工业化的红利与成本分配的不匹配问题，城市化过程中的土地增值主要被地方政府和房地产开发商挤占，造成失地农民阶层利益受损，也造成新市民阶层买房的成本上升。二者都对此十分不满，尤其是失地农民阶层，往往可以利用地方政府“害怕出事”的逻辑进行暴力对抗，提高要价。而工业化进程中，工业化的红利主要被资本持有者和地方政府分享，本地居民往往感受不到切实的利益，反而还承担了粗放式工业化造成的环境破坏的严重后果，对此充满怒火。第二，随着信息、网络技术的普及，以及人们受教育水平的普遍提高，老百姓的维权意识、组织意识不断增强，新技术也大大降低了人们的组织成本。这两种原因的结合，使得群体性事件越来越普遍。

面对新兴的社会阶层力量不断增长、社会分化不断加剧的局面，传统的维稳逻辑越来越陷入僵局，只能加剧民众与政府的对抗情绪，甚至影响到执政党的合法性。为此，中国共产党面临的任务是，在吸纳新的社会精英的同时，如何保持工人和农民对党的认同、保证党组织最根本的群众基础。我们在一定时期的努力方向便成为防止两极分化的矛盾加剧，避免工农阶层利益受损。为此，胡锦涛认为，“在促进发展的同时，把维护社会公平放到更加突出的位置”①；用“促进经济又好又快发展”的模式代替“促进经济又快又好发展”方式，更加注重生态环境发展，提倡“科学发展观”的“绿色GDP”的观念；更加注重社会建设，注重民生建设，提出了解决好人民群众最关心、最直接、最现实的政治宣言——可以称得上是

① 胡锦涛：《在省部级主要领导干部提高构建社会主义和谐社会能力专题研讨班上的讲话》，人民出版社2005年版，第21页。

一个严密、完整、自洽的发展体系。当然，坚持党的群众路线、继承党的优良传统无疑在体系中具有根本的和决定性的地位，同时，以人为本的人文关怀因素也体现了时代的特色。

这一时期，党的工作重心由侧重国家、集体回归到关注公民个人、关注弱势群体。一个重要的努力方向，是推动基层社区建设的实践。在城市，进行社区化改革，将原有的属于行政系统的街道办事处逐步改革为以提供公共服务为基本的社区机构，并为业主委员会的自治实践提供法律依据。2003 年，国务院颁布《物业管理条例》；2007 年，第十届全国人民代表大会第五次会议通过《物权法》；到了 2009 年，住建部下发《业主大会指导规则》，初步为城市社区建立起业主自治的法律架构。这种法律上的调整，与我国城市体制的深刻变革密切相关。传统的单位体制在 21 世纪已经逐步告别历史舞台，在住房进行商品化改革之后，人们的居住空间不再依附单位体制，而是以市场提供的商品房小区为核心，逐步发展出新的社区模式。社区居民之间是典型的陌生人关系，既没有血缘、地缘联系，也没有业缘联系，这使得社区空间有待于引入新的组织资源和组织模式来进行重构，这也成为众多学者的研究目标。在农村，废除农业税之后，农村一度出现基层政权“悬浮”化的局面，党政机构退出农村的一个附带结果，是农村公共服务的空心化，比如农村的水利建设问题、公共卫生问题、社会治安问题无人投入精力。为了改变这一局面，2010 年，全国人大常委会对《村委会组织法》进行了修订，写明了罢免程序，进一步完善村民民主议事制度，更进一步规范了村委会的民主管理和民主监督，试图为广大农村地区的基础自治提供实践空间。

在社会管理的具体内容上，党和政府进一步放松了对社会的管制力度，废除了一些不符合历史潮流的旧有制度，较为典型的是收容遣送制度。从历史源流上看，收容遣送制度在我国有着一段长期的实践历史。1951 年，为了巩固新生政权，遏制流民问题，并改造妓女、小偷等社会无业人员，新中国开始实施收容遣送制度。到了后来，收容遣送的范围扩大到乞讨、流浪者等无业人员。20 世纪 90 年代初，收容、遣送对象又再次扩大为由农村流向城市的“三无人员”，即无合法证件、无稳定收入和固定住所的人员。2003 年，“孙志刚案”发生后，收容遣送制度成为众矢之的。同年 6 月，温家宝总理签署国务院令，废止了备受社会争议的《城市流浪乞讨人员收容遣送办法》，新颁行了《城市生活无着的流浪乞讨人员救助管理办法》。由此，已不适合时代的强制性的制度被“自愿救助，无偿救助”的弹性救助方式代替。

这一时期，在社会发展问题上，一个最重要的推进在于提出了“科学发展观”。2007年，胡锦涛正式提出科学发展观：“科学发展观，第一要义是发展，核心是以人为本，基本要求是全面协调可持续，根本方法是统筹兼顾。”① “深入贯彻落实科学发展观，要求我们积极构建社会主义和谐社会。……构建社会主义和谐社会是贯穿中国特色社会主义事业全过程的长期历史任务，是在发展的基础上正确处理各种社会矛盾的历史过程和社会结果。”②

二、十八大以来的社会治理探索

2012年，党的十八大报告针对社会管理提出了一系列新想法、新观点和新概念，其中尤以社会管理战略重心的转变最为亮眼。由此，我们有必要洞悉党的十八大对社会管理问题在重点工作方向上的转移，希望能够从社会管理的丰富实践中找到社会管理应有的重心和方向，从而把握党和政府在社会管理实践的新形势下对社会管理问题调整的脉络和思路。

从2012年起，在各地实践中，社会治理探索都取得一定进展，却也存在着一些问题。

首先，在管理体制改革方面，已初步构建“党委领导、政府负责、社会协同、公众参与”的社会管理结构。管理体制创新不胜枚举，以北京为代表的一些地方以“楼宇党建”的新型社会管理方法，提升了党建工作的实际效果。而河北省肃宁县积极摸索并推行了独具特色的“四个覆盖”——基层党组织、基层民主组织、农村经济合作组织、农村维稳组织全覆盖——的社会管理模式，编织了一个既能包括农村，也能涵盖农民的新型管理服务网。还有成都市根据城乡统筹建设的现实需要，将“最难办的事情交给群众自己去解决”，在社会管理的议题设定、公共项目选择、

① 胡锦涛：《高举中国特色社会主义伟大旗帜为夺取全面建设小康社会新胜利而奋斗——在中国共产党第十七次全国代表大会上的报告》，人民出版社2007年版，第15页。

② 胡锦涛：《高举中国特色社会主义伟大旗帜为夺取全面建设小康社会新胜利而奋斗——在中国共产党第十七次全国代表大会上的报告》，人民出版社2007年版，第17页。

工作开展等一些较为棘手的问题上，充分大胆地让广大群众积极、自觉和热情地参与其中。虽然各地对社会管理的建设取得了一定的成绩，但是由于并无成例，各地的认识还存在不小的差别，特别是在对党组织、政府、各类社会组织团体、广大城乡居民社区在社会管理中具体能够扮演何种角色、发挥怎样职能等方面；地方“一把手”等领导对于各类社会管理主体在实践中具体负责的社会管理事务具有决定性的影响，同时也要考虑各方权力、权利、利益之间的平衡。由此可以看出，现如今的社会管理缺乏制度化、常态化的通行模式。全国各地普遍较为重视摸索以信息化、网格化为主的工作方式。但是，源头治理常被错误理解，特别在某些地区被认为是“大上监控系统”“千方百计防上访”等简单形式，以至于忽视了单位和社区这种基本管理要素的重要作用。填写报表、连续工作、忙于应付检查的简单粗放式的动态管理模式大大降低了管理人员的积极性，增加了管理的成本，虽然这种模式也在应急处置中有一定作用，但“一案三制”的空洞化、缺乏操作性的问题不容忽视。

其次，在社会组织培育和指引方面，东部沿海城市和发达地区的探索不断深入。例如，广东省正在积极探索对社会组织实行双重管理模式的变革，除特别规定领域外，普遍降低社会组织的注册标准和难度，推动各类社会组织的成长。又如，北京、上海等地独创“社会组织培育基地”“购买社会组织专业服务”等方式，使得社会组织飞速发展。但弊端也不断浮现，如缺乏有关社会组织立法、缺乏各地统一操作标准等。各地实践中的管理错位、管理机关“弄权”、财务制度僵化、过度关心社会组织事务等问题也层出不穷。同时，仍有一些具有“体制背景”的社会组织对体制因素难以割舍，出现严重的政社不分现象。除此之外，当社会组织突然面临如此良好的发展契机之时，它们以往在人才、能力、管理等方面经验欠缺等问题亦暴露无遗。

最后，建设基本的公共服务体系。一是对于社会管理覆盖面的扩展，二是对于公共资源投入的加大，三是对于公共服务水平的提升。具体的方式包括，通过社区服务中心就近对社区居民提供必要、及时的服务，丰富群众的娱乐方式，对外来人口和特殊人群实施相应措施，并广泛动员社会力量开展公共服务等。但是，公共服务的各种主体之间存在职责不清、权责不明的情况，基层公共服务在人、财、物的保障上没有长效机制，屡屡发生“花钱买太平”的情况。并且，公共服务也面临着地区不平等、城乡不平等、群体不平等的现象，由此引发了新问题。

经验和教训并存的现状无疑说明了社会治理在不同领域存在许多不均衡之处，同时说明了社会管理在制度上、规范上的欠缺。显而易见，新型的社会治理相对于传统的社会管理存在以下优点：一是强调多元主体的合作共治。社会治理的主体不再单一，包括了党政机关、企事业单位、社会组织，以及公民等各方面力量，各种主体之间通过协商的方式参与社会事务的管理，体现了多元、持续、协调的过程。二是强调社会自治。新型的社会治理尊重社会成员的各项政治权利，使其在治理过程中享有充分的发言权和选择权，以期更大限度地发挥社会组织的应有作用，形成一种管理与自治相协调、政府主导与社会参与相配合的社会管理和公共服务机制。三是强调各种手段的综合应用。一方面增强心理疏导、思想引导；另一方面加强对法律、经济、道德和行政手段的综合应用。四是协商互动。社会治理并不只是政府的事情，企业、社会组织、公民等多种主体也需要广泛参与其中，相互协商合作。只有这样，我们才能够更好地应对危机、化解冲突、不断提升公共服务和产品的品质。

我们党在总结社会管理长期经验的基础上，提出了从管理到治理的理论创新，突出反映了巨大的现实意涵。社会治理模式的创新，无疑十分有助于提高国家层面对社会的治理能力，实现国家治理体系和治理能力现代化；同样有助于提升整个社会活力，推进社会层面的广泛建设；甚至有助于转变政府职能，提升社会层面的服务；最后，当然还有助于大力保障和改善民生，建设和谐社会。

要达到“创新社会治理体制”的目标，其决定性因素在于正确对待政府、市场、社会间的关系。当前，我国政府正处于职能转变、放权简政、服务型政府建设的关键时期，对于市场的认识已深化到承认其在资源配置中具有决定性作用的程度，而社会在社会综合治理过程中能够产生的影响比政府和市场都要薄弱很多。基于此，社会自治能力的提升将会成为我们工作的重中之重。一方面，我们要尽力想办法使得社会组织能够充满活力。在目前的多元主体并行的社会治理进程中，社会组织无疑成了在政府和市场之外的第三种力量，社会组织在资源配置上具有重要的作用，负载着社会治理前行。我们需要通过改革社会组织的登记制度，放宽社会组织的成立标准，从而激发社会组织活力，为推动其发挥积极作用创造条件。另一方面，要注重社会组织的重要作用。与人民群众联系最为紧密的就是基层的社会组织，它能够在组织群众参与社会治理中担负重要使命。习近平指出："社会治理的重心必须落到城乡社区，社区服务和管理能力越强，社会治理的基础就越实。"① 在今后的工作中，我们有必要加强对社区组织的支持，充分重视基层社会组织在团结群众方面的重要作用，不断增强社会治理合力，使得更多的社会主体共同参与社会治理工作。

第四节　社会革命、社会管理与社会治理的历史使命回顾

一、社会发展条件与社会政策的相关性

根据马克思主义社会理论的基本原理，社会发展是需要相应的物质条件和社会结构条件的，但这并不意味着人为的努力和推动没有意义，不仅如此，人为的努力还必须考虑具体的国内、国际政治经济形势和实际的物质生产力发展水平。历史一再表明，没有几个国家能够本能地、无痛苦地从传统社会过渡到现代社会，比较幸运的英国、荷兰和美国，纯属少数。在所有实现了现代化转型的国家中，确立基本现代价值系统及各种体制机制所必须经历的过程，是在好几个世纪中不间断地完成的。任何现代化模式中，当对旧有机制和价值观念予以无情地批判和打击时，新的制度和价值观念正在形成和崛起，而在此张力中逐渐形成的社会力量，不可避免地会发生两极化倾向，各种经济、政治、社会因素呈现出尖锐的矛盾。如何保障顺利过渡，历史上曾出现过四条主要道路。

第一，英美道路。以英国为例，为保卫公民权利和整个社会免受君主权力横加干预的斗争，至迟从 12 世纪就开始了，最著名的《大宪章》，就是贵族强迫君主签订的。1688 年"光荣革命"宣告了议会对君主的胜利，宣布君主立宪原则获胜，建立了议会享有主权、个人享有自由权利的宪政

① 《习近平总书记系列重要讲话读本》，学习出版社、人民出版社 2014 年版，第 118 页。

制度，但直到1832年，英国才最终落实了民主选举权。英国政治现代化过程前后长达800年，在17世纪还经历了革命—复辟的循环反复。其制度特点在于，在社会革命中可以对中间力量进行及时有效的扩充，在各极端势力之间形成链接性力量，作为化解矛盾、达成共识的重要力量，促进宪政民主得以用逐渐进化的方式确立下来。资本主义生产关系的迅速发展，使得城乡中经济独立、政治权利充分的有产阶层形成。在应对危机时，他们会毫不犹豫地保卫自己的权利，不论是经济上的还是政治上的。同时，社会上还必须有相当数量的具有政治远见、知识广博的知识阶层，他们普遍意识到有必要以一种更为平和的方式开展变革。此外，还要有对认同感建设、冲突和矛盾的避免十分感兴趣的政府当局，并且他们对这些力量和阶层也要持同情态度。

这些条件和要素的聚合就形成了英国典型的政治现代化道路，但这只是一种特殊情况。因为社会力量与王权的斗争经历了800年，才得出了自己的思想观点和十分含混的制度，还必须宣称是回归“传统”。其他国家则没有这么幸运。比如法国从1789年起，直至在政治现代化过程中找到一种适合自己的模式，经历了差不多150年连续不断的动荡。德国人最终也没能独立完成这一进程，20世纪开始后一直处于战争、帝国、魏玛共和国与法西斯统治的交替状态中，只是在二战后英美和苏联的政治体制从外部强加给了德国。战后东亚社会，如日本的政治体制也是被外部强加的。

第二，法国道路。其实质在于，企图从一种状态立即跃升到另一种状态，企图在政治实践中实现某种社会组织的理想蓝图，期望很快能使所有人在一开始就获得幸福和自由，但在革命之后所获得的却根本相反。开始于1789年法国大革命的法国政治现代化道路，实际上一直延续到20世纪80年代，那时最后一支巨大的反体制力量——社会主义者联盟最终被驯服。专政、暴政以及各种不同形式的君主制和共和制反复更迭，才为稳定的民主培育出了社会阶级结构和民族性格，才改造了旧的习俗和传统，造就了适合法国的现代政治模式。在很长时间内，法国政治被各种社会力量的两极化主导，以至于政治体制不断由一个极端向另一个极端剧烈摇摆，使其经历了各种过渡形式的政权：从专制制度到君主立宪制，再到雅各宾专政，再到执政内阁的专制统治，再到拿破仑帝国，再到各种共和国。宪法制定了很多部，但无一得到贯彻执行。

法国政治体制不稳定的原因主要在于其文化和民族性格无法迅速容纳现代政治，在于政治机构中封建关系残余的强烈影响，在于资本主义的缓慢发展，在于存在着大量处于破落状态且难以向新状态过渡的中间社会阶层。法国始终都存在反体制力量，这就对政治体制的根本改变造成严重威胁。消灭所有这些反体制力量，克服一些社会力量和阶级的尖锐对抗，就民主政治的价值观和体制机制达成总体协议，直到 1981 年才完成。由此，法国成为一个正常的、有双极选民的民主国家，选民支持的两个政党或政党联盟，构成了政治生活中广泛而巩固的中派力量。当年，西班牙、希腊、葡萄牙走的也是这条路，今天有很多发展中国家还在走法国道路，比如巴西、阿根廷等国。这一道路的特征在于：公开声援民主的社会力量缺位，旧式的机构和思想观念损坏严重，在充满对立的复杂国际背景下的国内经济状况动荡不安。此外，这些国家的政治体制混乱不堪，从外部强加的民主体制十分短暂，又重新为长期的专制统治所取代。要想使民主机构能够发挥效能，就要求有一个稳定的社会经济制度，而在过渡时期，这种稳定性是无法得到保证的。

第三，德国道路。一些欧洲历史上具有高度文明的民族也不能自主地过渡到稳定的民主制度，比如德国。19 世纪德国崛起后，俾斯麦实行具有高度权威主义的恺撒制，致力于发展市场经济、建立公共权力，目的是使新兴的工人阶级和资产阶级习惯于建设性的合作，在国家权力保护下通过国会对不同的阶级力量和社会力量进行民主培训，时间达 40 年，但仍未取得预期效果。德国不成功的原因有很多，首先是因为民族性格、习惯和传统的特点。德国长期处于权威地位的君主制，在内外社会压力下于 1918 年崩溃。此时，世界经济危机爆发，加剧了社会阶级力量的两极尖锐对抗。民主制度的价值系统和体制机制虽移植到德国土壤，但并未深深扎根，未能抵抗住这样的压力。社会政治生活的急剧两极分化和激进化，使国家陷入混乱，继而导致“纳粹”上台，即“国家社会主义”泛滥。

如果说 20 世纪 30 年代在摆脱世界经济危机时，英国和美国政治制度发生了一些变化，尤其是美国，那么这些变化正是国家开始积极干预社会经济生活，期望在某种程度上抵消市场的负面影响，但仍保留了公民个人的基本权利和自由。而在德国，由于文化传统等原因，尚未健全的魏玛民主却崩溃了。这种局面下要平息革命激情、恢复政治稳定有两条出路：一种是斯大林式的“左”的全能主义，一种是19世纪法国确立过多次的右的权威主义。德国事实上形成了一种世界政治发展实践中从未有过的制度。希特勒的制度既非权威主义，又非全能主义，而是一种介于全能主义与权威主义之间的制度。纳粹党和国家权力在对社会政治精神生活严加规定的同时，却并未对工业和农业做出这种规定，并未推行包罗万象的国家所有制，并未导致所有制对公民的全面异化，并未使公民沦为完全仰仗国家恩典的奴隶。虽然德国的实业活动被限制在行会框架内，遭到纳粹党国体制的残酷挤压，但是有机的经济联系和相当规模的经济自主却被保留下来。

第四，苏联道路。19世纪末，俄国一次又一次地失去了通过自上而下建立各阶级阶层、民族和部族积极合作的社会有机转型的良机。1861年之后，俄国经济社会领域快速发展导致了社会迅速分化和政治两极化。新的全国性或地区性的冲突和对抗无法通过合作形式缓和，就只能通过暴力形式表现出来。当社会矛盾冲突日益尖锐，激进派不再把国家政权看成调解冲突的力量时，国家稳定所能依靠的就只能是武力。专制政权如果为了满足某些特权阶级的利益，还能处理好社会的急剧两极分化，以及暂时积累在内部尚未爆发出来的对抗性矛盾，在能够控制局势的时候适当让步的话，那么当形势迅猛发展而其自身软弱又不得不让步时，就会爆发激烈的冲突，于是导致了1905年革命。但是不久，俄国被迫推行的一些民主改革措施在沙皇垮台后迅速化为泡影。20世纪俄国历史上连续不断的“不幸事件”使其丧失了以有机进化方式实现政治现代化的机会。

俄国的解决方式是总体性的革命，以巨大的牺牲为代价实现了工业化和农业集体化，建立起了强大的苏联。但其所建立的政治体制继承了以前的一些消极特点：刚性的中央集权，各级权力都集中在同样的一些人手中，领导人被神化，管理极端官僚化。在个人和国家之间缺少中间机构，工人、农民、知识分子和公职人员在某种程度上都变成了普通的“螺丝钉”。

全能主义政治在形式上吸收公民参与政治进程，实际上公民与这一进程完全处于异化状态。政治范畴和非政治范畴的界限已经消失，国家对整个社会活动都严加规定，不容许有任何未经核准的活动和未经批准的组织。已不存在多数人和少数人的问题，因为在所有事情上都要求意见完全一致和思想完全统一，任何不同政见均受法律惩处，任何少数人组织的团体均被取缔。各个级别的权力，一律采用官僚主义的方法通过封闭的渠道产生。在形式上有非国家的社会政治组织，事实上都转化为某个国家机关的附属品，其活动同样被严格规定。全能主义要求的不是对其消极服从和唯命是从，而是要求积极表现出忠诚和支持。一般来说，这种制度没有最高权力的继承机制，因而当权力传递之际常会引起政治动荡，孕育幕后斗争和宫廷政变。这种制度按其本性而言并不需要什么社会阶级的支持，不仅如此，它还在始终如一地促使社会失去阶级性。当它破坏了社会的一切有机联系，使整个社会分裂成单个的原子并造成财富和权力的异化时，它已经完成了将每个人纳入国家控制的结构中，并将其限制在严格的形式和范围内的过程。结果是使整个社会由一种有机体变成了某种由权力结构人为制造出来的机制。

对于中国而言，一度选择的是“苏联道路”，因为“苏联道路”不仅提供了在落后国家建设社会主义的现实榜样，也为中国提供了工业化的基础资本和技术支持。可以说，由于客观历史条件和国际政治格局的影响，“苏联道路”中存在的一些问题也在中国的社会主义建设实践中客观存在。

需要注意的是，以毛泽东为代表的老一辈领导人，在多年的实践探索中，事实上也意识到了“苏联道路”的内在困境，并试图加以纠正；以邓小平为核心的第二代领导集体，更是进一步反思了“苏联道路”的问题，积极推进改革开放。因此，中国的社会发展历程，并不是“苏联道路”的简单重复，而是对马克思主义社会理论的新型探索。自1949年中华人民共和国正式成立，发展到目前为止，新中国可以说是已经经历了前后两个“30年”的过程。前30年，可以说是一个“以革命重塑中国社会结构”的过程，而后30年则是一个“以改革激活中国社会活力”的过程。因此，我们必须客观地看待历史问题，分析不同时代的社会发展条件与社会政策的相关性。回顾前30年的历程，可以发现，在中国推行“社会革命”有其必要性、合理性，有的也取得了重大成就，客观上为后30年的发展奠定了重要基础。当然，也遗留下了一些严重的问题成为后30年必须应对的挑战。

辛亥革命以后，中国作为一个半殖民地半封建社会，不仅内部存在着沉重的历史包袱，而且外部也受制于资本主义的国际霸权体系，如果不同时解决这两个问题，中国社会的良性发展就只能是一个美妙的幻想，只能存在于文人、知识分子的想象中而无法成为一种现实。因此只有依靠革命来打破传统、僵化的社会结构，克服国际霸权体系的不利影响，建立一个强大的现代国家，进一步发展社会生产力才有可能实现。中国共产党人通过土地革命、抗日战争、解放战争等一系列艰苦卓绝的斗争历程，带领中国人民建立起统一的革命政权，建立起有效的现代国家制度，并初步建立起社会主义经济制度，进而掌握了生产资料，推进了工业化进程。从这个意义上来说，在中国，尽管新中国成立前就存在一定数量的产业工人，但作为社会中坚力量的工人阶级是由社会主义革命和社会主义建设过程催生出来的，这恰恰是前30年以社会革命为特征的社会政策的一个集中体现。这种社会革命型的社会政策，从中国的长期发展来看，无疑是有重要意义的。它使得中国摆脱了类似印度、拉美等后发国家的历史命运，根除了自身传统中的落后社会结构和根深蒂固的等级制，为生产力的解放和社会发展奠定了基础；但是，也必须注意到，任何社会政策都对应着相应的社会成本，社会革命这种剧烈的社会政策更是附带着巨额社会成本。对于中国而言，前30年的社会革命所附带的社会成本就是以国家主导的生产模式带来的社会力量相对萎缩和个人自主性相对受限的历史局面，表现在日常生活层面就是人民生活的普遍贫困和个人权利的相对滞后，这正是改革开放所需要解决的问题。

中国走改革开放之路最直接的目标便是解放和发展生产力，消除贫困。脱贫、小康目标的提出，是符合当时中国国情和反映人民意愿的。为服务于经济发展的目标，社会政策的主要方向就从社会革命转向社会管理，抛弃阶级斗争和阶级对立，将社会视为利益主体的活动领域而加以管理。从今天的视角来看，在当时特殊的时代背景下，主张通过经济途径缓解政治和社会矛盾的做法是一种现实的优化抉择，可以说是一定程度上为社会发展另辟蹊径。但我们决不能忽视其中存在的问题，正是这种发展模式对经济因素的过分强调，反映在现实中导致了唯GDP论的发展导向。这种导向无疑是造成经济与社会失调、效率与公平失衡的原因，也是我们在发展中付出巨大环境资源代价的罪魁祸首。而且，在追求经济发展的目标下，参与促进社会发展的三大主体——政府组织、市场组织、社会组织——关系失调。具体表现便是政府错位，滥用主导优势；市场越位，扩大经济能力；社会组织缺位，丧失补充作用。三者皆没有各司其职、各就其位，不能起到在社会发展中应起的作用。因此，后30年以“社会管理”为基本特征的社会政策，就像前30年的“社会革命”一样，都存在着各自的社会后果和社会成本。到了今天，“社会管理”基本已经完成了自身的历史使命，需要新的社会政策来进行替代，这正是“社会治理”理念出现的历史背景和现实语境。

回顾改革开放30余年来的发展历程，我们可以发现，中国社会在经济增长上取得巨大成就的同时，也交了不容忽视的高昂“学费”。在生态环境层面，粗放式的生产模式引发了社会与自然的不协调，并危及人们的日常生活；在社会结构层面，经济发展带来的贫富分化，使得价值评判的歪曲、伦理依据的丧失、个人与社会间的矛盾日益凸显。总体而言，在市场化改革逻辑的影响下，社会管理的政策往往从降低成本的思路出发，将政府对社会的公共服务职责降低到了一个较低的水平。需要特别说明的是，作为一个发展中的大国，中国过去30年较低水平的公共服务供给是由基本国情决定的，相应的低成本的社会管理政策具有现实的合理性。但是，到了今天，中国的经济发展水平已经到了一个相对较高的阶段，国家和政府掌握的资源也已经较为充裕，有能力改变较为粗放的社会管理方法。从客观现实看，市场化方案非但没能消除社会问题，反而加剧社会分化并诱发社会矛盾，国家和政府不能将调节社会的责任转嫁给市场和商业类组织。因此，新时期，中国的社会政策必须根据现实发展水平做出调整，从社会管理转向社会治理。

二、对不同阶段的成就和问题分析：从辩证法的视角出发

从马克思主义的基本原理出发，对不同阶段的社会政策的分析必须从正反两个方面进行观察和评价。在“毛泽东时代”，以社会革命为特征的社会政策的主要成就在于：第一，建立一个强大、统一的现代国家。辛亥革命以后，中国社会就出现分裂化、殖民化的趋势，而中国共产党带领全国人民扭转了这一局面。通过抗日战争和解放战争，中国共产党逐步开始强化中央集权模式，逐步建立起党领导国家、党领导军队的基本制度。一方面，这种制度发展了抗日战争时期形成的党的一元化领导形式；另一方面，党的各级组织成为组建全国性政权的组织基础、组织资源和组织制度

来源。具体而言，其包括以民主集中制为原则的集体领导制，全国统一的经济体制，由中央军事委会领导全国军队的军事制度，由党领导政府的国家制度，由民族区域自治为补充的单一制国家形式等等。第二，建立了以公有制为主体的基本经济制度，初步建立起独立的现代工业体系。在1956年完成“三大改造”之后，中国的经济主要以社会主义全民所有制和社会主义集体所有制两种公有制经济为主，个体工商户、私营企业被加以改造，非公有制经济基本销声匿迹。在以美国为首的西方国家的经济封锁之下，中国独立自主地建立起一个较为独立、完整的现代工业体系和国民经济体系，初步转变为一个工业化国家。

这种由政治组织和政治力量摧毁传统社会、政治、经济结构并加以重塑的模式，是一种规模宏大、影响深远的“革命”，其成就是巨大的，其成本也是非常高昂的。国家重塑、工业积累的巨大成本最终要落实到具体的个人身上，由于采取了相对公平的全民分担成本的模式，“毛泽东时代”的中国出现了普通民众生活普遍贫困的局面。而且，由于党的一元化领导日益强化，最终导致政治系统压制了社会系统的发展。

“邓小平时代”的改革，正是面对民众普遍贫困和一元化领导僵化的问题进行的调整。1978年以后的社会转型迈上了新的台阶，体现出了新的特征，最明显的就是借助经济改革的强力引领，使得社会结构的转型和经济体制的转轨获得充足的动力，两者能够形成交叉并进、相互推动的良性发展模式。从效率低下的一元化体制向更有效率的多元体制转变的过程，取得了很大的改革成果：第一，农村公社制度得到改革，自主性的生产力被解放出来，不仅表现为家庭联产承包责任制带来农业生产的发展，而且表现在乡镇企业的快速发展上。第二，城市和沿海地区以对外开放为导向，不仅打破了全民所有制的传统格局，而且积极吸收更先进的技术和管理资源、更具竞争力的市场化运作模式，企业的自主性不断增强，社会力量得到解放。

这种向社会放权的社会改革模式，也带来了一定程度的组织真空和秩序混乱，很多人为了发财致富不择手段，双轨制导致体制性的权力寻租和腐败盛行，社会矛盾开始涌现。尤其是在这一时期，国际形势的巨大变迁也引发中国社会思想、观念的混乱。自“苏东剧变”以来，“历史终结”再度成为时尚话语受到热捧。比如，美国历史学家弗朗西斯·福山就凭借

“历史终结”的话语名噪一时。这样背景下的讨论难以让人不把“历史终结”想象为“社会主义的终结”，即在苏联和东欧社会主义制度瓦解崩溃之际，资本主义倡导的自由民主制理所应当地成为人类社会制度和政治生活应当面对的唯一合理选择。这种震颤是社会学创立以来未曾有过的大变局。这种巨变导致了思想界兴起了质疑中国共产党执政合法性、反对中国的社会主义制度的浪潮，并进一步影响到社会生活领域，导致拜金主义、虚无主义盛行。

面对这一问题，“江泽民时代”的改革，一方面要延续“邓小平时代”的经济改革路线，继续加大在经济领域的改革开放力度，推进社会生产力的发展；另一方面，则要加强社会管理，限制不良思潮的蔓延。整体而言，“江泽民时代”的改革，进一步推进了中国的经济体制转型，建立起以公有制为主体、多种所有制经济共同发展的社会主义市场经济制度。但是，社会进步与代价共生、社会进化与弊病共存、社会协调与失衡共在是这一时期鲜明的特色。社会生活的各个领域，包括城乡格局、利益关系、社会管理、价值观念等，都能够成为反映时代复杂性的鲜明写照。

针对这一问题，胡锦涛创造性地提出“科学发展观”，并阐释了其“以人为本”的核心要素。一切工作都以人的全面发展为目标和导向。值得注意的是，这一理念当然地包含了使弱势群体共享发展成果的含义，表明了已经开始着手对过去发展中存在的种种问题——以牺牲弱势群体的利益为代价——进行纠正的思路，但这一过程并不可能一蹴而就。同时，我们应该注意到“科学发展观”以全面、协调、可持续作为自身根基。其中，“全面”意味着共赢，也就是使参与社会成长的各方主体都能从社会的长远发展中获得对自身利益的保障和增进。而“协调”则意味着社会各方关系能够形成良性互动，使人民都能够实现各尽其能又友好相处的局面。最后，“可持续”就表明对于当代人和后代人进行了综合衡量。总的说来，科学发展观的提出就是对旧式的使一方损害另一方来获得满足的“零和”发展观的摒弃。科学发展观采用了一种统筹兼顾的方法，意味着城乡之间、东中西部之间、人与自然之间、国内和国外之间等方方面面都能在发展中获得应有的成长和进步，是对过去只侧重一方发展思路——重城市、轻农村，重东部、轻中西部，重人、轻环境的放弃。科学发展观延续了从初级到高级的历史发展轨迹，这一转变带有质的飞跃。

科学发展观为中国的社会政策从社会管理向社会治理转型提供了契机，显示了中国共产党对改革开放以来的社会建设伟大实践的积极探索，表明了其越来越清晰地把握了中国社会建设的目标和规律。纵观改革历程，我国经历了从社会管理迈向社会治理的巨大转变、逐步深化的历史进程。党的十八届三中全会明确提出了创新社会治理体制、提高社会治理水平的新要求，这充分体现了我们党在深入分析社会问题后，实事求是地根据社会发展的阶段特性总结出最新结论。这一伟大结论不仅能够引领社会更进一步，也对时代问题进行了有力回应，并满足了人民对国家治理新的期待，同时亦是中国共产党对社会主义国家执政规律、建设规律以及人类社会发展规律认识的新的升华。

党的十八大以来，中国的经济、社会发展进入了一个新的阶段：GDP总额居世界第二位，并将在不久的将来有望成为世界第一经济大国；经济发展速度开始平缓下降，从高速发展转向中速发展；国家财富积累较为充裕，为开展各项事业奠定了坚实基础。但是，与此同时，中国社会的贫富分化和阶层分化问题也日益凸显，并且被网络等现代媒体急剧放大，引发了较严重的社会对立情绪，并进一步影响了执政党的执政基础。因此，社会治理政策本身所肩负的重任不仅仅在于维护秩序，也在于重建中国的社会共识，夯实执政党的社会基础。从这个意义上来说，社会治理也是一项政治事业。

第四章　国家、社会、个人关系与当代社会治理理念

第一节　全球化时代的社会困境

一、资本全球化带来普遍的社会分化

全球化时代的一个普遍趋势是，金融资本的全球流动变得越来越迅猛，传统的民族国家的政治边界已经很难限定资本的自由流动；同时，由于不存在统一的全球政治体系，这就使得跨国金融资本获得越来越大的优势，打破了原本由政治国家保持的资本与劳动的相对平衡关系。这种趋势引发的一个直接后果，是使贫富分化、阶层分化成为一个普遍的历史潮流，无论是在经济高速增长的中国，还是在经济停滞不前的日本，无论是在实施民主制度的北美、西欧地区，还是在以威权政体为主的中东、北非地区，贫富差距拉大、阶层分化严重都成为摆在各国面前的基本难题。

自 2008 年国际金融危机发生以来，世界许多地方都发生了普遍的社会危机。在美国，以华尔街为代表的金融资本集团，尽管是金融危机的罪魁祸首，但却没有受到任何处罚，还因为其强大的政治、经济影响力而争取到美国政府的财政补贴。出于对这种不平等的愤怒，美国底层民众发起了占领华尔街运动，一度影响广泛。在欧洲，金融危机的后续影响使得西班牙、意大利等国陷入财政危机，福利政策难以为继，政府不得不提出征税政策，却因为民众的反对难以实行。在西亚和北非地区，金融危机的后续影响使得这些国家依靠外来投资及旅游业支撑的脆弱经济体系难以维系，

青年失业率超过50%，继而引发社会动荡，形成了一系列前后相继的民众抗争和颠覆政权运动。

在金融危机持续近6年之际，我们回顾这些事态可以发现，无论是欧美的底层民众抗争运动，还是一些发展中国家的“颜色革命运动”都没有取得预想的效果，尤其是那些被“民主化”浪潮所淹没的国家，政权的更迭、选举权的拓展，并不能解决实际的社会危机，反而激化了社会矛盾，使得国家陷入“劣质民主”的泥淖。这充分说明，缺乏科学理论指引的政治激进主义，非但无法推进真实的民主发展，反而得不偿失。

根据自由主义的基本理论，解决社会分裂问题，不能依靠政治权力来“强制推进平等化”，而必须依靠社会的自我协调和自我治理，恢复公共精神。然而，无论是美国还是西欧，它们标榜的“公民社会”本身已经在资本流失和外来移民的冲击下不断瓦解：首先，作为“公民社会”血液和基础的公共财富受到严重削弱。资本逐利的天性，使得它们天然追逐利润的最大化，向中国等发展前景良好的地区流动。这造成了发达国家制造业的普遍空心化，工人大量失业，政府财源不足，而富裕阶层却可以利用资本流动的优势来规避税收，这使得普通人承担了原本应由富人承担的税收，进一步加剧了社会不平等。其次，作为“公民社会”灵魂的公共文化受到外来移民、时髦观点的冲击，瓦解了社区居民的公共生活。比如，美国目前有超过4000万的拉美裔移民，这些移民中很多为非法移民，不懂英语，也不在乎美国传统文化，这直接冲击了作为美国政治基础的乡镇（社区）自治传统。在西欧，法国、英国等国同样面临产业空心化、资本外流和外来移民冲击的社会危机。这一切充分说明，在全球化的影响下，财富收益及其成本的负担之间的平衡日益无法保障，“公民社会”已经大量失血，面临内部崩溃的危机。如果这个时候依然坚守教条，反对国家对社会的输血和支援，必然无法克服日益严重的社会危机。

对于中国而言，我们既是全球化的主要受益者，也承担着随之而来的严重后果。自2001年加入世界贸易组织以来，中国迅速成长为具有世界影响力的经济大国，在制造业领域，全面接收、吸纳欧美、日本等先进地区的外移产业。而且，由于中国内部区域发展的不平衡性和劳动人口的巨大规模，中国制造业在不断升级发展的同时，还依然保留着大量相对落后的产业，出现了“制造业固化在中国”的奇特局面。然而，取得这一成绩是付出了巨大成本的，一方面，为了发展经济，实现工业化，在经济发展的红利上，资本所有者与劳动者的分配长期不平衡，劳动者收入长期无法得到明显提高；另一方面，工业化和经济发展带来的环境问题，长期由普通民众承担。而21世纪以后，随着中国城市化进程的加速，房屋、土地等不动产产生的收益急剧增长，远高于劳动收入的增长水平，这一切导致了中国同样出现了严重的社会分化和贫富差距过大的问题。

二、信息全球化急剧放大社会矛盾

21世纪以来，随着互联网的普及和智能手机等新媒体的不断涌现，大众传媒出现了前所未有的变局。2014年，中国的网民数量突破6亿大关，互联网已经成为人们了解资讯并形成资讯的主要平台和空间。2010年以来，随着微博、微信等新媒体平台的兴起，民众的日常沟通越来越便利。但是，新媒体也带来了一系列社会后果。

与报纸、杂志、广播、电视等传统媒体不同，新媒体传播不仅仅具有多媒体集合的特征，也有着交互式、碎片化的传播机制。在无线网络的全球分布和新技术的推动下，微博、微信等新媒体已成为具有全新传播特征的全球化、社会化的主流传播媒介。

在沟通机制上，不同于传统媒体易于被政府、传媒机构垄断的特征，新媒体给予普通民众更大的自主权和选择权，每个人都可以成为一个庞大信息网络中的关节点，可以参与生产和传播信息。因此，新媒体为组织和动员民众提供了技术基础，大大降低了社会运动的组织成本。比如，占领华尔街运动、埃及“颜色革命”等等都是通过新媒体进行组织、动员的。

然而，新媒体传播自身也存在着严重的不足，即导致舆论的极端化倾向明显。在信息爆炸的条件下，个人对信息的选择往往带有较强的偏好性，结果就是对于喜欢的观念越来越喜欢，对于反对的观念越来越厌恶。理性沟通的公共空间实际上被碎片化的交流模式所挤压，尤其在政治表达领域，新媒体往往成为负面信息与政治异见的集散地和发泄口，可以对国内社会矛盾产生几何级数的放大作用，并形成不同的政治诉求，向国家、政党施加舆论压力。尤其对于一些发展中国家和地区的政府而言，新媒体往往成为压倒它们的“最后一根稻草”。当一个国家内部的社会冲突和社会矛盾累积到一个较为严重的水平时，国内的不满群体很容易受到外国势力的影响，进而引发激进的政治行动，比如中东等地在2008年以来所发生的社会动乱。

对于处于社会转型关键阶段的中国而言，新媒体兴起带来的舆论极端化的挑战也十分明显。很多事例已经表明，简单的社会事件，一经新媒体传播、放大之后，往往成为否定中国政府、否定执政党，甚至否定社会主义合法性的政治化议题，这些都向中国的社会治理提出了巨大挑战。

早在革命时代，毛泽东就已经认识到了国内问题和国际问题联动的趋势，在新中国成立之后的一系列国内建设决策中，他在很多情况下都充分考虑了国际局势的影响。如果"毛泽东时代"的国内问题和国际问题的联系还仅仅存在于重大决策之中，那么到了今天，在经济全球化和信息全球化的双重影响下，国内问题和国际问题联动的趋势则愈发明显。一国之内的社会事件，常常有可能上升为具有国际舆论影响力的政治事件。

对于今天的中国而言，面临着社会分化带来的多元化的政治诉求和利益冲突问题，这些诉求在现有的政治空间内如果得不到有效表达，往往会诉诸新媒体舆论等形式表现出来，而且往往非常极端。同时，从国际形势来看，中国作为仅存的社会主义大国，常常是西方舆论批评的对象，尤其是在中国经济取得巨大成绩之时，西方对中国的恐惧和不满日益增强。在金融、政治等领域，中国政府一直以来都保持着独立自主意识，并具有独立于西方的组织、管理形态。具体就金融业而言，中国强大的国有银行体系保障了我们在2008年以来没有受到西方金融体系危机的直接影响。而广大拉美、东南亚国家，却由于金融开放政策而失去了金融自主权，受到西方金融资本的支配，成为西方国家转移危机的洼地。但是，在舆论传播领域，中国一直处于相对弱势的地位。

首先，从技术来源上讲，互联网、新媒体等信息技术来源于美国，也受到其国内媒体和政商两界的深刻影响，中国在吸收和使用这些新技术的过程中，不可避免地要受到美国的控制和干涉。其次，从意识形态传播模式来讲，西方国家历史经验无疑更为丰富，不仅透过主流媒体进行传播，还在商品、广告、电影等文化形态上对中国等发展中国家进行全面渗透，传播美国式的生活理念和政治理念。最后，从自身发展上来讲，中国的舆论传播模式较为陈旧，没有跟上时代发展的潮流，饱受诟病，早已引起民众的不满。因此，中国的国内社会冲突或社会矛盾，往往在很短的时间内被网络媒体放大，进而被西方媒体进行政治化加工，借以反对中国的政治体制和社会制度。这种事例虽然分开来看影响有限，但组合成一种潮流之后，往往对国内民众的心态产生严重的不良影响。而且，对于此种舆论，单纯的压制更容易激化矛盾，反而加强了西方舆论的说服力，因此需要小心应对。

第二节　中国面临的现实挑战

一、国家在全球化时代的双重使命及其矛盾性

在二战之后，资本主义世界秩序由帝国主义阶段转向新阶段，其本质是美国借助自身强大政治军事实力建立起的资本市场体系，其表现则是货币基础从金本位过渡到美元本位。美元成为世界货币，这意味着货币不再是一般等价物，而是美国政府可以凭自身力量无限增发的政府信用。它能够利用这种信用搭建庞大的金融资本控制全球，这就是西方左翼理论家批判的“新帝国”。

纵观今日世界政治经济格局，资本主义周期性危机没有消失，全球资本对劳动的剥削没有消失，金融资本对生产型或发展型国家的剥夺没有消失。这集中体现为发达国家主导金融机构（如国际货币基金组织、世界银行等）和世界贸易体系（如WTO体系）对发展中国家进行“双重剥削”。一方面，发展中国家用国内经济增长红利转化成的外汇购买美国国债，而美国可以政府力量为后盾不断增发货币，导致美国名义债务缩水；另一方面，发展中国家又在以牺牲国内劳动力待遇和生态环境为代价，将自己生产的原材料商品输往发达国家做进一步深加工。在这样的“双重剥削”中，发展中国家付出了高昂的代价，例如贫富悬殊、生态被破坏等，却用自己的原材料和资本给发达国家输血，而收获的却只是不断贬值的美国国债。在这种体系下，资本主义解决自身危机的方式就是将资本全球化，将危机全球化。全球金融危机作用于世界市场边缘国家的政治反应，是资本中心地带（发达国家）向资本依附地带（发展中国家）转嫁危机的必然结果，从而使面临危机时以埃及为代表的阿拉伯国家内部固有矛盾的总爆

发。自1979年以来，资本主义周期性危机大约每10年爆发一次，每次都是资本主义世界体系的调适与拓展，每次都会引发大规模社会动荡和政权更替：1989年开始的“苏东剧变”摧毁了社会主义阵营；1997年亚洲金融危机摧毁了以东亚“四小龙”为代表的“东方资本主义”模式；2008年以来的金融危机则摧毁了美欧以华尔街为代表的自由放任新自由主义金融体系，但靠新兴经济体和政府救助买了单，而阿拉伯世界则不幸沦为此次金融危机的政治牺牲品。

可以说，在全球化时代，尽管大规模战争的发生概率在下降，但是国与国之间的激烈竞争并没有减少，反而不断提高，集中表现为经济实力的竞争。而且，在全球化背景下，发展中国家往往面临更为复杂、隐蔽的外部剥削和支配。因此，在全球化时代，国家依然必须肩负发展生产力的使命，相应的现代国家体系建设和国家能力建设也必须进一步加强。对于发展中国家而言，如果受到西方的自由主义政治宣传的蛊惑而放松国家能力建设的重任，不仅会陷入政治失序的泥淖，还会因此而失去制约外部危机转移的能力，广大拉美、中东和东欧国家的遭遇就是证明。对于中国而言，强有力的国家体系是长期以来的一个历史优势，但是，改革开放以来，一些学者受到西方理论的影响，认为必须反对加强国家体制，主张国家和社会的对立。这些学者和一些既得利益集团相结合，攻击国有企业和土地国有制度，鼓吹私有化。这种观点恰恰有意忽略了国家在全球化时代所承担的重要职能：参与国际竞争和抵御外来的资本控制。

除了发展经济的职能，在全球化时代，国家还肩负一项重大的政治职能：推进政治和社会民主化、调节社会冲突、统合社会分裂。在全球化时代，经济发展的不平衡性进一步放大，即使在欧美发达国家，以金融业、信息业为代表的高端产业从业者与低端服务业和制造业从业者的收入差距也在急剧扩大，社会分化日益凸显。在广大发展中国家，由于依附性经济的影响，除了少数上层阶级，普通人更是无法分享经济增长成果。以埃及等中东国家为例，作为典型的“依附性权贵资本主义经济”国家，这些国家的内部分裂更为严重：一方面，长期的殖民统治使得中东国家经济发展过分依赖石油等产业，缺乏完整的农业体系与国民经济体系，对国际市场的依附性较强；另一方面，20世纪90年代以来，这些国家受到新自由主义的影响而推动的私有化改革，全面加剧了经济结构的扭曲。特别是在分配领域，经济高速增长所带来的大部分利润都被上层阶级独占，形成了独占型的权贵资本主义体制，造成贫富悬殊，中下层人民在经济发展中并未获益，不满情绪日益增长。与此同时，这些国家的传统劳动密集型产业不断萎缩，而能源业、房地产、金融业和高新技术产业难以容纳更多劳动力就业，无法消化迅速增长的年轻劳动力人口，使得社会对抗愈演愈烈，最终引发"颜色革命"。但是，"颜色革命"本身无力改变既有的社会结构，也无力推动经济发展和社会民主化，只能引发持续的政治混乱。

对于中国而言，改革开放30余年的发展，使得中国成为国际经济体系中的重要参与者，尤其在工业领域，由于具备了完备的工业产业体系，工业集聚效应使得中国具备了强大的竞争力，也可以提供较为充分的就业机会。但是，随着市场化改革的深入，中国进入多种要素参与分配的阶段，资本收益增长速度远远超过劳动收益的增长速度，贫富差距进一步拉大。由于互联网等新媒体技术的发展，阶层分化带来的社会对立情绪被急速放大。为了应对这一挑战，有必要推进经济、社会的民主化，在分配问题上进行改革，践行"共同富裕"的历史承诺。因此，国家向社会放权和培育社会也成为一个必要的改革方向。

真正的困难在于，国家在加速经济发展和推进社会民主化这双重职能之间存在着复杂的内在矛盾。一方面，发展经济的职能必然要求一个强有力的干部队伍，而由干部队伍的权力集中附带而来的经济红利又会塑造出相应的既得利益集团；另一方面，社会民主化的诉求则要求打破既得利益集团的财富垄断，调节分配模式。因此，全球化的发展，不仅向国家提出了强化治理能力的要求，同时也要求国家弱化管制逻辑。如果从自由主义的社会理论出发，这一矛盾是无解的。因此，中国的社会治理实践如果想取得突破，就不能迷信来自欧美国家的时髦理论，而是必须重新发掘马克思主义理论资源，重新理解国家与社会的关系。

二、全球化时代需要重新定义社会边界

20世纪80年代以来，新自由主义在全球扩张，其突出特点就是将市场的逻辑推进到政治、社会层面，使市场经济成为一种价值标准。这进一步塑造出了全球范围内的准市场社会形态：金融资本不断壮大，传统制造业和劳工阶层不断受到削弱，而各国的精英阶层则具有更多的"全球流动

属性”，逐步散失对其所属国家的政治忠诚，世界各国都普遍面临各自的“政治共同体危机”。

随着经济实力的增长，随着自身更加深刻地融入世界市场体系，中国也面临着“市场社会化”的共同体危机：贫富差距扩大，阶层矛盾累积，社会对抗加剧。面对未来的改革走向，很多人主张，要进行进一步的市场化改革。但是，这样的观点显然对市场的边界、对社会的前景还没有进行系统的反思，如果市场化改革没有确立边界和限制，则很有可能导致社会危机爆发，而非解决现实难题。

今天，从实际的角度出发，我们必须承认以下几个基本前提。

首先，要解决中国的问题，不能依靠阶级斗争的老办法，因为这无疑将进一步加剧阶级分化和社会斗争。必须明确在人民战争时期的阶级斗争是以土地革命为基础的，涉及不动产再分配的革命可以激发社会生产力的发展。到了今天，财产的主要形态变成了动产，阶级斗争的经济基础已经不存在。阿拉伯世界的社会运动已经表明，不以土地革命为基础的社会运动最终都将导向动乱，无法促进生产力的进步。对于中国共产党而言，虽然其自身是作为革命党起步的，但在今天已经转化为执政党，执政党再倡导革命，无异于自毁长城，自乱阵脚。

其次，无法取消资本，只能限制资本。无论是苏联还是中国前30年的经验都表明，在目前的生产力水平下，要取消资本、彻底摆脱国际资本是一个不可能完成的任务。资本是经济发展的血液，尤其在全球化时代，生产、消费过程全球分布，世界各国民众的相互依赖也愈发深刻。因此基于反对资产阶级剥削而反对资本的理念，无法找到一种重新组织人类生产、生活的替代资本的可能性。

最后，不能彻底否定市场，只能探索市场的边界。市场根植于人类基本的行动模式——交换。在远古社会，赠予等行动模式一度多于交换，但随着生产水平的提高，分工体系的扩展，交换的范围不断扩大，市场也因此不断扩张。市场体现着人的需求和能力的可分离与可再组合，具有其内在合理性。问题在于，合理的行动和原则一旦被过度普遍化，也可能变得非理性，比如说市场的原则侵入伦理领域、政治领域，因此，市场和社会的边界需要在实践中不断被修正、被重新定义。

基于这些基本前提，推进社会改革，也就意味着要进一步探索国家、市场和社会的边界。与西方各国模式不同，中国有其特殊性，体现在资源配置中起决定性作用的角色由国家向市场转变，这也构成了国家与市场边界划分的起点与终点。国家与市场边界的探索始终贯穿于从计划经济体制向社会主义市场经济体制转型的过程中：从党的十四大“使市场在社会主义国家宏观调控下对资源配置起基础性作用”，到党的十六大“在更大程度上发挥市场在资源配置中的基础性作用”，再到党的十八届三中全会明确指出“使市场在资源配置中起决定性作用”，市场在资源配置中的决定性作用无疑成为人们现阶段梳理政府、市场界限的重要动力。

厘清国家与市场的边界后，还需要探索市场与社会的边界。“使市场在资源配置中起决定性作用”需要限制在经济领域，而不能扩散到社会领域，否则会导致“市场社会”的严重问题。马克思在《共产党宣言》中早已表明：资本主义市场经济造成的商品拜物教和等价交换原则，将会在社会生活的各个领域中摧毁人类的道德，将人和人之间的任何关系都降低到现金交易，除此之外，再无其他。马克思认为，市场机制既能对自由、竞争、效率产生积极的作用，又能够对道德产生极为深远的腐蚀影响。而到了20世纪，波兰尼对200余年来资本主义社会的发展趋势进行总结后指出：市场是嵌入社会的[①]。他向我们展示了市场经济侵入社会的趋势，并且指出相应的反市场的社会保护运动的必要性。

中国在寻求“跑步进入共产主义”的方式失败后，不得不认真地回到历史起点，来搞市场经济，发展生产力，实行对外开放。然而，中国社会已经出现了滑向“市场社会”的趋势。市场和社会的边界问题在过去30年并没有得到必要的重视。到了今天，我们应该认识到市场社会不同于市场经济，市场的过分扩张会腐蚀社会价值观。因此，必须探索如何将市场化的逻辑有效地隔离在人们日常生活的一些领域之外。社会治理的最终诉求，不是经济性的，而是伦理与政治性的，力图重建共同体意识，探索更理想的生活模式。这种诉求本身，在一定程度上意味着对资本主义生命模式的克服与对社会主义理想的探索。

---

① ［英］卡尔·波兰尼：《大转型：我们时代的政治与经济起源》，冯钢等译，浙江人民出版社2007年版，第15页。

第三节　社会治理作为中国深化改革的重点方向

一、社会治理是中国社会发展阶段的客观要求

在“邓小平时代”，我国曾经提出了维护社会稳定的工作目标。这一目标提出之后，由于现实工作的需要，各级政府又相继建立起一系列的组织机构。

从中央角度来看，“维护社会稳定”的主要枢纽是中央政法委。政法委的主要职能有两个，其一是指导公、检、法、司、安全系统工作；其二是维护社会稳定，中央以下，省、市、县均设有此机构。20世纪八九十年代，政法委维稳的重心在于集中力量进行“严打”，维护社会秩序，比如1983年到1987年的“严打”，1996年到1997年的“严打”等等。1999年以后，随着“法轮功”问题的出现，打击和处理邪教问题也成为政法委维稳任务的重点。进入21世纪之后，随着工业化和城市化进程的加快，社会矛盾日益突出，群体性事件不断发生，政法委的工作内容逐渐向处理群体性事件转移。自2005年底起，每年一度的“全国政法工作会议”基本都围绕“维稳”展开。经过多年探索，经历过2008年奥运会的洗礼，维稳体制基本走向成熟。从地方角度来看，地方政府设立的维稳机构更为复杂，在市一级设有维稳综治办公室；在县、乡、村三级，则往往设有信访维稳办公室、工作站。除了有专人负责维稳工作之外，在“大维稳”思路的影响下，参与维稳成为地方政府工作人员的一项重要任务，每年投入的维稳经费十分可观。

从实际的运行效果来看，“维稳体制”一度发挥过重大的作用，确实对维护社会稳定产生过积极影响。但是到了今天，“维稳体制”的负面作用也越发明显：

第一，“维稳体制”在新的时代背景下，容易激化矛盾而不是解决矛盾。“维稳体制”综合了行政、司法、公安等等各机关力量，在“攻克重大问题”上具有高效性，但对于处理人民群众的日常诉求和日常矛盾，却显得过于僵化，往往容易将人民内部矛盾激化，将小问题累积为大问题。

诸如拆迁问题、涉诉信访问题等等，如果任由暴力机关介入，往往也会引发民众的暴力对抗。

第二，“维稳体制”成本过高，效率低下。“维稳体制”依赖各级专门机构和大量工作人员来维持运转，需要耗费大量资金和资源。而且，在多年与“维稳体制”的周旋过程中，很多民众已经掌握了与“维稳体制”的“斗争技巧”，知晓引入媒体、舆论的支援。而为了消除不利舆论影响，许多地方政府往往愿意花钱了事，造成“人民矛盾人民币解决”的尴尬局面，遮蔽了问题的实质，阻碍了问题的真正解决。

要改革“维稳体制”，第一，应该转变观念，破除“不稳定的幻象”，发展出有关社会稳定的全新思路。当前，各级政府在面对群体性事件时，往往反应过度，将民众的物质利益诉求混同于政治诉求，进行压制，反而导致问题激化。第二，应该破除日益僵化的“维稳体制”，探索利益疏导和矛盾化解的新型模式。其关键在于，必须切实转变政府职能，改变政府直接管理社会、直接与社会利益发生冲撞的思维。

转变思维的一个现实方向，是从管理到治理。而治理的概念，在学术领域，出现于20世纪90年代的西方学术界。现在这个概念已经扩展到各个领域，不仅包括国内治理、地方治理，也包括全球治理；不仅包括组织机构治理，也包括问题治理。治理，简而言之，是一项协调、引导社会和组织发展的过程。治理的内容，包括探索权利如何使用，决策如何形成，国家、社会和个人如何参与具体事务和政治过程的互动等。治理的形式，包括协商、对话等柔性的行动模式。

从这个意义上来说，社会治理是一种创造良性社会秩序的治理方式。这种良性秩序，不是国家或政府从外部监管，而是国家或政府本身也作为参与者，进入互动环节。

正如本书前一部分所提到的，在全球化的背景下，社会分化普遍化，国际交流日益密切，国内问题和国际问题具有联动倾向，这使得各国政府往往成为资本的“替罪羊”，广泛承受民众的抽象怒火。实际上，民众的这种怒火，往往并不具备积极的建构作用，反而会加剧社会问题、引发社会动荡。因此，我们既不能过度拔高民众集体行动的积极作用，也不能忽视政府改革的必要性，要努力探索一种可以建立在政治精英与普通民众之间的良性互动机制。在全球化的背景下，政府、政党和国家往往只是影响公共事务的众多因素之一。比如，在生产环节全球分布的条件下，很多企业实际上承担着公共职能，例如谷歌、微软、阿里巴巴等企业，我们已经很难以所有制形式的概念来正确地定义它们，它们在很多时候发挥着比政府更为关键的社会服务职能。但是，与政府不同，它们是以盈利为目的的，也不接受公众监督，而且，在很多情况下可以转移自身引发的矛盾。所以，社会治理必须认识到这些社会组织和社会主体的重要性，并将它们引入治理过程，要求其承担必要的社会责任，限制其自身的私利动机。

在改革开放30余年的历程中，中国党政机关的主要任务是发展经济。这也使得党政机关主要与企业、资本持有者保持密切联系，甚至在很多情况下，为了经济发展的目标，存在着牺牲劳工利益、社会利益和环境利益的现象。到了今天，中国的工业化已经发展到一个较高阶段，市场化也进入较高阶段，经济运行越来越遵循自身的内在逻辑，因此单纯的政府推动已经很难有明显作用，相反，还可能引发不良后果。因此，党政机关应该转变工作重心，将主要任务从发展经济逐步转向促进社会全面发展和提供公共服务层面。从世界范围看，中东地区的政府和政党，在夺取政权之初，往往也是经济发展的推动性力量，但在长期执政之后，却由于官僚系统自身的利益与民众的利益对立，最终被民众所抛弃。这提醒中国共产党人必须牢记社会主义国家的性质，坚守关于共同富裕的历史承诺，推动深化改革，完善分配模式，促进社会的良性发展。

二、社会治理是执政党保持执政合法性的现实任务

随着我国改革开放事业的不断推进和社会主义市场经济建设的蓬勃发展，人们早已顺应时代发展，从习惯性依附和价值观念盲从的枷锁中挣脱出来。但是，人们在精神世界中也出现了一些不和谐的音符，一些人在市场化的冲击下显现出信仰虚无、精神混沌的状态，具体体现在以下方面。

第一，马克思主义信仰受到质疑和挑战。20世纪八九十年代以来，随着社会主义运动在全球范围内遭遇危机，马克思主义信仰在中国国内受到的挑战也越来越大，特别是社会主义初级阶段面临的诸多问题使得人们质疑中国是否应该坚持马克思主义的指导。尤其值得注意的是，很多党员干部背弃共产主义的政治信仰，被各种时髦思潮所蛊惑，还有很多人开始信仰宗教，有些党员甚至公开承认自己有宗教信仰，并且混同

普通群众参与宗教活动。在民间，思想文化的交流碰撞层出不穷，这其中不免会为错误思潮的介入提供机会，而错误的思潮也总是善于利用各种漏洞和资源，展开同马克思主义意识形态对话语权争夺的战斗，寻求对中国社会发展和社会性质的影响，以便尽力冲击作为主流意识形态的马克思主义。正像世间没有两片相同的树叶一样，世界上也不可能有两种完全一致的政治发展模式，不论社会制度是否相同、经济水平是否一致，我们都绝不可能找到一条全球通行的政治发展道路。坚持马克思主义在意识形态领域的指导地位，并不排斥社会意识的多样化。然而，这些错误思潮的政治图谋就是要按照西方资本主义国家的政治和价值标准来改造我国的社会主义制度。

第二，社会价值冲突日益凸显。市场经济的发展，更加强化了物质利益重于精神追求的错误观念，使实用主义、功利主义、拜金主义等错误观念干扰了人们正确的价值评判。于是，在经济领域中，富豪、大款日益成为人们崇拜的对象，对利益和金钱的追求犹如洪水一般猛烈冲击着传统道德伦理和价值堤岸；在政治领域中，一些干部把升官发财看作人生的最高追求，贪污腐败现象日益猖獗；在社会领域中，有些人对正义的判断已经失去了最起码的底线，社会恶行已经在道德冷漠的环境中变得越发猖獗。广东“小悦悦”事件、湖北“挟尸要价”事件等屡见不鲜。一套合理、公认、长久的价值判断是社会秩序良好运行的基本保障。假如丧失了最起码的价值判断标准，那么整个社会将陷入无序状态，任何人的安全感都将荡然无存。还有一些人在现实生活不确定性的影响下逐步走向了迷茫，甚至依赖迷信手段寻求庇佑和精神寄托，使得新时期我国的信仰形势出现混乱。特别值得警惕的是，近些年来，各类邪教组织屡屡制造危害社会安定、伤害民众安全的恶性事件，造成了恶劣的社会影响。

总之，改革开放30余年来，经济高速发展为执政党提供了较为充足的绩效合法性。但是，这种绩效合法性，并不能保证执政党能拥有稳固的社会基础。信仰缺失的现实表明，执政党的意识形态领导权正在遭受重大挑战。在信息爆炸、个体观念日益碎片化的今天，要重建执政党的意识形态领导权，单靠舆论宣传模式显然已经不现实，必须依靠现实的行动和理论创新来实现突破。一个现实的路径，就是依靠“社会治理”实践来重建党的执政合法性基础。

2013年11月召开的党的十八届三中全会已经明确提出要创新社会治理的目标，并且指出："创新社会治理，必须着眼于维护最广大人民根本利益，最大限度增加和谐因素，增强社会发展活力，提高社会治理水平，维护国家安全，确保人民安居乐业、社会安定有序。"这充分说明，执政党做好了从社会管理理念到社会治理理念转变的准备。正如前文已经提到的，社会治理是一个多中心、多主体的治理模式，其核心在于协调国家、社会和个人的相互关系。

在中国，国家、社会和个人之间的关系不断变动反映了前现代性、现代性、后现代性共存的繁杂样貌。这是因为它一方面受到了资本主义世界普遍历史趋势的作用，另一方面也受到了中国自身文化发展逻辑的影响。在20世纪90年代以来城市化的浪潮中，党和政府虽然意识到了社会问题的复杂性，但更多的还是遵循社会管理的逻辑，并且将社会管理视为社会领域与市场经济发展相配套的一种改革方式。我们需要不断减少国家主导，协调不断涌现的各种民间力量，并以形成具有适当自我组织能力和优良秩序的小型共同体作为改造的目标，还要尽可能地降低以上改革所带来的资源损耗。但是，纵观90年代以来的发展，国家在社会领域简政放权的同时，也缩减了对社会公共资源的投入，如教育、医疗、卫生、住房等等领域普遍存在投资匮乏的现象，而是将这部分资金转移成了经济领域的大量资源；将国家权力变成了一种对基层社区而言的"悬浮"存在物，而当基层社区被拉入市场经济，被资本的力量裹挟的时候，有关共同体的一切设想终将化作泡影①。

21世纪以后，我国工业化和城市化的发展已经取得了举世瞩目的成就，社会利益的主体不断朝着多元化方向发展，为社会的成长创造了新的机遇。广东等沿海地区的传统宗族组织，在获得经济增长带来的资本援助后，呈现出广泛的复兴之势。他们通过联合家族、同乡、血亲等因素的方式，竟然在村庄中形成了具有"共同体"特征的基层社会空间。江苏南部地区，原有的集体企业转制为股份制企业，村民实现了股民化，成为集体企业的共同所有者和受益者。以这些村办企业的收益为根基，

---

① 参见孙立平：《博弈：断裂社会的利益冲突与和谐》，社会科学文献出版社2006年版。

村庄事实上转变为一种社区形式的新共同体，例如华西村等。在北京、上海等大城市，源于产业密集和城市开发产生的工作和居住社区，得益于中产阶级的成长而取得了自我组织的原动力，他们通过各种各样的志愿和权利抗争活动，将社区成员凝聚到一起，逐步实现了社区自治的理想①。

时至今日，如何看待、如何定义以及如何进一步改善这些社会治理的“新共同体”成为一个必须客观面对的理论难题。事实证明，宗族式组织的复兴可能伴随村庄与基层党政组织的矛盾，苏南集体经济模式也会面临企业受益如何公平分配的难题，而城市中产的抗争运动则可能增加外来人口的城市化成本。因此，社会治理绝不只是如何培育社会组织、发展社会事业、实现社区自治的问题，也涉及不同社会组织之间、社会与个人之间、社会与国家之间的复杂关联。从这个意义上说，社会治理是个人、社会和国家三者交叉的现实维度。

在社会治理领域探索新型的个人、社会和国家关系，应该注意以下三个方面。

首先，要避免理论迷信，尤其是要避免过度强调个人、社会和国家中某一个方面的思想倾向。比如说，一些学者认为，中国社会问题严重的原因是国家放权不够、个人自由不足，因此要推进更彻底的改革，学习和引进西方市民社会理论，鼓励民间的自组织的发展，推进基层自治，改变自上而下的官僚制模式，让社会自我治理，让社会自我救治。现实的发展表明，个人、社会和国家都不应当被过度理想化，尤其对中国而言，虽然经历过国家过度膨胀的时代，但若因此而矫枉过正也并非明智的行为。国家的放权本身未必能带来社会的良性发展，尤其对社会治理而言，社会治理需要大量的资源投入，这种投入往往不能以营利为目的。因此，在现阶段，国家的投入和参与是必不可少的，关键在于如何规范国家的行为。

其次，要注重新技术和新趋势带来的双面影响，避免激进的理论浪漫主义。比如说，目前很多人将互联网视为民主化、社会化的标志，却

① 参见周大鸣：《当代华南的宗族与社会》，黑龙江人民出版社 2003 年版；黄文虎：《新苏南模式的内涵与启示》，《人民日报》2007 年 5 月 9 日。

对互联网时代自身内涵的困境缺乏感受力。与其他国家相似，互联网在中国的普及一定程度上扩展了社会的时空范围。虚拟的网络与原有的社会结构和组织的结合，带来了人际网络的“圈层化”趋势。这种趋势虽然看似使得个人获得了更大的活动空间，却也使得具备政治建构能力的实际交往行动发生萎缩，导致了一种“虚假的公共性”：个人接触到的巨量信息事实上都被个人的偏好所取舍，事关公共生活的重大议题得不到严肃应对。如果坚持以自由主义的理论来推动中国的社会改革，坚持以个人权利和个人自主为出发点的原则，那么互联网时代个人“封闭化”的倾向将变得更为严重。面对这些新的技术和新的经济趋势，必须进行长期、细致的理论观察，探索驯化技术的方式，而非被技术所宰制。

最后，要对市场和资本的逻辑保持警惕。共同体的理论与市场是相对的。市场经济遵循资本的逻辑，以交换为基本的行动模式，并对所有的商品进行定价；而共同体的特殊性正在于，共同体无论遵循的是情感、政治还是伦理的逻辑，都在一定程度上拒斥将人际关系商品化的做法，其目的在于守护人的精神属性。然而，自从资本主义全球扩展以来，市场的力量愈发强劲，往往可以从经济领域进入政治、社会领域，造就“市场社会”，即所有的关系，无论是亲情、友情还是政治关系都可以被交易化。所以，市场对共同体具有很强的侵蚀作用。然而，市场的力量又无法简单地加以否定，因为迄今为止人类还找不到更有效的经济组织模式。我们无法彻底否定市场，但却可以为市场划定边界。市场与社会的边界，需要在日常的实践中不断被探索。因此，如果将社会建设视为培育共同体、克服现代性危机的一种模式，就必须避免把社会建设作为一种营利性的工程。

今天，人类历史已经进入新的发展阶段，在新的技术、新的经济趋势的推动下，个人、社会和国家的关系经历着复杂的变迁。这种变迁本身存在着更好和更坏的双重可能，而人的主动行为能在一定程度上左右趋势的发展，这也是社会理论存在的前提。讨论个人、社会和国家的关系，必须限定在一个相对实在的场域中进行，太宏观和太微观都是不能接受的。作为个人、社会和国家相互交叉的一个中观领域——社会治理实践，恰好能满足这一要求。中国的社会治理实践，也已经由于中国自身发展阶段提升的影响，必将逐步成为处理所有社会问题的枢纽。

第四节　社会治理作为马克思主义中国化的系统工程

一、理论上的系统化

构建社会秩序，增强社会整合，归根到底是要处理好人与人之间、个体与社会之间的关系，马克思主义对此有根本性认识。马克思主义强调秩序构建的重要意义，始终致力于探讨人与人之间、个体与社会之间的关系问题。近代以来的自由主义理论认为，个体先于社会，构建社会秩序必然以原子化的个体为基础；而马克思主义社会理论则认为，孤立的个体不能作为构建社会秩序的前提，对这一问题的理解，必须以人与人之间的关系作为思考的基点，必须在社会关系的具体展开中加以观察。马克思的社会关系理论隐含着其对社会秩序的理解。马克思主义始终强调人是“一切社会关系的总和”①。在马克思看来，人类的解放与发展，依赖于具体的生产关系，依赖于政治、法律、道德关系的改变。换言之，马克思用历史唯物主义的语言指出了一个真理：社会先于个体，没有脱离社会的“原子化个体”，“离开集体谈个体”没有实际意义，认识个体必须以把握总体为前提，认识社会必须以把握关系为基础，构建秩序必然以社会而非个人为基础。马克思关于“人是一切社会关系的总和”的论述指出了人与人之间、个体与社会之间关系的实质，表达了集体主义的精神旨归，隐含了“人人平等”的伟大情怀。

随着当今中国的社会矛盾日益凸显，社会危机日渐严重，大力学习西方发达国家，极力彰显个人权利，努力构建所谓“市民社会”的呼声甚嚣尘上。与此同时，西方资本主义社会却遭受了前所未有的危机，市民社会的内在矛盾充分暴露。这有力地证明，以个体主义为基础的市民社会绝不是什么至高无上、毋庸置疑的普世价值。在这一时代背景下，最为重要的便是考虑怎样建设完善的共同体，因此，马克思主义的社会理论担负了更

① 《马克思恩格斯文集》第一卷，人民出版社2009年版，第505页。

加中国化发展的时代使命。

马克思主义对共同体的呼唤、对集体主义的推崇，以超越西方资本主义市民社会为依归。马克思、恩格斯等人深刻地揭示了现代社会的社会危机之所以深重，人与人之间的关系之所以紧张，以“原子化个体”为基础的市民社会难辞其咎。马克思主义始终强调，“只有在共同体中，个人才能获得全面发展其才能的手段，也就是说，只有在共同体中才可能有个人自由”①。这种共同体精神就是集体主义精神。马克思社会主义理想的本质就是从市民社会走向集体主义共同体，共产主义就是最大的共同体：共产主义是对市民社会的扬弃，是真正的“自由人的联合体”。而通过列宁等人的实践，马克思主义的社会理论开始在东方国家产生重大影响。在马克思主义进入中国以后，以毛泽东为代表的老一辈领导人，充分将马克思主义理论与中国具体实践相结合，通过创建政党、设立支部、深入基层，为新中国的建设提供了强大的动员能量与组织能力。

但是，“文革”期间的曲折实践表明，如果单纯强调集体主义精神，将集体主义推而至极，就会与马克思主义的初衷产生根本冲突，必将只见集体，不见个人。因此，在后来的改革开放中，以邓小平为核心的第二代领导集体，重新强调个人与集体共存，强调个人自利观念的合理性和有效性，进一步探索中国化的马克思主义理论。这种探索必定与中国共产党的发展密不可分，因为中国共产党本身就是一个大共同体，每个支部都是一个小共同体，每个党员都是共同体的细胞。这就决定了中国的共同体建设必然以中国共产党为核心，必然是中国共产党作为执政党的必由之路。共同体建设是社会治理的重中之重。正如前文所述，社会治理的目标不仅仅是服务社会，也在于重建中国社会的共同体意识，重建党的执政合法性基础，因此社会治理必然包含伦理和政治内容，必然以共同体建设为依归。反对极端个体主义，也不是否认个体，不是以集体灭个体。历史已然证明，单纯强调个体，忽视共同体建设，道德就要出问题，社会就会有危机。只有以共同体为基础形成共同的理想信念，社会秩序才能进一步好转，社会危机才能逐渐被克服，社会主义事业才能逐步稳固。

对正义的不懈追求，对公平的高度重视，是人类文明永恒的主题，是

① 《马克思恩格斯文集》第一卷，人民出版社2009年版，第571页。

人类社会前进的方向。经济要发展，政治要稳定，社会要和谐，没有公平正义，都无法实现。自由主义理论虽然也强调平等、公平，却并不彻底，只是将平等局限在法律和政治层面，没有扩展到经济和社会层面。而马克思主义以建构人人平等、公平正义的理想社会作为立身之本、力量之源，将对平等的追求进一步扩展到经济、社会领域。现在，随着国内两极分化日渐严重，贫富差距逐渐加大，社会矛盾进一步加剧，推进社会改革的阻力逐渐增大，融合、发展、完善马克思主义的公平正义理论势在必行。反对贫富分化，追求社会公正，这是社会主义区别于资本主义的根本所在。马克思指出，“真正的自由和真正的平等只有在公社制度下才可能实现；……这样的制度是正义所要求的”①。他用阶级斗争的语言描绘了理想社会的图景：私有制和剥削制度被统统消灭，国家机器被摧毁，生产资料公有制以及按劳甚至按需分配的方式得到实施，才能实现真正意义上的公平正义。而在当代中国，执政党也没有忘记这一点，党的十七大报告指出：“实现社会公平正义是中国共产党人的一贯主张，是发展中国特色社会主义的重大任务。”坚定不移地保障社会公平正义，是由构建社会主义和谐社会的历史任务决定的，是由社会主义本质决定的。要调解当今中国由于市场经济引起的贫富差距矛盾，如果离开马克思主义，其他形式的理想主义诉求，都必定无法适应现代社会扩大再生产的时代要求，必然再次陷入平均主义的泥淖。因此，在今天重提“共同富裕”，依然必须以马克思主义的公平正义观为精神内核。

政权要稳固，社会要安定，没有良好的基层建设，稳定必成一句空话。基层问题归根到底是社会治理问题。在过去的60多年里，马克思主义中国化的理论和实践，已经积累了相当丰富的基层治理经验：在革命年代，基层再造是中国共产党社会革命的核心，强大的组织力量和动员能力是党领导人民取得革命和建设成果的法宝。新中国成立以前，中国共产党自下而上发动革命，深入基层动员民众，组织力量深植人心，得民心而得天下。革命时期，毛泽东同志创造性地提出了“农村包围城市”的伟大战略，奠定了革命胜利的群众基础，更从根本上改造了中国传统社会的基本结构。“村村建支部”的形式使得中央政令可以快速无阻地贯彻到中国的

① 《马克思恩格斯全集》第三卷，人民出版社2002年版，第482页。

基层社会中去，在中国乡村盛行了几千年的宗法体制很快支离破碎，农民重新在党的领导下组成集体形式的生产劳作单位。这种千年巨变不仅显示了党治理下的中国社会的政治现代化，更标志着党领导下中国社会的社会现代化，标志着中国社会的基本结构与组织方式发生了根本变化。到了今天，基层党组织从当年的立党根基变成了组织末梢。基层党组织如果丧失战斗精神，上级约束又鞭长莫及，官僚主义、贪污腐败就会肆意泛滥，地方势力可能出现“黑帮化”，党与群众的血肉联系将被破坏，群众基础不断削弱，由此党将面临“失民心而失天下”的历史性危机。因此，保持党联系群众的政治优势，增强党对人民群众的组织控制能力，加强基层党组织的教化管理功能，成为党必须正视的历史命题，迫在眉睫，刻不容缓。

从这个意义上来说，当代中国的社会治理实践，必然包含对马克思主义中国化理论的深化、发展。从20世纪90年代以来，各种时髦的西方理论进入中国，一时之间似乎声势浩大，但是实践证明，这些时髦理论往往“水土不服”，因为这些理论的经验原型是美国等资本主义国家，若以这些理论为标准，必然导致将产生社会问题的根源归结为中国的政治体制的结果，从而无法深入分析现实变化，更无法提出合理、有效的社会改革建议。目前，我国处在改革破局、攻坚克难的关键期，面临着经济体制转轨、社会结构重整、利益格局破除、思想观念更新的复杂局面，国家治理体系和治理能力现代化必须在应对以上局面的过程中不断深入发展与革新。中国共产党在21世纪初提出了构建“社会主义和谐社会”的新的奋斗方向，体现了我国遵循马克思主义社会理论指导而最新发展的社会治理模式。构建和谐社会必定是一项复杂、艰难和长期的伟大进程，这一长期进程本身，也会反过来为马克思主义中国化思想不断提供新的系统化的理论资源。

二、实践上的系统化

目前形势下，治理水平、治理体制和治理方式的创新完善应遵循以下原则：第一，多元治理。坚持党委领导、政府主导、社会参与，实现政府治理和社会自我调节、居民自治的良性互动。政府治理与社会治理共同推进，形成强大政府与强大社会的共同发展。第二，依法治理。在实际的社会治理过程中强化以法治思维和法治方式解决各类社会纠纷，将法治化和社会化融合在一起，推进依法治国的全面进步。第三，综合治理。既要强化道德约束，又不放弃社会行为规范作用，创新多种治理模式并存共治的综合治理模式。

就多元治理而言，其意味着治理是整个社会共同的，而非任何主体单一的行为。在社会治理的过程中，既要重视党委的领导作用，也要肯定政府的主导意义，同时亦不能忽视对社会各方面参与管理的鼓励与支持。首先，政府在社会治理中具有重要的作用。一方面，加强政府规划社会治理的制度设计能力、研究判断社会发展趋势的手段，以及编纂、制订社会发展规划的职能；另一方面，要划定政府管辖的事项范围，推进政府与社会适当分离，将社会能办好的事情尽可能多而全地交给社会力量负担，发挥社会力量的作用。政府还应当制定社会治理考核机制和指标体系，保证职责适当、履行及时，完成社会治理目标。其次，注重全民思想道德培育。加强公民德行教育，培育积极、良好的心态，引导公民履行责任义务，创建良好的社会秩序。推进以行业规范、村规民约、社区公约为基本内容的社会规范建设，同时以自律、他律、互律的方式使社会各类主体的行为遵守规则的指引与调整。最后，贯彻《居委会组织法》和《村委会组织法》，推进开展民主决策程序，实践民主治理方式，加强民主监督力度，广泛推进社会自治的制度化和程序化。鼓励公民参加社会活动、参与社会治安综合治理，包括开展群防群治、调解民间纠纷等活动。由党组织所领导的基层群众自治应当适应形势发展、顺应公民期待，不断拓宽参加社会治理的场域，添加参加社会治理的方式，强化公民在基层社会治理中的主人公地位，并与政府治理之间形成良好互动。

在依法治理方面，法治是社会治理的内在要求和基本规范。维护权益、化解矛盾、维护秩序都必须严格限定在法治范围内。要确保社会达到充满活力又和谐有序的目标，增进最广泛人民福祉必须伴随在社会治理顺利开展的道路上。党的十八届三中全会从完善和发展中国特色社会主义制度、推进国家治理体系和治理能力现代化的战略高度，把依法治理确定为社会治理的基本方式，同时要求加快形成科学有效的社会治理体制，确保社会既充满活力又和谐有序。社会治理依法进行的关键就在于：一是坚持从中国实际情况看问题，勇于将人类法治发展的一般规律运用于中国社会治理的特定实践当中去，坚定不移地走中国特色社会主义法治道路，推进中国特色的社会治理体系不断发展完善；二是坚持人民的主体地位，社会治理的出发点和落脚点全在于人民福祉的提高，社会治理离不开人民；三是推进依法治理的多层次、多领域发展，争取实现党政善治、社会共治、基层自治的良好有序境况；四是在防范化解社会风险的过程中，善于运用法治思维和法治方式，增强法律在维护群众权益、化解社会矛盾中的权威地位；五是将增强全民法治观念作为依法治理的长期性、基础性工作，争取形成办事依法、遇事找法、解决问题用法、化解矛盾靠法的法治环境；六是以不断的制度创新保障社会治理体系和治理能力现代化，增进社会治理的制度化、规范化、程序化能力。

在综合治理方面，社会治理需要发挥道德引导作用。即使在现代社会，道德在整合社会的过程中依然发挥着重要作用。作为上层建筑的重要部分，道德和法律均是维持秩序、规范行为的主要方式，两者之间既相互联系又相互补充。综合治理不仅要有法治规范，还应该由道德和伦理指引，这意味着：第一，以马克思主义指导的先进文化为指引，面对当今复杂多变的国际局势，我们必须牢固树立马克思主义的决定地位，不盲从而是批判地继承传统文化和道德中的有益因素，同时创造性地引进吸收世界各民族的优秀文化；第二，要充分发掘社会中存在的伦理和道德榜样，提倡公正无私的道德作风、务实创新的道德品格等；第三，对人要以舆论引领、以道德塑造、以作风鼓舞，建立与法律体系相适应的全体人民自觉认同并遵守的思想道德体系。

三、社会治理具体方法的系统化

进入 21 世纪以来，社会治理实践尽管大量借鉴了欧美各国与新加坡等国的经验，但其基本方法依然延续马克思主义中国化实践的根本精神——坚持从中国的实际出发，创造性地运用马克思主义观点来解决实际困难。其重点表现在以下几个方面：

第一，在社会组织培育和管理方面，中国的社会治理实践初步摸索出一套方法。

首先，初步建立了政府向社会组织购买公共服务的制度。在东部沿海地区和城市发达地区，政府对购买服务的机制进行健全和完善，以便能够将政府购买服务的内容及对参与主体的要求、评判标准等信息及时告知社会公众。同时，发挥社会组织对于非基本公共服务事项的有利作用，只要是社会组织能够并适合承担的，社会组织皆可以竞争性的方式参与其中。尝试加大政府购买基本公共服务领域——主要是教育、就业、社保、残疾人服务等——的力度。实际参与公共服务的主体，可包括依法登记成立的社会组织或企业，以及经国务院批准免予登记的社会组织。需要确定政府采购服务的性质和内容，制定采购指导目录。建立优化采购综合评价机制，需由购买主体、服务对象及第三方及时、公正地对购买服务项目数量、质量和资金的使用情况进行事后监督评价，并公布于众。

其次，对社会组织的管理日益规范化。以广东为代表的沿海地区，鼓励支持各类社会组织的建立，在依法或依决定需前置审批成立的社会组织之外，允许采取直接向民政部门申请登记的方式成立社会组织。登记、备案、年检、监督和组织第三方评估的职能由民政部门履行，业务指导和行业监管的职责由行业主管部门负责，其他未竟事项由相关部门负责。同时，有些地方政府还将行业协会、商会与行政机关分离开来，划清二者职能，坚决去除行业协会、商会的行政化职能，使其成为真正的民间组织。

再次，东部地区正在探索引导在华境外非政府组织活动的各类方法和程序。在华开展活动的未设立代表机构的境外非政府组织，必须采取与境内符合条件的法人合作的形式开展活动，具体事项由境内法人向主管部门申请批准，并向同级登记管理机关申请备案。境外非政府组织的活动不得非法牵扯政治、宗教事宜，以及添加任何违反我国法律的条件。

第二，在社会利益协调机制建设层面，中国的社会治理实践也正在探索建立能够疏通诉求表达、保障合法权益等使社会矛盾和问题及时化解的机制。

首先，以浙江温岭为代表的地区，正在进行建设和优化法定诉求表达机制的方法，同时尝试通过发挥人大、政协、基层群众自治组织以及新闻传媒的社会利益表达作用的方式，以便畅通群众诉求表达。改革既有的信访制度，逐步实施信访受理上网制度。将涉法涉诉信访通过法定方式解决，建立涉法涉诉信访依法终结制度。

其次，上海、北京等地区，正在探索针对普通民众的心理疏导机制。一方面，普及个人心理健康知识，建立心理危机预防机制；另一方面，健全个人心理医疗服务体系，使公民在遇到问题后，能够及时寻求心理咨询、疏导、调节、治疗等服务。强化社会工作人才和志愿者队伍构建，经常性开展针对流浪儿童、刑满释放人员等特殊人群的专业心理疏导和矫治。

再次，四川成都郊区等中西部的城市化起步地区，正在探索群众矛盾协调和权益保障机制。四级纵向的调解网络初步建立，包括区（县）、街道（乡镇）、社区（村）、楼门院（小组）。建立由政府主导、法制部门引领、各职能部门具体实施的行政调解工作机制，完善司法调解格局，把调解优先的原则贯穿到执法办案工作中去，形成调处化解矛盾纠纷的综合机制。同时，还进一步完善公共决策的公众听证、专家咨询等制度，健全民主决策程序，对于凡是容易引起社会不稳定因素的重大事项，必须充分考虑群众利益和意见。变革对行政复议案件的处理机制，不断完善行政复议案件的审理方法。

第三，在公共服务体系建设方面，中国的各地社会治理实践也在进一步探索提高公共服务供给水平的办法。

首先，针对近年来人民群众反映较为激烈的食品药品安全监管问题，各地正在进一步加大政府监管力度，实施统一监管的制度模式，再次重申企业在食品药品安全问题中的主体责任，让生产经营者成为食品药品安全问题的第一责任人。不断优化、提升食品药品安全标准的体系规范，加强检验检测的科学手段和水平，对食品药品质量问题实行责任追溯机制，实现从源头到消费的全过程监督管理。同时，健全完善食品药品安全风险监测、评估、预警的手段和方式，形成食品药品安全多渠道投诉和突发事件快速反应机制。

其次，针对长期以来层出不穷的安全生产事故，各地也在逐步完善安全生产法律法规、政策标准，不断提高安全生产的科技支撑和救援水平。进一步落实政府监管职责和企业安全生产的责任，实行重大隐患治理逐级挂牌督办和整改评价制度，严厉惩处违法违规从事生产经营的行为。深化安全问题专项治理工作，防范重特大安全事故的隐患。加强从业人员安全警示教育，强化全社会安全生产的意识。

再次，面对中国自然灾害较多的现实，从2008年汶川地震之后，我国已经初步建立起一套政府主导、分级管理、社会互助、灾民自救的救灾工作方法，落实统一指挥、综合协调、分类管理、分级负责、属地管理为主的自然灾害应急管理体制，完善救灾准备、应急救助、灾后救助、恢复重建相衔接的自然灾害救助制度。坚持灾前预防与应急处置并重，推进常态减灾与非常态救灾结合。

最后，面对部分地区社会治安恶化的局面，各地也在探索以社会化、网络化、信息化为重点，健全点线面结合，网上网下结合，人防、物防、技防结合的立体化社会治安防控体系。注重发挥城乡社区在社会治安防控中的基础作用，推进平安社区建设，组织治安积极分子、保安、志愿者、居民等力量开展群防群治，集民智于治安，化民力为警力，筑牢社会治安防控体系的根基。

第五章　国家、社会、个人关系及中国社会治理实践

第一节　社会治理的不同模式：以不同区域国家、社会、个人三元主体的发育程度为基础

一、我国东、中、西部面临的不同社会问题

（一）东部沿海地区面临的主要社会问题

我国东部沿海地区历来是中国经济发展的主要引擎，也是改革开放的排头兵，在30余年的发展历程中，沿海地区的主要社会问题集中在以下几个方面：

第一，社会分化以及随之而来的不同阶层之间的利益冲突问题。近些年来，沿海地区大致形成了三大新兴阶层：新富阶层、新中产阶层和新生代农民工阶层。新富阶层基本来源于沿海地区的民营资本先行者。他们在多年的发展中积累了巨额财富，具有强大的社会影响力，并开始积极谋求政治影响力。新中产阶层由中小商人、个体户、本地房主、公务员、专业人员等组成，人员规模较大。他们一方面是城市化和工业化的受益者，一方面也感受到了住房、教育问题的压力，其中的一些人对自身境况不满，对政府意见较大。新生代农民工阶层属于第二代外来务工人员，向往城市生活却又无法获得融入城市生活的必要物质基础，不满情绪较重。这三个阶层的利益并不完全一致，有时还处于相互对抗的状态，比如，新富阶层与新生代农民工阶层的劳资利益冲突，新中产阶层与新生代农民工阶层在子女教育问题上的矛盾等等。

第二，“人口倒挂”问题。所谓人口倒挂，指的是城市外来人口超过户籍人口，北上广等大城市都具有这一倾向。根据第六次人口普查结果，全国流动人口超过2.5亿，主要由中西部地区向东部城市地区流动。“人口倒挂”导致的一个直接结果是城市的公共资源供应不足，比如教育、医疗、住房资源等等，因为地方政府对一个地区的公共资源的供给往往只考虑户籍人口，不考虑外来人口，这意味着本地人和外地人的矛盾难以避免，甚至会不断激化。同时，由于外来人口的消费能力有限，城市边缘地区往往会形成一个低端消费网络为外来人口提供服务，比如无照商贩等等。他们与城市监管部门时常发生严重对抗，出现诸如城管和小贩的“猫鼠游戏”的现象。

第三，越来越突出的劳资对抗问题。进入21世纪，农民工群体基本上进入了更新换代的阶段，老一辈农民工群体在为城市建设奉献多年劳动之后，并没有获得充足的财富以留在城市，而是大部分返回农村。他们的下一代与他们有很大不同，有着更为明显的维权意识和组织意愿。借助网络等信息技术的支持，新生代农民工组织罢工越来越便利。在与资方产生冲突时，新生代农民工不像老一辈那样忍气吞声，而是组织起来争取权益，就像2010年发生的广东南海“本田罢工事件”等等。

（二）中西部农村地区面临的主要社会问题

中西部农村地区经济基础薄弱，发展相对滞后，缺乏自我组织与自我治理的传统和资源。到了今天，中西部农村地区的经济虽然取得了一定的发展，但在很多地区，农村基层秩序却在不断恶化。造成这一局面的原因有以下几个方面：

第一，基层政权退出农村，农民失去国家支援。改革开放后，人民公社体制瓦解，包产到户虽然可以激发农民的致富热情，却无法塑造出一个良性的农村社会秩序。尤其是在废除农业税之后，农村基层组织进一步瓦解，很多地区的农村无法组织起有效的公共服务，导致诸如农田水利合作、农村公共卫生、邻里纠纷等等事务无人关心，无人解决。基层政权的退出，并不能带来乡村自治的自然实现，反而可能导致基层秩序的“黑恶化”。一些农村出现了以乡村混混为代表的黑恶团伙，出现这些团伙支配乡村秩序，欺压普通民众，私分集体土地、集体资源等等现象。

第二，青壮年劳动力、财富、资源大量外流。这与沿海地区的“人口倒挂”问题恰恰存在密切关联。工业化和城市化，使得大量的乡村人口向东部沿海和城市地区集中。当下，中国的大多数中西部农村地区，都经历着劳动力、财富和资源不断流失的过程，农村呈现“失血”状态。尤其是进入21世纪以后，随着新生代农民工的出现，农民大量外出务工经商，人财物快速流向城市，农村社会出现了较为强烈的脱农离农趋势。目前，农村中的农民家庭所面临的普遍情况便是大量年轻人外出务工，而年老的父母留在农村务农，以一种代际分离、分工的方式来完成劳动力再生产的家庭经济模式。在一些学者看来，农村中精华资源的不断流失，是导致乡村内生治理能力不足的重要原因。

第三，乡村伦理秩序的瓦解。在传统的中西部农村，村庄不仅是个生产单位，也是个伦理共同体，是个熟人社会，村庄构成了一个道义乃至行动的共同体，“守望相助，疾病相扶”。村庄中有舆论力量，有面子压力，那些不利于村庄秩序的价值会被其逐步清除掉。但近年来，随着市场经济的深入，电视媒体的传播及消费主义文化的蔓延，大规模的人口流动，以及农民政治社会地位的进一步边缘化，均导致了农村价值的失落。一些政策失误也加剧了乡村价值的失落速度。乡村价值瓦解，直接后果就是一些乡村不再具有意义生产能力。农民的生活意义、人际关系和行为准则，均不再受到有效的集体和道德约束，村庄日益“原子化”。这也导致一些村庄生活出现一系列问题，如村庄合作组织难以构建、老年人自杀率不断攀升、基督教快速蔓延等。

中国具有区域发展不平衡的特点，因此在社会治理问题上，也必须考虑到这一基本国情，发扬实事求是的精神，分析不同区域面临的不同挑战，探索不同的实践方式。从现实情况看，工业化和城市化的持续推进，必将导致中西部地区的广大农村社区“自然共同体”遭受破坏并重构，也带来了沿海城市地区的社会分化和社会重组。实现良性的农村社区重组和城市社会重组，要找到新的政治经济联合方式，同样也要求建立新的伦理秩序作为有力支撑。社会治理的目标之一是扭转目前社会管制模式的僵化局面：党政机构的官僚化、官民矛盾的尖锐化、社会抗争的无序化等等。这一目标的实现并不意味着对执政党和政府的治理合法性的否定，相反，社会治理在物质基础和组织资源层面，都需要基层党政组织的支援和协助。这一思路可以概括为社会治理的“官民共治”方案，在实践层面往往具有更多的可操作性。实际上，在广东深圳、四川成都、江西鹰潭等地，基层党政组织正在以实际行动摸索着“官民共建”的实践方法。在这些探索中，基层党政组织的作用不可或缺。因为社会治理必然包含一定程度的政治性和社会性的“赋权”行动，在中国，这可能意味着基层党政组织的行动模式和功能定位将在社会治理的具体行动中被重新塑造。

二、我国东、中、西部具有不同的现实资源

政治经济发展的不平衡性，是马克思主义理论所揭示的人类社会发展的一个规律，中国的社会建设同样遵循这一基本规律。经过 60 多年的发展，中国不同地域之间发展的不平衡性主要体现为，东、中、西部在总体上形成了一个“中心—外围”结构。这种结构使得中国各地所出现的社会问题和解决这些社会问题的途径具有多样性，从而使得中国的发展呈现出一个多路径竞争共存的特点。

改革开放的历史经验表明，各区域的相对自主和竞争是形成生动活泼的发展局面的重要条件，中国未来社会治理必须发挥和保障各地区的独立性和自主性，实现各区域社会建设的竞争发展。在以往的经济建设中，各地由于在地理区域、自然资源、社会传统、历史基础等各方面存在差异，因此经济发展中形成了不同的发展路径，正是这些各具特色的经济发展路径内在地构成了经济发展的中国模式。今天，要推进社会建设，这样的历史经验不能忘记。由于社会建设的目的在于培育社会自我组织和自我发展的能力，其对象直接为社会本身，所以在其建设过程中，要更加紧密地利用原有社会中各种传统或现代的资源。对中国各地区而言，这样的资源及其组合是极其不同的，其利用和“开发”方式也必然是有区别的。所以，必须确保各地社会建设的自主权，保障各地进行有地区特色的社会建设的相对独立性。

各地区是统一于国家内部的多样社会结构的承载形式，是国家向基层社会过渡的中间地带，这是社会建设必须实现区域竞争的又一原因。社会建设要实现社会自我组织和自我发展的目标，必须利用好这个中间地带。各个区域既具有底层社会的某些属性，又具有管理社会和服务社会的国家属性，从当前社会建设的任务来看，必须充分培育区域发展能力，发挥它们连接底层社会的作用，为社会的充分发育创造条件。

建立在地区自主和竞争基础上的地区合作与中央统筹是中国发展的又一历史经验。中国的社会建设，离不开中央政府的统一领导和统一安排。集中力量办大事体现了中国社会主义制度的优越性，同时也是中国社会建设的有利资源。

要领导好全国的社会建设工作，中央政府需要做好以下几个方面的工作：一是在指导思想上，如有学者所指出的，应“实现从以经济建设为中心到以社会建设为中心的转变”①；二是在法律法规上，要通过法律的制定和执行继续鼓励和支持各地的探索和实践，并且要在适当的时候以国家立法的形式总结这些经验和教训，为国家未来发展制定总体性的规划和纲领；三是在人事制度上，要逐步用社会建设的成效代替以往将 GDP 作为地方政绩考核标准的做法，使社会建设成为未来各地各级官员一心一意从事的事业；四是在地区关系上，要建立长期有效的实施机制，将沿海经济发达地区和城市的社会福利水平与内地和农村地区的社会福利水平挂钩，以法定形式保证国内各地区权利平等，将经济发展水平不同的地区的社会福利差距保持在一定范围内。

这种空间上的地区竞争和中央统筹的历史经验在时间上体现为“分—统—分”的螺旋上升关系。无论是中国的经济建设，还是中国的社会建设，都以一些地区各具特色的实践为开端。当这种地方实践取得一定成绩，时机成熟以后，中央政府就对这些实践经验进行总结并形成全国性的发展战略和规划，然后在中央政府的统一领导下，由各地结合自己的特殊性执行这些战略和规划，进一步形成自己的发展特色，这就是在发展路径上的由“分”到“统”再到“分”的辩证过程。而在每个阶段，所要面对和处理的主要方面则有所不同。对于中国的社会建设而言，前几年以广东和重庆为代表的各地前期探索已到了一个转折点，主要方面已从地方探索转移到中央统筹上来了，从“分”转移到“统”上来了。所以，目前的主要方面在于制定社会建设的全国战略纲领与规划，并借助国家力量执行。

从东部和中西部分别来看，各地在推进社会治理时，有着不同的现实资源。东部地区经济基础好，社会组织兴旺发达。过去，对于这些社会组织，党政机关态度要么是有意忽视，要么是小心提防、从严管理。今天看

① 邹农俭：《从以经济建设为中心到以社会建设为中心》，《社会科学》2007 年第 7 期。

来，这两种态度都不可取。从历史发展潮流来看，社会组织的兴起是不可避免的，对于社会组织的管理宜疏不宜堵，不能因噎废食，因少数社会组织有政治目的或受到海外资金资助就对所有的社会组织采取敌视态度。相反，政府应积极引导社会组织参与社会治理，为广大新中产阶层、新生代农民工阶层提供公共服务，协调不同阶层的利益。政府机构可以通过向社会组织“购买服务”的形式，引导社会组织承担更多的公共职能，分担政府的职能，将政府从与社会的直接利益关系中解放出来，充当仲裁者的角色，实现社会公平正义。中西部地区社会发展相对滞后，主要的组织资源来自地方党政机关，而主要的资金和物质来源则来自中央政府的转移支付。为此，中央政府应该改变对地方政府的激励机制，将对其评价的标准由 GDP 指标转向社会发展指标，凸显“政府培育社会”的职能和思路。

第二节　社会治理的“深圳经验”：社会、国家与自主个体的互动与协调

一、深圳的现实挑战：城市化过程中的社会资源分配难题

广东深圳是我国改革开放的前沿阵地，经过 30 余年的高速发展，深圳地区的人均 GDP 为 22198 美元（2013 年），达到了同期中等发达国家的经济发展水平。然而，在享受高速经济发展成果的同时，其也势必面临严峻的社会现实问题。就深圳而言，具体表现为两大挑战：

首先，“人口倒挂”，也就是说本地人口与外来人口存在巨大数量差距。仅以 2013 年为例，深圳人口总数约为 1300 万，而流动人口就占到了 1040 万，拥有户籍的人口数量仅为 200 多万。“人口倒挂”虽然意味着深圳本地的产业化水平高，能提供大量的就业机会，但也意味着大量的流动人口难以获得充分的公共性服务，因为地方政府的公共服务产品的供给，往往是以户籍为根据的，如学校、医院的数量和公共财政、设施的投入。“人口倒挂”不可避免地带来一个严峻的社会问题，就是“本地人”和“外地人”在社会和阶层两个方面的分裂，尤其对于大量无法负担住房成本的外来劳动者阶层而言。一方面，深圳本地的户籍居民因为拥有土地、

房屋等资产性收益而普遍转变为中产阶级和富裕阶层，并且由此萌发了一整套关于文化和政治的自治和民主化诉求；另一方面，流动人口却因为无法负担沉重的买房成本和缺乏相应的保障体系而日益被边缘化，强烈要求在就业、住房、社保等物质保障方面取得同户籍居民相同的待遇。而这两种诉求之间存在矛盾，甚至可能爆发激烈冲突，比如户籍居民希望房租等财产性收益不断增长的诉求必然加剧流动人口的生活压力，非户籍居民在本地的定居也意味着本地人口在入学、就医问题上面临更大的竞争。

其次，劳资冲突问题。深圳地区拥有大量的民营和外资企业，其中包括富士康等劳动密集型企业，这些企业可以吸收数量庞大的劳动力队伍。过去，老一辈的外来劳工，尤其是农民工阶层，并不以成为深圳市民为目标，而是仍然以返乡养老为目标。他们在家乡一般都有土地、宅基地等基本的生活保障性资源。但是进入21世纪以后，劳工阶层的代际构成已经悄然发生改变，新生代农民工——年纪较轻、受过一定教育、向往城市生活——已经逐步取代老一辈的农民工。新生代农民工往往具有更强的权利意识和组织意识，并且可以借助网络等现代工具进行沟通和联络。与此同时，由于产业升级压力和国际金融危机的影响，外向型出口企业的利润不断下降，企业主对工资等经营成本的控制越来越严格，导致资方和劳动者之间的矛盾和冲突急剧增长，劳动者自发组织的罢工活动进入高发期。在此问题上，政府面临尴尬处境：一方面，为了保住资本，维护经济发展，政府长期“习惯于”维护资方利益；另一方面，劳动者的组织性和斗争经验不断提升，也使得政府开始愈发小心回应和接受工人诉求。

可以说，深圳市面临的这两大社会问题在东部沿海地区具有较大的代表性。“人口倒挂”意味着市场化将带来居住社区的分化、瓦解、重构的复杂过程，而劳资冲突则意味着中国社会在从单位制结构转向企业化管理的工作社区转型中需要重新探索资源的平衡模式。在更深层次上，这两个问题具有相同的背景：市场经济发展的一个特征是市场性逻辑对各种类型的共同体（家庭、村庄、社区）的摧毁，市场本身可以建立分工体系，但并不能从分工体系中自然而然地孕育出新的共同体组织。相反，共同体意识和共同体行动模式需要从市场之外（血缘性组织、宗教组织、国家组织等）加以援引。对于深圳而言，其面临的挑战就是，如何重组社区，破解社会流动带来的社区分裂难题。

二、深圳社会治理经验的几个面向

（一）基层党政机构的自我限权

过去10余年以来，深圳市进行了大量的探索，并逐步摸索出一条以基层党政组织服务化为纽带的社区建设之路。具体的做法包括：

首先，推动“居站分离”。即针对新的居住社区不断产生的局面，自2005年起，推动社区服务站的建立（近600个），用以承接跟不上现实发展的居委会的功能。社区服务站的职能主要是社会服务而非行政管理，工作人员的聘用、考评制度在很大程度上向社区居民倾斜①。同时，居委会向社区居民开放，不再作为行政管理性组织而作为居民自组织的空间和平台，这样就解决了社区建设的组织资源问题——基层党政系统向社区层面让出组织空间，不再大包大揽，而让民众充分运用这些原有的组织架构。在社区建设的物质基础问题上，改变物业管理企业与社区居民“倒挂”的局面，使得居委会和业主委员会拥有对社区公共财产的支配权，并可以自己选择物业服务②。这一过程可视为党政组织的放权让利。基层党政组织之所以能做到这些让步，一方面与广东省在上层机构层面设立的社会工作委员会，及其所形成的科层制内部压力有关；一方面也与深圳市民越来越广泛的抗争和组织有关——与其在社区层面的反对下让步，不如主动让步，让社区内的民众自己去实现利益博弈和协调，基层党政系统则充当仲裁者和规范者。

其次，逐步放开对社会性自组织的限制，鼓励和推动社区自我服务。基层党政组织的服务不再是大包大揽，而是具有示范性和补充性作用。开放社会性自组织，并且通过政府购买服务的方式将这些自组织的工作内容向为社区服务的方向加以引导③。同时，配合中产阶层兴起的慈善活动、志愿活动的潮流，引导慈善和志愿行动的本地化、社区化、长效化，并进一步将其塑造成社区局面的共同体意识。接下来，打破户籍界限并在社区层面推动民主化运作。2005年起，广东省出台文件，取消居委会选举的户

① 参见邓正来：《国家与社会》，北京大学出版社2008年版。
② 参见俞可平：《中国公民社会的制度环境》，北京大学出版社2006年版。
③ 参见孙艳秀：《演进与形塑》，社会科学文献出版社2012年版。

籍限制。深圳市落实了这一政策，并逐步探索出将民主落实为具体的社区事务参与权、监督权和管理权的做法。在社区公共财物使用、社区服务机构和人员聘用、社区建设问题上将社区居民容纳进来，实现利益诉求的充分交流和共享，而这种有限范围内的具体实践，也可以教育民众采取理性的行动和思考方式①。

再次，推进户籍制度改革，以农民工的市民化化解劳资矛盾。在工作社区建设领域，深圳市面临较大的压力，而且，从世界范围内看，工作社区的重建可能需要劳资关系理论层面上的新的突破。对此，深圳市的实践更多地采取迂回策略，即不是直接探索工作社区建设，而是将劳工阶层逐步转化为“新深圳人”。在企业中，更多的是依靠劳资协商行动和向工人让步、激活工会的做法来缓和矛盾。

从上述做法中可以看出，在深圳市的社区建设实践中，基层党政组织扮演的角色有以下三个类型：其一，放权方。为社会组织发展松绑，必须依赖于党政机构放开部分权力，主要是各种审批权力。基层党政机构扮演这一角色的动机既来自中央或省级党政机构的统一要求（科层制内部压力），也来自外部的社会组织的竞争性压力，目前，只有深圳等东部沿海地区同时具备这两个条件。其二，合作方。良性的社区秩序有赖于利益共享机制、社会发展的合作共建机制以及基层管理的协同共治机制，单靠基层党政机构和居民自身都无力完成这一任务。其三，改革者。基层党政组织不仅是改革的对象，而且也是改革的主体。基层党政组织的工作内容从行政管理转向为社区服务是一个漫长的过程，但也是一个必然的趋势。在经济发展乏力的情况下，基层党组织扮演社区服务型角色显得更为必要，也更为突出。

（二）以政府为中介协调“劳资矛盾”

近些年来，随着金融危机的影响持续发酵，深圳地区的劳资矛盾也日益凸显，罢工事件频发。从传统来看，深圳作为改革开放的实验区，历来强调自由市场的重要性，并保持与企业的良好关系。但是，就新的历史发展潮流而言，这种政商携手的模式需要进行调整。劳动者的抗争运动多发

① 参见李路路：《再生产的延续：制度转型与城市社会分层结构》，中国人民大学出版社2003年版。

亦说明，政府机构在一定程度上没有很好地履行维护劳动者权益的基本职能。在2010年以后，多次大规模罢工运动发生后，深圳市各级政府逐步认识到，要调整政府与企业、政府与工人的关系，不能像西方那样对罢工行动消极地听之任之，不能将天平过分地向企业和资方倾斜；有必要充分地尊重自由市场经济这铁一般的规律，重视政府职能，在大力支持民间企业的同时，使自由市场经济中的理性因素战胜非理性因素，跳出西方划分的“干预与反干预”旧有模式，创新出一种“既干预又不干预”的方法。可以说，西方文化是以“必要的恶”看待政府，并在此基础上建立了“最好的政府，最少的干预”的信念，由此，政府被视为“守夜警察”。那么，中国等东亚国家，历来对政府有着更高的伦理和道德要求，同时，社会主义制度本身也要求政府必须处理好劳资关系，既能保证工人权利，又可以维护生产力的发展。

以此为指导，深圳市各级政府在近些年的实践中力图在“亲资本”和“亲劳动”之间找到一个平衡点。“亲资本”也就是亲商人，重视资本的作用。要发展就要重视资本，重视商人和企业家的作用。没有企业家、没有资本，发展就谈不上。西方的发展模式就是亲资本的模式。在全球化的背景下，经济发展需要资本，这就要求政府要为商人和资本提供一个有利的环境，让他们发挥更大的作用，推动经济和社会的发展。深圳作为我国改革开放的标杆，其大规模设立工业园区就是为了吸引港台商人和外国资本，为我国的工业化和经济发展积累必要的资本。30余年来，深圳市各级政府在吸引外资方面花费了很大的精力，也取得了很大成绩，例如2013年一年，深圳市吸引的外资数额就超过50亿美元，外资银行在深圳的资本存量超过1400亿美元，整体GDP达到14500亿元人民币，各项经济发展指标名列中国前茅。

但是，正如邓小平等早已指出的，“资本”和发展本身都不是目的，根本的目的是改善民生，因此说到底，政府还必须“亲劳动”。政府的一个基本职能就是必须为社会提供服务，而社会服务的一个重要内容就是要解决就业问题，解决劳资纠纷。深圳市政府近年来的主要改进领域在于其不单在平时注重提高就业水平，即使在面对突如其来的经济危机时，政府也注意考虑和平衡资方、工人间的利益。一方面，尽力援助资方应对危机，如果资方应对不当，工人必然受损。比如，在2008年以来的世界金融危机之中，深圳市政府就为不少企业提供减免税收和发放补贴等支持，目的在于使资方不能轻易地与工人解除合同，保持社会秩序的稳定有序。另一方面，深圳市也开始探索帮助工人的方式，改革旧的管理体制，比如，放松和允许工人自己组织、管理工会，在这方面，深圳走在全国前列。

（三）发挥社会组织的公共服务职能

在深圳，社会组织的成长一直呈现出欣欣向荣之景。近年来，深圳市党政机关开始注意调动全社会的积极性，发挥社会组织的公共服务职能。在社会治理的过程中，深圳逐渐构建起政府、社会组织、公民共同管理的良好机制。

在社会治理中，党政机关直接出面往往会面对来自民间和个人力量的抵触和对抗，为了防止此种情形，有效的办法是执政党、政府化为无形，灵活支持、运用各种半官方组织加强与民间沟通。早在2008年，深圳市政府颁布了《关于进一步发展和规范深圳社会组织的意见》，其目的便在于促进深圳市的社会组织规范、有序、长久、健康地发展。深圳市政府寻求在社会组织登记管理体制上实现新的突破和创新。因此，深圳市政府特别要求除法律、行政法规的专门规定，以及必须经相关部门要求前置审批的社会组织外，其他任何类型的社会组织，包括公益慈善类、社会福利类的社会组织申请人，都可以按照自主意愿直接向社会组织登记管理机关提交登记申请。不仅如此，为实现政府职能的转变和事业单位改革的目标，对于由政府划分出的或新设立的社会管理和公共服务事宜，只要是按其性质可以委托社会组织承担的，都可以通过政府采购等由法律明确规定的方法，由政府向符合条件并经过正当程序的社会组织采购。此种购买，需由预算单位在其年度预算中承担申报购买社会组织服务的预算工作，随后由政府财政主管部门予以审查。在具体的实施过程中，有必要遵守重点明确、分类实施的基本原则，在公益慈善和社会福利，以及社区社会组织等突出领域里侧重发展的优先扶持项目中逐步开展先行试点工作。同时，依据社会组织在社会管理和公共服务方面实际提供服务的数量、质量以及服务创新的情况，及时进行评估考核，以考核结果作为奖励或进一步资助的必要依据。对于社会组织的财政扶持等办法，必须由深圳市的财政部门协同民政部门一同制定。由此，建立起一套完善、规范的社会组织服务、资助及奖励的统一长效制度；同时，对操作流程和各部门责任予以明确规定，加强对各方面工作的监督管理。

此外，深圳市还加大对工商经济类社会组织的扶持力度。对于目前能够在支持各产业、行业、企业发展中起到积极作用的各项政策进行全方位梳理，不断扩展政府对社会组织扶持政策的涵盖能力和范围，发挥工商经济类社会组织行业公共服务和提供公共技术平台的作用，加大支持力度，以方式的多样性来贯彻执行政府对行业进行的支持措施，创造一个公平、洁净的市场竞争大环境。另一方面，有必要在财政税收和人才政策等配套措施上对社会组织加大扶持力度。依据社会组织是否属于营利性组织性质，对于非盈利性组织，民政部门协同财政、税务等有关部门，共同开展研究工作，一并制定出能够积极推动社会各方捐赠的相关配套政策。深圳还借鉴发达国家和地区的立法经验，制定《深圳经济特区行业协会商会条例》，深化行业协会商会管理体制改革。建立健全深圳有关社会组织管理的法规体系，确定各方面的社会组织在经济、政治、文化、社会建设中的职责和作用，对社会组织的登记管理、信息公开、评价体系、监管机制等进行改革完善。

深圳市的这一改革探索表明，在当前的市场经济快速发展的背景下，党政机关所要面对的已经从行政性、政治性的传统型工作更多地转向为群众性社会工作。当前政治策略的实践必须通过一种更加社会化的方式开展，究其原因，这是由社会生活所具有的社会性决定的。同样，它也决定了部分政治工作需要制定“去政治化”的政治策略。因此，把经济资助作为政府引导社会组织的手段是十分必要的。当前，我国大多数社会组织在资金方面都面临重大问题，如果政府不为社会组织提供资金，社会组织就有可能投靠国内利益集团或外国势力，成为诱发社会不安定的潜在因素。对此，加大对社会组织的各方面投入是十分必要的，通过直接拨款或购买项目的方式对社会组织进行资金方面的援助，从而达到一种间接引领社会组织发展的目的。与此同时，也需要不断激励党员干部带头参与社会基层组织的各项社会活动，从而有助于缓解基层党组织经费短缺的困难局面。有必要指出的是，对于社会组织的经济援助不可变相成为对其实施经济控制的手段，否则，各种社会组织就会缺乏应有的独立性，从而依附于行政机构，还可能造成行政机构对社会组织的不断干预的局面。因此，我们需要不断地开展研究，以便完善经济资助的运作机制，形成一种政府重视对结果控制，而社会重视对过程监督的良性互动局面。

经过多年以市场为导向的发展改革，我国不仅在深度而且在广度上都促进了国家与社会的关系、社会文化价值观念等的深刻转变。这种转变正在促使社会实现自治的基本功能，民间组织也不断产生。此种情形宜疏不宜堵，政府应为社会组织营造出活动场域，培养社会自治能力，打通政府与社会组织交流的制度化方式，实现政府与社会的相互配合，在关键环节实现对民间组织的监管，而非全面控制。

三、深圳社会治理经验的理论内涵

现代社会具有两个基本要素：其一，是维系个体之间平等的现代法律体系。人与人之间依靠法权结构赋予的“权利”“义务”规则保持相对平衡的社会关系。其二，是维系阶级之间平衡的民族国家体制，通过将属地和属人原则结合到一起，一定程度上可以将内部矛盾转移到外部，把国内的阶级矛盾转换为国际上的民族矛盾。这是自由主义政治在数百年时间内逐步发展出的一套以权力制约资本的机制，其目的在于保障国家的基本稳定。但问题在于，在全球化的背景下，资本与权力的相对平衡再次被打破：资本可以溢出民族国家的边界实现全球流动，而权力则受限于民族国家的基本格局。在另一个层次上，劳动和资本的不平衡性也日益明显，资本的流动性在金融化、网络化的新时代得以全面展现，而劳动者则无法具备相应的机动性。由此造成了跨国企业的急剧膨胀、发达国家的“去工业化”以及全球性的贫富差距扩大等局面。这进一步导致了各国社会结构的失衡，从中东到亚洲，从南欧到北美，“茉莉花革命”“黄、红衫军运动”“占领华尔街运动”等等一系列社会运动风起云涌。社会结构的失衡不仅影响着发展中国家的政治稳定，也使得发达国家引以为豪的中产阶级主导的“社区自治”面临挑战。

当代著名的马克思主义学者戴维·哈维以“时空压缩”理论分析了这种由于全球化而带来的变局：“资本主义的历史具有在生活步伐方面加速的特征，而同时又克服了空间上的各种障碍，以至世界有时显得是内在地朝着我们崩溃了。”[①] 资本全球化导致的结果是，“造成了在一个高度一体化的全球资本流动的空间经济内部的分裂、不稳定、短暂而不平衡的发展”[②]。在戴维·哈维看来，不同的生产形态会塑造不同的时空观念，这种时空观念影响着人们的生活和行动，从而影响了生产过程展开。伴随着资本主义生产活动的不断变化，时空所具有的内涵性意义也在发生改变，进而导致社会观念、社会情感的变迁[③]。这种“时空压缩”体验所带来的观念冲击是巨大的不确定感和严重的焦虑感。为了避免不确定感和焦虑感的产生，现代人往往选择逃避式的“沉迷”——“沉迷”于各种娱乐活动、消费、游戏乃至精神药品。而在逃避现实的过程中，个体的人格愈发脆弱、敏感，并丧失行动能力。对于中国而言，哈维的“时空压缩”理论具有独特的现实意义。20 世纪 80 年代以来，中国经历了 30 多年的高速发展历程。中国在极短的时间内实现了财富的高度积累和集中，与西方国家经历了数百年漫长的现代化历程不同，中国的崛起过于迅猛，以至于没有充足时间化解各种社会问题，从而使得前现代性、现代性、后现代性各种问题集中显现。

“时空压缩”问题在中国的集中爆发，一方面表明，大规模的市场化扩张并不能“自然而然”地推动社会自治能力的发展，公权力退出社区空间并不意味着社区成员就能组织起良好的共同体生活。相反，大量的事例已经表明，公权力退出社区之后常常发生社区秩序“黑恶化”甚至瓦解的局面，尤其在广大农村地区。另一方面则表明，通过统一的立法、行政、司法过程建立的“现代化”科层制度、法律秩序和官方提倡的伦理道德标准，尽管可以提供一个外部的社会保护性框架，却无法发挥真正的“收拾人心”“凝聚共识”的作用，更无法回应无数个体的具体、日常性的生活、伦理诉求，因此也无法塑造出“共同体意识”。这两个相互矛盾的问题，正体现着以资本主义为根基的现代生产形态和生活模式的吊诡性：在生产过程和生产产品日益社会化与社会成员之间相互依赖的程度日益增长的同时，财富的私人所有和个体的封闭性却在同时增长。换言之，市场经济逻

① ［美］戴维·哈维：《后现代的状况》，阎嘉译，商务印书馆 2003 年版，第 300 页。
② ［美］戴维·哈维：《后现代的状况》，阎嘉译，商务印书馆 2003 年版，第 290 页。
③ ［美］戴维·哈维：《后现代的状况》，阎嘉译，商务印书馆 2003 年版，第 367 页。

辑的不断扩张实际上在系统性地制造个体的“人格分裂”——既渴望从公共生活上收获权利和尊严，却又被不断制造和鼓励出来的自利的欲望所辖制，反过来破坏和反对真正的公共生活。由大众传媒所塑造出来的“公共空间”，如选秀节目、电影、新闻评论等等，实质上仍然只不过是私人性和资本力量制造的装饰物，并不具备真正的日常性和公共性特质。

为了应对这一问题，国家必须承担起共同体的守护人的角色：在经济上必须保有一定的公共性，不仅要保有一定的公共性财政基础，如我国的土地国有制度、国有企业制度，还必须把一部分的商品转化为公共产品，如基础设施、保障性住房等。目前，全球范围内的金融危机已经揭示了新自由主义经济政策的巨大破坏性——无限制的私人资本扩张必然侵蚀社会的公共基础，制造阶级分裂和社会动荡。因此，国家作为经济调节者的角色不但没有过时，还必须适当予以发展。这意味着国家除了保持市场活力，还必须不断扩大公共产品的比重。这种公共产品，除了社保、基础设施等内容之外，还应该包括社区服务和社区公共财产等。从某种意义上说，社区服务和社区公共财产的重要性可能更为重要，因为它们是构筑一个以社区为单位的小的共同体的物质基础，而无数个社区规模的小共同体，又成为构筑中国这样一个大的共同体的坚实基础。

社区自治要成为可能，就要使得社区成员能够组织到一起，能够具备共同体意识，就需要一定程度的“共同行动”，这种行动代表了可以分享的日常生活。而这种“共同行动”依赖于以下三个逐步递进的过程：首先，因为共同工作或居住而产生共同的利益，如小区的共有产权、企业福利等等；其次，因共同工作、居住和共同利益而产生相互认同感，如“我们公司”“我们小区”这种“我们”的观念；再次，因为共同利益和相互认同感而产生共同行动，如为争取福利而集体罢工、为房屋质量与开发商进行集体诉讼等等。缺乏了其中任何一个环节，都无法产生可持续的共同行动，也就无法使社区变为“共同体”。这种集体行动与公众参与性的行动的最大差别在于其集体范围的相对确定性。小区业主的集体维权与工厂员工集体维权，不仅依赖于一定的共同利益，还会产生出相应的责任和权利意识；但公众参与性的活动，比如科普活动、文化表演活动是无法形成相对稳定的责任意识的，因此也无法发展出一种共同体意识。在中国，我们若想实现社会治理的目标，“增强社会发展活力”，“确保人民安居乐业、社会安定有序”，也应该探索一种具有伦理内涵的社会生活形态。尽管其在价值立场上与西方的社区自治有所不同，但在基本的问题面向上，二者面临相同的困境。

目前，以深圳为代表的中国沿海地区城市在推进社会治理时，面临很多困难，如人口流动性巨大，人与人之间的社区性交流在这种流动性中无法建立起来，进而人们之间相互隔离和陌生的现象十分突出。由此，基于生活层面的社会共同利益在现实中根本不存在，社区完全是一个陌生环境，社区成员之间的关系不仅仅是陌生的，这种陌生中还夹杂着潜在的防备和对立。

“千禧之年”后，城镇化建设驶入快车道。这种高速发展带来了一些亟待解决的问题。譬如，很多居住型社区并非基于居住而是根据城市规划和商业逻辑建立的，因此它们的公共服务、基础设施、配套政策、组织结构就严重滞后。原有的社区基础组织——街道办事处或居委会，在这样的基础环境中逐渐淡出了社区成员的日常生活范围。它们只是技术性地存在于基层结构中而难以发挥有效功能。旧的组织在分崩离析，可新的居民自治组织却未能稳健地跟上步伐。社区建设在这里事实上出现了断裂层。此外，不少工作型社区主要由以盈利为目的的现代企业构成，社区成员被各自的经济单位即公司企业强制分割而处于彼此竞争的状态，这种密密麻麻的科层制结构严重阻碍了社区成员之间的有效整合与组织。富士康公司便是如此，用半军事化的方式管理工人的生产和生活，在这种园区内生活的工人，受到严格的要求，工会组织在工人生活中并没有起着主导作用，仅仅是公司企业的“助手”和“护士”而已。工会组织如果不能（实际上也不能）帮助工人，给他们带来实际利益，保障他们的现实好处，那就万难得到工人的任何形式的认同。私有制企业在这方面更是过犹不及，严重缺乏人文关怀。所以，更多的青年在就业时不愿意去私营企业，而更愿意选择国企或事业单位。因为，在这些单位，人们能够找到更多的认同，也存在着更高的期望，即在社区共同体当中对组织和建设自己公共空间的期望。

对于这样一个关系复杂、涉及面广的时代性难题，我们需要从多维度、多路径来建设一种新的“公共性”空间，其涉及的领域不仅包括经济、政治、文化、社会等诸多方面，还包括伦理层面的分析和探究。国家和政府应在社会建设的整个过程中发挥自己的组织优势，提供多方面的资源支持、理论指导和制度帮助。当前城镇化（城市化）过程中的伦理问题主要就集中在有“躯壳”而无“灵魂”、有“社区”而无“文化”、有“人口”而无“组织”，也就是说“社区”更像是有名无实的景观堆砌——没有共同的利益和诉求就不会产生共同的利益观念，这样就不存在基于共同的利益的事务性决策和行动，因而社区成员也就不会在真正意义上被组织起来。反过来，只有解决了社区成员的生活所需、满足他们的利益诉求才能团结他们、争取他们，社区建设才具有可持续的生命力。国家性或政府性的公共权力就是这样的推动力量，当然这不是自上而下的命令模式，而是一种引导性的管理方式。具体来说，它可分两个方面：

第一，基层政府公务员的工作应该深入下去，扎根到社区日常生活之中，从漂浮型转化为属地化，当然也可以从基层社区选拔人员。这是一个从上而下又从下而上的双向过程，既要融入社区也要从社区中脱颖而出，在大量的基层社区服务工作中获取社区成员的认可。这也是我国建构服务型政府的基础，也是十分关键的一步。国家和政府的单项性的管理不再能满足多元化的众多利益诉求。当然，政府引导下的社区空间的建构不仅是社区自治问题，还是政府同社区成员之间相互沟通和融合的平台，因而这样的社区具有吸纳性和包容性，从而为社区重塑社团组织。

第二，社区公共事务是社区基层自治共同体建设的历史进程中最核心的内容，而这个核心内容最关键的地方又在于社区和社区成员的日常生活事务，而非那些政治说辞，例如人权、民主、自由和政治选举等带有意识形态面纱的各种口号。按照哲学路径，笔者把作为社区成员活动的共同体的特点概括为，共同体的情感是从市场经济的利润原则在人民群众生活中的那种本质的无效性的地方生产出的“不以金钱作为衡量标准”的社会关系。例如，社区成员（业主）同物业公司的矛盾、同资本和资本家的矛盾，都能很好地说明社区关系理应具有的伦理意蕴与资本逻辑之间的对抗。而且，这种伦理意蕴呈现出的多元化、多结构性与资本逻辑主导下的市场唯一原则的绝对性、唯一性相抵牾，由此社区可以提供完全不同于市场经济的具有内部多重辩证关系的互联的共同体意识，以便于管理、参与和决策社区事务，从而在实践经验中造成了人与人的最真实的联合的社会关系。这是社会扁平化的历史过程。

社会治理在根本理念上就与社会管理相距甚远，究其原因便在于，在社会治理的含义下，社区不再被仅仅视为资源汲取或矛盾发生的场域，而是被视作一个共同体来培育。而伴随全球化到来的是对人类原本栖身的各类共同体的破坏。但是，仅仅从旧有秩序中解放出来并不等同于完全自由的状态，任何人所期望的自由的真正实现都必须依靠在共同体中的生活的公共性。经济的发展虽然可以为我们提供一时充裕的物质财富，但其对于良好秩序的构建仍然无能为力，良好秩序的实现当然离不开人的努力。通过以上认识，我们可知中国社会治理所应有的伦理意义是：面对全球化历史进程，寻找一条既能与我国物质生产水平相适应，又可以克服市场化带来的社会危机，从而达到人们追求的生活理想的坦途。在这一过程中，国家、社会和个人的角色和功能将不断得到重塑和发展：国家无法代替个人去“生活”和“行动”，社会也不是一个具有自我意识的“自生自发”的生命主体，个人如果没有组织和联合就没有公共性。因此，社会治理必然是一个国家、社会和个人合作的过程，是一个需要国家、社会性力量和个人共同完成的任务。

第三节　社会治理的“成都经验”：快速成长期的社会力量需要国家的合理引导

一、成都的困境：城市化、工业化红利的分配难题

与广东省所面临的问题不同，地处西部地区的成都市必须应对的则是“大城市”与“大农村”并存的城乡二元分割问题。在成都，一方面存在庞大的农村社会阶层；另一方面城市化不断发展，出现了规模不大的城市社会阶层。2001 年，成都市作为拥有 1000 多万人的大城市地区，城市化率只有 33.48%，农村人口占 66.52%，城市化率低于全国 37.7% 的平均水平。20 世纪 90 年代以来，成都地区城乡差距逐年扩大，到了 2001 年城乡居民收入差距扩大为 2.56∶1，全市尚有 227 个贫困村、约 34 万人贫困人口，各占总数的 5%，城乡发展不平衡的矛盾比较严重。

成都问题的根源，与我国自新中国成立以来形成的城乡二元结构密切

相关。尽管在改革开放以后，我国政府推动了一系列旨在促进城市和农村经济协调发展的改革举措，诸如家庭联产承包责任制、支持乡镇企业、放开农产品价格管制、发展小城镇等等，但是，我国的城乡差距依然不断增大，农民人均纯收入远远落后于城市居民可支配收入。成都只不过是这些地区的一个代表。

除了工业化程度和经济发展水平的影响之外，城乡差距扩大的原因还在于存在着很多制约城乡系统发展的体制性因素。具体而言，在计划经济时代，国家为了实现工业化积累，不得不采取行政手段从农村地区汲取资源，同时，为了不影响城市就业和社会稳定，还严格控制农村人口向城市流动。改革开放以后，城乡户籍制度、福利差别、用工条件等等限制标准依然被广泛延续。

从市场体系来看，城市和农村也存在着一个二元体系。城市市场较为完备，货源充足，购买力旺盛；而农村市场则相对落后，农民无法有组织、成规模地进行交易，只能以个人身份进入城市集贸市场，使交易规模受到严重限制。农民和农村经济依附、从属于城市经济，城乡之间没有形成良性的经济循环。

尤其在土地问题上，农村土地转化为工业和城市建设用地的过程较为复杂，无法直接进入市场，必须通过国家征用的形式先转化为国有土地，之后才能进入市场。对此，农民没有决定权，只能被动接受征收、补偿，这使得农民在土地交易过程中处于非常弱势的地位，难以分享农地流转过程中形成的巨额增值红利。而城市化过程中的一个最大的红利，就是土地增值收益。长期以来，这个收益被地方政府、地产开发商所挤占，农民收益较少。另一方面，农地由于受区位的影响，在流转过程中，价值差别巨大。城郊农民、城中村农民往往可以获得较多的补偿和收益，而远离城市地区的广大农民，却无法享受土地增值的收益。

在工业化问题上，改革开放以来，我国长期实行城乡分离的工业化发展模式，农产品的生产、加工和流通机制相互分离，农民无法获得足够的农产品增值收益，只能接受原料价格。20 世纪 90 年代末期，乡镇企业基本瓦解，农民工无法实现在本乡本土就业，不得不长途奔波，向沿海地区流动。

在资源和公共服务的投入问题上，国家长期以来的建设重心是城市地区，缺乏对农村地区的必要投入，同时，受到市场化趋势的影响，农村地区的人才、资本、土地等资源则源源不断地向城市转移。

这些原因结合到一起，造成了以成都为代表的地区广泛存在的城乡二元经济结构，进而造成了城市化、工业化红利分配的不平衡。

二、成都社会治理经验的几个方面

（一）合理统筹规划

党的十六届三中全会强调，按照“统筹城乡发展、统筹区域发展、统筹经济社会发展、统筹人与自然和谐发展、统筹国内发展与对外开放”的目标开展各项事业。成都被列为全国城乡统筹规划改革的示范区之一。成都市提出“以规划为龙头”，作为“科学发展和依法行政的基础”。同年，当地同步启动了新一轮土地利用总体规划和城市总体规划的修编工作，开始编制地区产业布局规划，而旨在指导城乡发展的一系列规划相继编织成型。成都全市按照新的总体城市规划，共分为 3 圈层、5 城区，高新区为中心城。城乡一体化的目标被融入城乡空间规划管理的公共政策中，以往的城乡规划体系被全面打破，市域全境规划、新农村建设规划破茧而出。成都的新型城乡规划实现了城乡全覆盖。

成都市下辖 20 个区（市、县），其中不仅有较发达的主城区和县级市，同样有不少正在向现代城市转型的相对落后的县区，这种区县发展不平衡的现状增加了城乡一体化的发展难度。面对各种困难，如果政府推动实行自上而下的模式，无疑将在耗费巨大成本的同时，造成政策实施过程中的扭曲。

正是基于以上考虑，成都确立了在尊重各区域差异的基础上进行自下而上、多元发展的思路。这便可以在区别对待的基础上充分发挥不同区域的差异优势，有区别地创造出适合各自发展的一体化模式。总的说来，成都所推行的自下而上模式，高度符合改革开放以来我国尊重创新的渐进式改革思路。只有尊重群众的创新，尊重各区域的多元化发展模式，我们的制度创新才能够在实践中发挥更大的作用。

城乡一体化的深入发展向旧有的城乡分割管理体制提出了越来越多的不满和挑战。成都市政府已经着手对城乡分割的户籍制度操刀改革，探索建立城乡一体的居民身份制度。自 2004 年 5 月 1 日起，全面推行一元化户籍管理制度，取消农业和非农业户口的划分，统称“居民户口”。农民在取得城市户口后，与城市居民享有同样的权利和义务。自2007年起，成都已全面建立城乡统一的户籍登记管理制度，实行城乡户口一元化登记管理。与此同时，成都先后实施了涉及30多个部门的行政管理体制改革。成都市还同步实施了农村综合改革，撤并乡镇78个，精简分流乡镇人员5000多名。

政府推进城乡一体化顺利开展的合理保障在于实现规划的科学合理。实施“规划先行”策略，能够避免盲目工作，引进智力资源，提升政府工作效能。在“小区域、多元化”的原则指导下，规划是否合理关系到各地区的优势能否充分发挥，各区域间能否实现优势互补。同时，社会主义市场经济条件下的“规划”和“计划”存在天壤之别，“规划”表明了对各地区开展城乡一体化工作的指导，不能逾越政府与市场的界限。

（二）探索土地流转的合理机制与土地增值的共享机制

2008年伊始，成都着手改革农村产权制度，确立了归属清晰、权责分明、流转顺畅的目标，以求在确保农民享有充分自主的原则下，激发农民的创造活力。已经走过30多个年头的土地承包责任制，积攒了众多的深刻矛盾，特别是有些事项政府并不适宜介入，必须让农民自己寻求解决之道。基于此，成都坚持在农村产权改革中确保农民自主原则的实施，解铃还须系铃人，充分相信农民有能力解决自身发展中暴露的问题。成都不同的试点村在由农户推荐村民成立议事会的方向上走上了同一条道路，为解决村民之间、村社之间长期存在的矛盾，村民议事会产生了。由于试点村的示范效应，周边村都积极效仿建立了村民议事会，在化解本地矛盾问题上取得了明显的效果。

在涉及面非常广的整个确权颁证进程中，以村民议事会作为协商处理纠纷机构的机制发挥了巨大的作用。整个过程杜绝了任何群体性上访事件的发生，使得此项改革平稳顺利达到既定目标。在土地资源确权颁证顺利完成之后，接着又开展了一项更加深入的改革。目前，成都市正在进行未到户土地使用权、集体房屋所有权、集体经营性资产确权工作，以择股量化到集体经济成员。这个过程必须充分利用上一阶段积累下来的成功经验，继续发挥村民议事会为代表的基层治理机制的效能。纵观村民议事会的发生发展，它充分反映了农民在落实自身财产权方面的意愿和贡献，也使我们意识到广大群众在改革过程中培养起来的对他人财产权的尊重意识、民主协商意识和法制意识，同时，也使得村、组自治组织的自主、自愿、自治能力得到大幅提升。

（三）加大农村公共服务投入

成都于2009年采取双管齐下的方针，在开启农村的社会事务改革与公共服务改革的同时，还推进了农村的产权改革。这样的改革路径可以在农村公共服务和社会管理持续升级的过程中让更多的人民群众参与到农村的现代化改革之中，从而使他们切实地享受整个社会经济发展带来的丰硕果实。由此可见，我们通过在村级财政基础上的公共服务和社会管理制度的改革和完善能够实现这样的目的，即能够增强自治组织的自治能力，从而为基层民主发展提供推动力。具体而言，要使村级公共服务和社会管理的经费归入财政预算，并逐年递增。最初按照每村最少20万元的标准，同时依据每村的人口、面积、自身条件等情况进行调整，设置公共服务经费，归入市、县的预算中。通过以上安排，村级公共服务能够获得必要的资本，从而顺利保障在农村推行产权制度改革，能够使建成的村民议事会发挥其应有的作用和绩效，从而彰显出农民在社会主义农村改革事业中的主体地位。这种主体性体现在各个方面，譬如被有效落实的民主议事机制，对民意的广泛征集和被充分发动起来的民意的普遍讨论，还包括对村民社会事务的全面监督、评议整改，甚至对公共财政使用的全程监督等等。一句话，就是要实现好、履行好农民在这个过程中的主体作用。显然，成都在农村的这个改革中就充分调动了农民在民主程序上的主体性功能，无论是项目的议定还是监督或者评议，从形式到内容都充分保障了民主制度的严格施行。而村民参与民主议事和民主管理的情绪得到了调动，意愿得到了增进，力度得到了加强，效果得到了保证。在这探索性的改革实践中，农村新型治理机制迸发出了前所未有的“正能量”，让我们看到了希望和前路。

通过调研发现，成都农村基层组织存在着一个比较严重的问题（不知道这个问题是否有一定的代表性）：职能混乱。这主要表现在：把作为决策的主体和进行执行的主体混为一谈，政府作为的限度和自治组织的职能不明确，而自治组织作为公共性的单位的经济职能与集体经济组织的经济职能区分不清。由此，成都市的农村产权制度改革必须逐步解决这个带有根本性质的结构性问题，而从已有的实践经验来看，其正在逐步探索出一些有重大实践意义和理论价值的改革措施：“三分离、两完善、一改进。”所谓“三分离”就是前边谈到的三个不明确职能的分离，即决策权与执行权、社会职能与经济职能、政府职能与自治职能的分离；所谓“两完善”可以概括为，公共服务体系和集体经济组织运行的完善；所谓“一改进”就是全面改进农村党组织的领导方式。三方面的改革形成立体滚筒式的现实路径——坚持党的领导，坚持农村改革的民主原则，坚持吸收各类其他社会组织单位参与到新型农村改革的过程中。经过这些年来的积极实践，社会治理中的群众自主代替了代民做主，激发了群众积极性，解决了各类基层矛盾。

城乡差异另一个最重要的方面便在于社会保障上的差异。由于在计划经济体制下，城市就已经建立了较为完善的社会保障体系，因此，即便向市场经济转变，也较为容易地建立起适合市场经济的社会保障体系。可以说，得益于先天的优势，城市已建立了基本的社会保障制度。相比较而言，计划经济时代农村的社会保障几乎处于一片空白的状态。而城乡在社会保障上的天壤之别不仅体现在城乡福利上，也体现在其严重阻碍了城乡一体化的实现。因此，以消除城乡居民在社会保障方面的差异为抓手，无疑是化解城乡分割二元社会结构更有效的手段。

三、“成都经验”的理论内涵：经济发展的共同富裕模式探索

城市化、城乡一体化皆是转变城乡结构和调节社会关系的重要方法。虽然各种发展模式的共同指向都在于和谐社会的建设，但是在面对多样的社会经济条件时，一旦城乡关系变革的方式选择错误，轻一点说将无法达到既定目标，重一点说则要付出惨痛代价。我们可考察国内外实践中积累的各种经验教训，来总结符合经济规律的发展模式应具有的特点和价值。

20 世纪六七十年代，在众多发展中国家盛行一种通过工业化、城市化的方法促进经济发展的模式。这些国家选择此种模式，是基于当时它们对发达国家成功经验的普遍考察。当时的发展中国家无疑认为发达国家正是通过不断地深化工业化和城市化，在发展经济的同时，也促使了城乡结构和关系的巨大转变。然而，发展中国家在学习西方模式的同时，却忽略对资源配置的市场机制要素进行考察。发达国家普遍存在的运转良好的市场

在自发地引导资源于城乡间配置过程中发挥了巨大的作用，使得城乡间收入趋同，以及要素报酬均等和生活品质同化等得以实现。但是，如果忽略了市场机制的因素，盲目地将城市化作为追求的目标，“城市偏向”将会是不可避免的结果。“拉美城市病”的称号是对这一结果的集中反映，城乡机会失衡、收入差距扩大、贫困蔓延，终将使整个社会的发展陷入危机。

基于以上分析，在一国市场机制还不够健全之时，必须摒弃对城市化的盲目追求。寻找一条城乡共同繁荣的道路，这种发展思路不仅能够照顾发展中每个群体的利益，也能够让发展更有“后劲”。这一思路也反映了“以人为本”的科学发展观对城乡关系协调发展的要求。成都市在这方面做出了积极有效的探索。首先，按照“以人为本”的科学发展观构建和谐社会，本质在于始终将人的发展放在一切工作的第一位。成都推行的城乡一体化方法，力求缩小城乡居民在福利水平、生活质量和享受公共服务方面的差距，创造平等的发展机会。其次，构建和谐社会不仅是一种发展目标，也是对发展手段提出的要求。城乡统筹发展的一体化正体现了这种手段与目标的和谐统一。成都市在科学发展观的指引下探索了构建和谐社会的可能方法。

成都的城乡一体化进程中的农业产业化的实证表明，对于在此过程中产生的农业剩余劳动力的转移问题，完全可能在大型或特大型城市的经济辐射区域实现“离土不离乡”的容纳。所以，对于城乡一体化的产业支撑，要在工业化、城市化和农业的产业化之间形成有效的平衡。中西部地区要依托天然的比较优势，通过农业产业化的方式来容纳农村剩余劳动力，农业的产业化同时还可以通过扩大税基和税源的方式反过来支持城乡一体化发展，从农业生产方式转变、农民收入来源转变和农民生活方式转变来实在有效地解决“三农难题”。在提倡农业产业化对城乡一体化形成产业支撑的同时，我们不能忽视其发展的必要前提条件，那就是创新土地使用权流转制度。因为，产业化是以规模经济为现实根基的，而规模经济又必须以生产要素在价格指引下的空间集聚为前提。由此看来，成都提出的“统筹三个集中”是一项逻辑严密、结构完整、考虑周全、前瞻性强的总体性规划设计。

城乡一体化的可持续发展虽然取决于产业支撑的程度，但这个产业支撑绝不仅仅是工业支撑，它还应当有农业产业化的支撑。尽管市场经济条件下的产业化资源配置主要是受市场机制的影响，但政府在其中并非无用武之地，政府同样可以通过制度、政策资源的配置协助产业平台的构建和实施。这在某种程度上也体现了改革与发展的辩证逻辑关系，政府无疑具有不可替代的重要作用。甚至可以说，政府的作用越大，城乡一体化的可持续性就会越强。

“成都经验”的另一个突出特点便是政府在整个城乡一体化过程中具有重大影响。相较其他模式，成都市政府在推动城乡一体化的进程中，从规划安排、制度设计到组织实施、绩效考核，发挥了全面、全程的重大作用。面对市场发育不完善、经济发展对城乡一体化的推动乏力的情况，城乡一体化的构建有必要依赖政府力量。然而，我们必须清醒地认识到政府的影响具有双面效用。一方面，通过科学合理界定政府和市场范围，政府行为将会成为一种高效的方式；另一方面，政府角色一旦定位不明，时常越界取代市场机制发挥作用，势必会扭曲经济发展，破坏城乡之间的可持续发展。

我们能够预见，成都在探索城乡一体化进程中的经验能够帮助全国更多的地区实现城乡一体化过程。

首先，造成城乡分割的制度基础在全国范围内依然存在。虽然近年来我国在城乡一体化进程中试图努力改善，但是制约城乡一体化的制度基础并未完全破除。例如，户籍制度的分裂、社会保障的巨大差异、就业政策和环境的不同等。正由于城乡分割仍然是我国不容忽视的现状，因此，成都市的探索无疑对这些地区实现城乡一体化有着重大的借鉴意义。

其次，为实现中央规划的“城乡统筹发展”目标，除成都以外的其他地区也应将城乡关系的协调发展作为自身城市发展的目标。由此，成都从城乡一体化的角度入手，破除传统城乡关系的方式无疑可以为其他地区新型城乡关系的建立提供更多的思路。

再次，广大中西部地区的现状就是发展基础薄弱、市场化程度较低，谋求通过工业化和城市化来改变城乡关系的可能性小。因此，“成都经验”给中西部地区提供了有益的启示。由于“成都经验”中政府一直起着贯穿始终的积极作用，我们相信这种模式能够适用于社会经济发展条件相类似的其他城市和地区。

总之，成都市所实行的民生新政及具体措施，都是在共同富裕原则的指导下进行的。共同富裕原则不仅在再分配领域发挥作用，而且还延伸到生产领域，成为全面指导成都市经济、财政和社会政策的根本性原则。

第四节　社会治理的“鹰潭经验”：社会性资源缺失条件下国家对个体的组织和维护

一、鹰潭农村社会问题的代表性：人口流出地的社区组织空心化

鹰潭市位于江西省东北部，经济发展相对落后，是一个典型的劳动力流出地，可以作为广大中西部地区社会发展水平的一个代表。改革开放以后，与中西部大部分农村地区相同，鹰潭地区也出现了巨大的社会变迁：农村劳动力大量外流到东部沿海地区，留守人员主要为老人、妇女和儿童。在取消农业税之后，基层党政机构在农村地区的职能基本上处于瓦解状态。党政机构退出后，随之而来的是“能人治村”及乡村秩序的“黑恶化”、无序化，农村的基本公共服务处于空白状态。

纵观历史，可以发现，要想在类似于鹰潭这样的农村地区维持一个基本的乡村秩序，要么需要一些本土的组织资源，比如宗族、家族、乡约传统、宗教传统等，要么是依靠基层党组织的影响，编制健全的村组干部、组织队伍，比如农村集体化运动之后成立的大队、小组等组织。在广大中西部农村地区，一般而言，社会主义革命基本上已经消灭了宗族、宗教、乡约等等“封建残余”，党员和干部群体是中国革命和社会建设带给这些传统乡村社会的新的组织结构。但是，在改革开放后，随着时代的变迁，尤其是“包产到户”“分田单干”的实行，农村集体组织迅速瓦解，后又因市场经济的不断深入，党员干部的作用在农村地区大大弱化了，其后果就是农村失去组织人才、失去联合的可能性。在没有强有力的党组织介入的广大农村地区，占据主导的治理模式，无一例外是失序、“富人治村”或者村庄黑恶势力猖獗。可以说，在现有政权体系下，唯一可行的、能为乡村带来稳定秩序的治理方式，应是以基层党组织为中心，结合农村健康的自发社会组织，并妥善运用国家外部资源的输入和接济。

更进一步，在整个中国现代化进程中，必须要有一个基本技能强大、可以灵活应对各种乡村复杂事务的基层政权组织体系。这是因为，现代化的进展不断地改变农村、改造农村，反过来，农村也需要赶上中国现代化进程的脚步。我国有一半多人口是农民的现实决定了我们想在任何方面进行改造，都不是一件一蹴而就的事情。而一个扎根于乡村、又能执行国家意志、内部结构严整、合作良好、效率很高，同时又富于机变的农村基层组织体系，可以为农村基层组织建设增添新的含义。不做任何形式变革的疗法是裹足不前的，也不能适应中国的现代化变迁，而变革疗法无疑与不同时期的具体任务和基层社会性质的变动相关。它要能适应自上而下任务的变化，以及自下而上农村基层性质的变化，要能够有效地降低改革的风险。这也是我们认为的进行农村基层组织体制改革的唯一有效可行的方法。

因此，国家不应该撤销或裁减农村基层组织，因为农村的大量基层工作还指望基层组织去完成。乡村基层党组织是连接国家资源与农民需求的关键环节，已经实行20多年的村民自治制度为这种对接提供了一个现实条件。中央已承诺，将基础设施建设和社会事业发展的重点转向农村，未来针对农村的资源输入只会越来越多。这种外来的输入能够在加强农村基层组织建设的同时，连接农民自下而上的需求偏好，从而在农村人财物外流时，不至于导致农村的混乱。

目前，各地方均在探索适合本地情况的土地流转模式，且焦点大都集中于如何扩大经营规模和提高农业生产效率，但对于土地过度集中尤其是工商企业大规模租种农地可能给乡村社会结构带来复杂影响的问题则相对忽略。因此，国家应对资本力量进入农村有所警觉。已经实现农业现代化的国家的经验表明，无论是在土地充沛的新大陆国家，如美、澳，还是在传统的小农国家，如韩、日，农业的基本经营单位都是家庭农户，它们只有规模大小的差别。农业的家庭经营既是一种历史性现象，也是一种世界性现象。因为农业具有自然生长的季节性、周期性特点，即便是通过工业化方式组织起来的机械化操作，也很难改变农业的这种特性。这也就预示着在未来很长的一段时间内，以家庭经营方式为基础的农业供销和服务系统将长期存在。同时，家庭农户制仍将是农业资源配置中一种节约成本的经济方式。在这种情形下，农民不可能通过规模化经营来提高个人收入。

不少经济学家认为，如果大量农村劳动力顺利转出农村，那么大规模的农场经营乃至商业租地就成为必然。但现代化的经验并不支持这种乐观的估计，其根源在于技术变迁以及世界的现代化空间存在着某种限度。早期工业化的技术条件创造了对于工业劳动力的大量需求，且有大规模海外移民这一社会安全阀，而今天资本主义的发展较几十年前，具有高度资本密集和技术依赖型的特征，大量的农民不可能被吸收进现代经济增长部门。这已经被众多在20世纪六七十年代经历过工业化、城镇化的发展中国家的历史经验所证实。在那些国家中，城市化人口规模要远超过其现代工业部门所吸收的新就业人员，由农村流入城市的人口，大部分没有机会进入现代部门，而是进入了传统与现代部门之间的地带，主要受雇于规模庞大并不断扩展的非正规经济，典型特征是缺乏就业保障、福利和法律保护。《中国统计年鉴2012》的数据表明，在2012年，中国的非正规就业人口为1.8亿，等于城镇2.95亿就业人口总数的近60%。这一不容乐观的现状和前景通常被人们忽视。国家在考虑农村的未来发展定位时，必须对此加以重视，应该对一个人口众多的发展中国家的现代化进程之艰巨预做充分的估计，并切实维护农村的战略缓冲地位，而不应陷入某种浪漫主义的现代化梦想之中。

这也启示我们，在现代化转型期间，涉及农村的体制、法律和政策安排，均应保持适度的弹性。一方面，转型时期的制度设计应尽可能地引导人们在生存发展的欲求冲动下激发出更多的创造性力量；另一方面，制度设计应为制度实施中可能遇到的一切新情况留下充足的变动空间，以便不断地修正和弥补设计中未预见的情形。我们需要充分利用我国作为发展中国家的一些特点，特别是结构变动具有很大的弹力空间，变动能够带来高收益，协调发展等等。

二、鹰潭社会治理经验的几个方面

（一）基层党组织的重建和发展：以提供公共服务为工作重心

为了应对社区空心化的问题，鹰潭市委、市政府通过系统研究，在2008年提出了新的基层党组织重建方法。

第一，以开展农村卫生工程为突破口，重新实现基层党政组织的可见化。

正如前文所言，在取消农业税之后，基层党政组织丧失了日常工作的主要内容，退出乡村，导致乡村秩序出现权力真空，被不法势力挤占。要想重建乡村秩序，显然不能期待乡村如同深圳等沿海地区一般，自动涌现出村民自组织，因为中西部地区无论是在经济水平、社会条件还是在村民意识层面都不具备相应条件。相反，鹰潭等中西部农村地区的社区组织，只能依靠党政机构的培育才能产生和发展。基层党政组织的回归，需要以实际的、可见的、对村民有利又能持续的工作为内容。农村卫生工程，虽然看起来比较琐碎，但却可以作为在新的历史条件下加强农村社区管理的切入点。卫生工作天天要做，以往缺乏城市的环卫服务，农村公共卫生无人关注，极大地影响了居民生活，而现在，由基层党组织牵头就可以把工作推动起来。而要做好这个工作，基层党组织、基层干部必须深入村庄、联系群众、发动群众。

第二，以“数字鹰潭”建设为支撑，在全市构建有效的、服务基层群众的信息化手段体系来加强社会服务是推动社会建设事业的重要方面。

现如今，随着社会经济基础的改变，人们在社会经济架构中的身份也从“单位人”“国家人”，转变为“自由人”“经济人”“市场人”。人口身份的改变给社会管理、服务群众等很多方面带来了一个无法回避的难题，鹰潭市对此出台了有效的克制措施。鹰潭市重视且善于利用现代网络媒体工具进行民意调查、民意了解，并以此为平台凝聚民智。鹰潭市建立的“数字鹰潭”系统具有覆盖面广、时效性强、功能配置完善、综合系统强大等特点。鹰潭市还利用第六次全国人口普查的契机，全面采集相关信息，比如居住环境、就业情况、社保缴纳、教育条件等等，从而跟进动态、把握情况，全面掌握了本地的各项信息和数据指标。其中不但包括常住人口，还有流动人口和各类特殊人群的现实生活状况。除此以外，鹰潭市还推动政府职能和作风的转变，开始了一场润物细无声的社会革命，即一场社会治理体制改革的革命，一场再造社会组织的革命，一场再造行政管理体制的革命。

从鹰潭市经验可以看出，在中西部农村地区推进社区建设，基层党政组织扮演着以下两种角色：其一，引导者。与东部发达地区不同，中西部农村地区缺乏社会自组织发展的条件和土壤，更多的必须依赖基层党政组织的支持和引导。基层党政组织撤出中西部农村，并不会带来农村地区组织的蓬勃发展，反而会带来乡村秩序的无序化。而基层党政组织重新进入村庄，也不能采取老办法、老思路，不能以汲取乡村资源为目标，而是要以重建秩序和维护秩序为目标，利用各种现实方法组织和动员基层党员，鼓励和支持他们投身于乡村秩序重建的工作之中。其二，选拔者。与东部发达地区相比，一方面，中西部农村地区经济发展任务依然严峻，基层党政组织依然承担着推动经济发展的任务；而另一方面，这些地区属于人口净流出区域，留守老人、妇女、儿童较多，乡村基本权力结构不稳定，很容易受到“恶人治村”现象的影响。这实际上提出了一个非常高的要求——农村地区需要“有德又有才”的基层干部。过去，基层党政组织往往只注意村一级社区里的“经济能人”，而对他们的道德水准疏于监督，导致了一系列严重的社会问题。鹰潭的实践表明，通过组织村民，并依靠村民评价的模式，基层党组织可以培养人才、发现人才；农村社区服务这个舞台，是发掘、培养党员干部的主要平台。

（二）基层自治的日常化探索：公共事务的例行化

在建立群众组织的过程中，鹰潭市注意保证群众组织的代表性、公认性、先进性和稳定性，并且坚持了两大不可动摇的基本原则：坚持理事会作为基层群众性自治组织的性质不动摇，坚持党对理事会的领导不动摇。鹰潭市通过这些措施，放弃了过去以党代社的做法，防止了多次出现的自治组织行政化的问题，使执政党学会了以间接的方式领导和推动社会建设，并且以社会建设为切入点，取得了良好的社会效益。

建设“数字鹰潭”的工作必须通过扎实的行动才能够真真切切地转为现实，否则一切想法都将化为泡影。但如何落实这些工作的具体方法是我们必须考虑的，我们不能再只是单纯地依靠党和政府的力量，而必须意识到最为重要的是广泛而密切地与群众联系在一起。鹰潭市的实践证明，我们在开展工作的过程中有必要重视人民群众具有的主体影响力，将群众的事情交由群众自己处理，不断尝试摸索群众自我管理、自我服务、自我教育、自我监督的方式方法。

在新形势下，鹰潭将群众自治组织进行了扩展。在农村，分别以自然村落为单位建立村民事务理事会；而在城市，分别以小区和行业市场为单元建立居民事务理事会，两种创新型组织有别于旧式的组织。传统的村委会和居委会中混入了太浓烈的行政色彩，社区中发生任何问题最终都要落到基层组织的头上，致使其越来越行政化而脱离了群众、脱离了基层，难以发挥应有的效用。而群众性自治组织的理事会则切实地扎根在熟人社会里，通过其运作方式寻找到在群众中最具威信、能力的基层“领头人”，并由这些人组成理事会。这些从最基层群众中来的人就生活在他们身边，当然更加方便组织广大群众参与群众自治活动，弥补原有的基层自治组织的盲点，从而能将群众工作推到一个新的高度。

鹰潭对于群众理事会有“四性”的组建原则，具体是代表性、公认性、先进性和稳定性。代表性，理事会能够最广泛代表各方面群体的根本利益，例如在城市中，理事会就要确保对各行业小区中居民的代表；公认性，以理事会采用公推直选的方法，从群众中挑选能够获得普遍认可的人；先进性，群众主要推选政治素质好、致富本领强、公共服务意识强的人来组成理事会成员；稳定性，理事会成员应当确保有足够的时间和精力长期处理理事会事务。

在理事会创建的历程中，鹰潭市对遇到的许多问题进行了积极的探索和解答，现总结概括如下：

坚持理事会作为基层群众性自治组织的性质不动摇。鹰潭市在实践中十分注重理事会具有的自治组织属性，对理事会的具体工作采用支持引导的方式，而不再是管理的方式；在具体工作中对理事会能协商解决的问题都要还权于民，放手让居民自己做主，最大限度释放自治能量；杜绝以行政权力干扰理事会成员的选举考核，杜绝对理事会工作施加压力，避免理事会承担过多政策要求，积极保障群众自我管理、自我服务、自我教育、自我监督的活力。

坚持党对理事会的领导绝不动摇。对于理事会自治组织性质的强调与党对理事会的领导之间并不矛盾；理事会并不是党的手臂，但一定要成为党的手臂的延伸。鹰潭市党组织在人员上注重考查和审核理事会成员的资格，有违法犯罪行为和违背国家政策行为者均不得参加理事会成员选举，确保了理事会成员的先进性和纯洁性；在组织上，注重对理事会成员进行教育培训，在成员中积极发展党员、建立支部和小组；在工作上，各级党委配合支持理事会工作，理事会解决不了的，逐级上报街道、社区和政府，尽快予以解决，让群众看到理事会真正能办事、会办事、办得成事，树立了理事会的威望，也就树立了党在基层群众中的威望，使党能够真正有效地将触角延伸到基层之中。

鹰潭市在居民事务理事会建立以后，完善了组织体系，确保党的组织全面覆盖，视情况在理事会中设立党小组和党支部，扩大了党组织在居民小区、楼栋、商贸市场等区域的覆盖面，实现了社区党建与社区管理“无缝对接”，真正把党的触角伸进了千家万户；同时充分发挥工会、共青团、妇联的影响力，在全市范围内构建党群共建、党内带党外、党员带群众，以达到共同参与社会管理和社会服务的良好局面。

充分吸收社会上的先进积极分子，对社会伦理共同体进行重新建构。中国的传统社会是建立在宗法伦理基础上的一种独特的伦理共同体，但是这一共同体受到了市场经济的冲击和破坏，这是今天社会管理工作所应重视的内容。在酝酿理事会成员时，鹰潭市尤其重视将一批政治素质过硬，群众威信较高，对公益事业积极热心，能协调、善协调的老党员、老干部、老模范、老军人、老教师（即“五老”人员）吸收进来。他们在群众中的地位如同老大哥、老长辈，在群众心目中有地位、有威望，同时又热心党的事业和工作。鹰潭市把“五老”人员请出来，使得理事会能够重新打造新时期群众生活的伦理共同体，十分有效地增加了社会中的和谐因素。

充分运用理事会组织，化解社会管理中的难题。当前社会管理中的主要难题包括党在基层的“空心化”“松散化”，一些地方被黑恶势力、宗族力量和地下宗教组织渗透，与党争夺群众，同时党群矛盾激化，群众工作难度加大等等。鹰潭市在组建居民事务理事会的过程中，充分利用了理事会成员在群众中威望高的优势，发挥他们化解群众矛盾、宣传教育群众、维护党的权威、解决基层工作的作用。如村民事务理事会现在已经开始承担基层的纠纷调解、“低保”评定、土地管理等作用，并已经取得了良好成效。

（三）推进农村文化建设：重建乡村伦理生活

在恢复基层党组织和建立村民理事会的基础上，鹰潭市进一步提出了推进农村文化建设的主要目标。这一目标要求对农民的精神生活及人生观需多关注、多关心，争取为农民多营造一些可以寄托生命意义的精神价值追求，比如乡规民约、家庭和睦的意义。它可以在某种程度上淡化被市场化冲击的人伦关系，恢复农村社区的伦理和价值共同体属性，从而使得村庄内部秩序更易维持。其主要途径不是发展商业性的文化产业，进一步加剧农村的市场化，而是通过鹰潭市各级政府的公共财政投入，以及广大的民间力量，倡导与农民生活息息相关的传统文化以及组织的复兴，为其生活注入文化内涵。具体做法包括：

首先，大力发展大众体育、大众文化、大众戏曲。在鹰潭农村地区，这些活动是有着一定的民间基础的。当下，农民解决温饱问题之后，还有一定的积蓄，国家又减免了农业税，还为农户提供种粮补贴、合作医疗保险等等福利，农村的物质生活水平比起过去有了很大提高。但是，农村居民在有钱和有闲之后，没有更好的精神文化生活选择，往往沉迷于赌博、喝酒等等不良嗜好，甚至还有不少人染上吸毒、嫖娼的恶习，严重影响农村生活秩序。认识到这一点，鹰潭市政府开始协调和倡导农民将闲暇时间用于文化建设。以非市场的文化建设为目标，在本地农村发展一套低消费、高福利的文化价值和意义系统。简而言之，花不多的钱，过有质量的生活。这并非减少农民的福利，而是要建立农民的某种主体性。因此，要有一套不同于消费主义的文化，人们不是通过消费来获得自己的意义，而是通过人与人良好的关系、人与人之间的关怀、人与自然的亲近，来获得生活的意义。如此，乡村就有可能成为中国优良传统文化的复兴基地，而不会陷入无底的文化真空。

其次，注重发挥村民理事会作用，恢复农村公共伦理生活。任何文化和伦理秩序的生成，都需要一定的公共空间和公共交往，以及高密度的人群参与。传统上，村庄的公共空间存在于田间地头、戏台墙根之下，是村民们品评家长里短、塑造村庄风气的空间。而到了市场化条件下，家家户户自己关起门来过日子，不在乎邻里评价，一个直接结果就是家庭矛盾“没人说理”、乡村风气持续败坏。认识到这一点，鹰潭市力图借助村民理事会的日常活动形式，在村庄内恢复、重建这种公共伦理空间，以形成公共文化的载体。对那些败坏乡村道德和伦理的丑恶现象，如丧事场合组织色情表演等，必须严厉打击，而决不能姑息放任。类似的丑恶现象，绝非社会长久固化下来的风俗。在政府的有心指引和社会中坚力量的呼应支持下，这些现象得到了有效的遏制。

最后，大力倡导孝道。孝道以及传宗接代的观念在农民的意义世界中，占有非常重要的地位。有人甚至说，家族传续是农民的宗教。但由于市场化的冲击，村庄文化的瓦解，我们已经可以看到孝道在农村日益稀薄，农民的整个意义系统陷于坍塌境地。农村老人自杀现象的出现，即是这一孝文化趋于衰微的最好证明。当前，基层党组织可以结合农村的现实情况，从传统文化中选择一种或者两种最为重要且适合时代发展的价值理念，加以倡导、弘扬，至少使之成为村庄内部伦理秩序的重要内容。基层政权也可借助这一文化推广活动，在文化价值认同上取得广大农民群众的信任。鹰潭市就采取了这种做法，在农村地区，以孝道作为新时期传统价值复兴的发力点，因其焦点集中，很快就收到了积极的效果，乡村道德风气有所好转。

三、“鹰潭经验”的理论内涵：农村地区的社会建设不能脱离政府的扶持

中国社会本身具有的复杂性和多元性的特征，如地域差距、城乡差距等等，这都是基层党政系统不得不面对的具体现实，同时也要求它们采取更加理性可行的行动手段。广东深圳、四川成都、江西鹰潭作为地域差距导致社区建设面临不同任务的典型，其各自基层党政组织发挥的功能和作用，就表现出很大的差异性。例如，广东深圳的基层党政组织以服务化转型来应对社区建设压力，江西鹰潭的基层党政组织则以重新扎根基层的方法来完成社会建设需求。可以说，多元性的社会问题导致了多元性的社区建设任务，而这种任务一旦被最上层的党政系统定义为下级机构的政治任务和考核要求，那就意味着基层党政组织必须重视，并去探索可行的解决方案。这些探索可能会取得成功，也可能流于失败，然而可以确定的是，这必将导致基层党政组织在功能上的重构，这或许将进一步导致中国社会、国家与个人关系的再调整。

正如福山在《政治秩序的起源》一书中所强调的，强有力的国家政权（the state）是中华文明的一个突出特点。时至今日，我们依旧没有脱离强大的官僚制体系的影响，无论是将其视为中国经济高速发展的必要条件，还是将其视为中国社会个体性权利相对滞后的关键原因。在政府管制和社会自治之间究竟该如何选择，从波兰尼与哈耶克的著名争论到目前中国理论界激辩的“国进民退”议题，抽象和理论层面的争论从来不曾停止。与理论层面争议的举步不前相比，实践层面正在发生的变化可能更值得关注。对中国而言，执政党自十七大以来大力提倡的社会建设问题，已经在

实践层面上产生了重要影响：高层的关注重点逐步转向——从经济增长转到社会治理，已经在基层党政系统引发连锁的实践变革。在过去30余年中，高度重视经济发展使得各级党政系统全力投入经济建设领域，地方党政系统的运作逻辑甚至被很多学者以“地方政府公司化”的概念加以概括：党政系统领导的经济发展路径，反过来也使得党政系统日益复杂化、体系化，也日益脱离民众的社会生活，甚至使双方对立起来。今天，执政党高层认识到这个问题，并力图重新组织自身的社会基础，各级党政系统面对这一新的重大任务，也在做出相应的调整。在社区建设问题上，不论基层党政组织带有什么样的主观目的，一旦必须认真对待这一问题，其行动模式都必须进行转变。基层党政组织往往不受各种理想型理论的影响，而是根据自身所有的资源和行动目标采取措施。

“官民共建”逐步成为社会治理领域的一个热点话题。“官民共建”，意指在推动社区建设中，不能照搬西方市民社会理论，不能强调国家和社会之间的对抗性，也不能过度强调社区组织的自我生长，而是应该从中国现实出发，建立国家组织和社会自组织的协作机制。如邓正来提出的社会与国家的“良性互动”说、郁建兴提出的“国家、市场与社会互补与协作”说，以及陈晏清提出的“国家的行政权力是社会发展重要的支持力量”的主张。俞可平则更进一步，将上述各种主张总结为社区建设的“官民共建”理论。从理论而言，“官民共建”的社会治理模式是与“官民分治”的社会治理模式相对应的。两者的不同之处在于：政府在社会性自治力量的形成、发展过程中是否发挥着引导和协助的作用。“官民分治”的典型代表是英美两国，由公民组成工会、商会、社团等自治组织，社会自治力量不仅免受政府干预，能够自由争夺社会经济利益，还能将国家作为满足本集团利益和打压其他社会势力的工具。“官民分治”是有前提条件的，即社会存在着较为悠久的自治传统和多种多样的自组织资源（如教会、行业协会等），因此，“官民分治”模式虽然是市民社会理论的理想诉求，但却难以在社会发育相对落后的后发国家得以实行。

从现实层面而言，“官民共治”的社会治理模式的推进和实施是一种较为理性的选择，原因主要有三方面：其一，我国党政机构一向具有较强的执行力，可以在社区建设领域发挥正面作用。“官民分治”模式的诉求是建立“小政府”，与中国的现实发展要求不符，因为“官民共建”必然要求党政机构在社区建设中发挥积极主导的影响，十七大以来，执政党基本上已经采纳了这种现实立场。当然，中国党政权力过度强大导致社会发挥空间受限的问题是突出的，但纠正此问题不能矫枉过正。力图以“官民分治”模式一劳永逸地解决公权力过分膨胀问题，是过度理想化的理念，不是一种理性的策略选择。其二，“官民共建”模式有利于培育社会的自主性力量。社区的自我发展，必须依赖一定的物质基础和组织基础，这两个基础不会凭空产生，而是需要相应的培育过程。其三，在当前中国，高速的经济发展和社会转型已经催生出了利益多元化的社会集团，这些集团在政治、经济、文化层面都提出了各自的利益诉求，但是，不同集团的诉求以及不同层次的诉求之间是存在矛盾和冲突的，如果不加以协调，则必然导致阶层分化甚至严重的阶层对抗，因此，党政组织适时参与社区建设过程，有利于将社会性力量整合到有效的流通道路之中。反之，此种做法也有利于党政机构的职能转向“服务型”，对党政机构的行为模式进行重整，最终形成一种党政机构和社区组织之间良性互动的局面。

进入21世纪，中国的社会问题日益复杂化、多元化，并且集中爆发。为应对这一问题，党政组织依然延续发展经济式的治理逻辑，希望依靠强有力的政法系统来维护社会秩序的稳定，逐级安排、分配任务，在基层全面铺设维稳网络。然而，自上而下的官僚制机器在维稳过程中遭遇到的挑战和压力日益增长，其所能发挥的正面作用不断消减，越来越成为一个饱受诟病的体系。维稳体系实际上维持着“以官代民”的社会管制思想。“以官代民”模式产生于计划经济时代，是指由党政系统控制和分配所有社会资源，而各个阶层的民众必须服从党政机构的指挥和管理。问题在于，改革开放以后，市场经济逐步建立，意味着执政党承认社会的自主性。随之而来的便是社会自主性力量的产生和发展，而维稳模式则还力图以党政系统内部的科层制压力来控制社会矛盾，实际上已经落后于社会发展的现实情况，无力解决矛盾，反而会使社会矛盾转化为官民对立。十八届三中全会以来，执政党提出“社会治理”的目标，表明其已经意识到必须改变维稳模式，更加注重社会力量的自主性，为社会释放活动空间，这是“官民共建”模式成为实践主流的一个基本背景。

“官民共建”模式，事实上已经在各地发挥着实际的影响和作用，而且，由于中国不同区域之间的社会、经济发展水平差异较大，“官民共建”

模式在各地的社区建设实践中表现出不同的特征和发展路径。对于基层党政系统而言，执政党工作思路转向的影响是深远的，因为这意味着干部考核、评价、晋升体系的转变，以及工作内容的变化。

“鹰潭经验”的核心特色在于探索出了一条正确处理人口流出地的党组织与社会的关系，实现社会再组织化的建设路径，是一种现实中的“官民共建”的社会治理模式。鹰潭市地处我国中部，是我国重要的人口流出地。人口大量流出带来了农村空心化和农村社会组织丧失等一系列问题。同时，和全国其他地区一样，其在城市中也面临着服务新工人阶级，实现各社会阶层组织共处的问题。鹰潭市处理这些问题的核心方法是激活党的群众工作新传统，挖掘中国基层社会旧传统，实现两大传统的有机结合以为乡镇的社会建设服务。虽然鹰潭不如深圳和成都两地的实践经验那样全面和丰富，但是它的实践却是我国社会建设的重要探索，对其他地区也有很大的借鉴意义。

四、“鹰潭经验”小结：基层社会治理实践作为构建“中国特色社会主义社会”的理论可能性

从目前学界和官方的论述来看，“中国特色社会主义”的主要内容是经济领域的“社会主义市场经济”。随着经济领域市场化改革的进一步推进，市场逻辑逐步扩张到社会领域，这使得人们不断思考是否需要建立以及是否可能建立一个与“社会主义市场经济”制度相匹配，甚至是可以平衡和调整社会主义市场经济带来的问题的“中国特色社会主义社会”。

胡锦涛提出的“社会主义和谐社会”理念在一定程度上是对这一问题的官方回应。从“和谐社会”的概念和描述中，我们可以看到中国传统文化要素与社会主义价值一定程度的融合，也体现着马克思主义中国化的新方向。然而，这一宏观层面的构想还缺乏中观层面的实施路径和组织理论作为支撑。在学术界和思想界，中观层面社会建设理论还停留在西方的公民社会理论，这就造成宏观构想与中观理论的不匹配。而在基层实践层面，地方社会治理实践却延续着现实的内在逻辑继续发展，即与宏观构想存在差别，也并不遵循学术界的设想道路。十八大以后，“社会治理”理念的提出，在很大程度上应该看作是与“不走邪路，也不走老路”的未来发展定位相匹配的。与和谐社会的构想相比，“社会治理”理念更进一步

地“中观化”，虽然与西方公民社会理论有一定的相似性，但更多的是从中国的实践出发，将基层实践或者说地域性社会治理实践上升为中观理论，并提供了将这些实践最终与中国特色社会主义的宏观构想相结合的新的可能性。

“社会治理”理念的一个现实性，表现在其根据中国不同地域社会经济发展状况，根据各地不同的社会问题以及解决这些问题需要哪些现实资源，采取不同的治理思路。

在前文所讨论的深圳地区的社会治理实践案例中，其体现的治理思路是：在沿海发达地区，面对阶层分化的局面，一方面，公权力为社会权力让出空间，调动社会力量和社会资源推进以地缘性（社区）、业缘性（职业联合）、文化性（市民自组织）为代表的新型社会再组织活动，降低随着市场化而来的个体原子化和个人利益至上原则带来的社会对抗风险；另一方面，并不是放弃而是改造基层党政组织，将其社会管理和资源集中职能转变为公共服务职能——这种服务既表现为直接面向民众个人的公共服务（其目标是以服务收获认同，重建民众对基层干部和党政机构的认同感），也表现为协调不同阶层诉求的社会性服务，如协调劳资关系、新市民与老市民矛盾等等（其目标是保证社会的大体公平）。客观上说，深圳的这一社会治理的思路借鉴了新加坡人民行动党的社会治理经验，是在发达型城市（城市国家）维护社会公平、缓解社会矛盾的一种有益做法。然而，与新加坡不同，深圳市社会治理的未来发展方向，显然不能仅仅停留在以新加坡水准为目标上，而是必须以建设中国特色社会主义社会为归宿，探索社会主义城市社会的治理模式。因为类似于新加坡这样的城市型国家，可以公民身份等要素将全体国民相对特权化，这使得精英对民众的让利相对可控，社会分裂也相对可控。但是，深圳这样的城市处于大一统的社会主义国家内部，与中国其他地区的人员和资源往来不断，以对部分社会阶层或者对老市民的特权化来收获民意支持，显然有悖于社会主义的基本原则。面对不断扩大的新生代农民工群体、新中产阶层等新市民群体，社会公正的诉求越来越突出，而社会自主力量之间却存在着相互冲突的事实，如老市民和新市民的矛盾等，这就需要基层党政机构重新政治化。这种政治化不是挑起社会斗争的政治动员型政治化，而是改善劳资关系、调节收入、资源分配的社会组织型政治化。这要求在社会治理层面对群众路线进行新的发展：党政机构、个人和社会重新在社会治理的活动中结合到一起，发展出新的公共性空间。

前文所讨论的成都案例，集中体现了中西部地区在推进城乡一体化过程中的社会治理思路：要避免东部地区在工业化和城市化过程中出现的先富与后富的日益对立问题，中西部地区的党政机构不能采取以往东部曾经出现过的在社会领域“放权又卸责”的自由化思路，而是必须在“城乡统筹发展”的总体原则下，重新探索共同富裕的现实路径。成都实践的核心经验在于，在分配城市化带来的巨额红利（如土地红利）和相应成本时，不能任由市场化原则的主导，不能任由私有企业、少数利益群体强占城市化红利，形成新的食利者集团，导致社会分化加剧（这是东部城市化过程中出现过的问题），而是必须既依靠群众参与，又依靠党政机构协调来公平地分配这一红利，避免出现剧烈的阶层分化。可以说，在城市化过程中，最大的争议和难题就在于土地增值等问题的私人性和公共性的争议。自由主义论者坚持私有财产原则，认为将土地私有化就可以使得农民占有土地增值红利。然而，这种私有化路径已经被实践证明存在着严重问题，因为这种私有化只会使得少数人享有巨额补偿，使他们成长为新的食利者阶层。成都等地采取的做法是，将土地增值等红利进行更为公平、合理的分配，用土地增值红利来抵消众多农民进城的成本，使得进城农民没有出现明显的社会分化和贫富分化，相对有地的转化为了城市居民。“成都经验”表明，共同富裕原则不仅在后期分配领域发挥作用，而且还可以延伸到交换和生产领域。在城市化的背景下，私有制和国有制原则都未必能保护公共利益，真正需要的是一种对生产资料（如土地等）的公共性运用。这要求地方党政机构在处理相关问题时，不能以效率或市场化原则为导向，而是必须从公平、公正等社会主义原则出发，引入群众监督和群众参与模式，探索出一条国家、社会和个人共建与共享的新型社会主义城市化道路。

前文提到的鹰潭案例，其核心的社会治理经验在于：在人口和资源不断萎缩的农村地区，需要重新发挥基层党政机构的组织功能来重建乡村秩序。20 世纪 90 年代以来，西方市民社会理论鼓吹在中国基层实现村民自治。然而，在工业化和城市化的背景下，中国的农村地区不仅欠缺资金、技术、人才等等，也欠缺组织资源。在基层党政机构退出乡村后，农村地区组织资源欠缺的问题日益严峻，基层秩序溃败，黑恶势力猖獗，农民利益受到极大损害。“鹰潭经验”表明，推进社会主义新农村建设，不仅在于向农村提供转移支付等财政补贴，还在于要为农村重新建立公共认同和公共生活，重建乡村的精神和社会秩序。鹰潭地区解决乡村秩序重建问题的核心方法是激活党的群众工作新传统，挖掘中国基层社会旧传统，实现两大传统的有机结合，为乡村的社会建设服务。这一工作不仅对农民群体有着重要意义，也对执政党有着重要意义——执政党要重建自身的社会基础，需要保持来自农民阶层的认同，而通过基层党政系统与民众的日常接触，可以实现这一目标。这也说明，执政党要想维持执政地位，就不能仅仅将目光局限于“术”的层面，而是必须重新思考“道”的问题，不能仅仅把经济发展作为自身合法性的基础，而是必须再次将自身与民众的利益结合在一起，在行动上而不是在宣传上落实社会主义价值。

综上所述，在推进社会治理的过程中，国家、社会和个人关系正在中国发生着融合。这种融合可能突破建立在“公有制”与“私有制”之上的这种非此即彼的所有权制度，发展出一种新的“公共性”——国家、社会和个人共建和共享机制，并成为“中国特色社会主义”的物质和理念基础。

第六章 当代中国社会治理与和谐社会、中国特色社会主义建设

第一节 社会治理理念的提出：探索国家、社会和个人关系良性互动运行机制

一、社会治理理念是对“和谐社会”观念的现实化和具体化

党的十四大召开后，党和政府对医疗、住房、教育等社会事业进行了全面的市场化改革，在一定程度上对资源配置的效率进行了提升，使社会事业得到全面扩展。尽管如此，我们仍不得不承认，我国在社会领域的改革落后于经济领域的改革，特别在与老百姓生活密切相关的公共服务领域和民生问题上，一度出现过度市场化的局面，盲目相信“一包就灵”、过于相信所有制改革对社会事业的推动作用，而没有看到市场背后的个人谋利动机与集体利益的不一致性，在很大程度上忽视和损害了广大人民群众的公共需求和集体利益，埋下了大量的社会隐患。20 世纪 90 年代以来，中国的社会结构经历了极其深刻的变化过程，原本存在的利益格局不断经历复杂而剧烈的调整，民众的利益诉求日趋多元。在这一过程中，很多普通民众应该享有的合理权益并没有得到合法有效的保障，尤其是在教育、收入、医疗、食品安全和住房保障等关键性的民生问题上，市场化的改革路径非但没有很好地解决问题，反而在很大程度上加剧了冲突，引发了更多的矛盾。

党的十六大以后，党中央开始正视公共服务领域的市场化改革困境，

并从中国社会发展现实出发，提出了科学发展观的理念。科学发展观的第一要义是发展，其核心是以人为本，就是说发展要以人的发展为目标，而不仅仅局限于经济发展。要推动社会的全面进步，进一步提高人民群众的生活水平，因此，民生问题开始成为社会领域改革的关注重心。社会管理的概念也随之发生了转变，从原本强调党和国家对社会的控制与掌握，逐步转向为对公共事务的管理和对民众的服务，其归宿是人民群众的切身利益。正如胡锦涛所说的，执政党必须“认真解决群众最关心、最直接、最现实的利益问题，实现好、维护好、发展好最广大人民的根本利益，始终保持党同人民群众的血肉联系”①。这一时期逐步形成了以科学发展观为指导的社会管理新理念，其引领着社会管理的实践工作有序推进。在构建和谐社会之时，我们也不应忘记使其同经济建设、政治建设、文化建设之间形成不失活力的全面协调发展的局面，逐步以政策和规章制度来保障和均衡社会利益格局，维护社会秩序的良性运行。

在科学发展观的基础上，党和政府进一步提出，必须深化对社会各领域的改革，要努力实现发展成果的全民共享，为此还出台了一系列惠及民生的社会政策，调整社会管理方向。在构建现代社会管理格局的基础上，明确划分各个主体的职责范围，既注重发挥政府应有的主导作用，也不忘发挥多元化了的社会主体所具备的配合协调作用，促使他们在社会管理的实践中成为亲密的伙伴。由于政府在社会管理体制创新中具有特别重要的领导作用，因此政府应始终秉持开放和自信的姿态，这一点无疑有助于促进社会管理体制的创新。党中央也曾明确提出，构建和谐社会的着力点在于“积极扩大就业、努力完善社会保障体系、逐步理顺分配关系、加快社会事业发展”②。

这一点也可以说是推进社会管理体制改革的重要抓手。当时，党和政府提出社会管理体制改革任务时，有着深刻的现实考虑，同样也赋予其强烈的战略意义。党的十六大提出构建和谐社会的社会主义目标之后，在严格遵循科学发展观与和谐社会建设的要求下，政府不断改革创新社会管理体制，将两者视为政府工作的重中之重。

① 《十六大以来重要文献选编》下，中央文献出版社 2008 年版，第 870 页。

② 《十六大以来重要文献选编》中，中央文献出版社 2006 年版，第 738 页。

一系列政策法规颁布实施后，地方政府在考虑自身实际的基础上逐步探索创新了社会管理体制。服务型政府的建设要求不仅预示着政府改革前进的方向，也已然成为一种实践中的社会治理现实。我国政府正不断地朝着更加重视和关心弱势群体的权利，兼顾各方面社会利益的方向迈进。但由于我国的社会结构正在经历深刻的变革，既有的利益格局不断被打破重构，利益诉求进一步多元化，而现有的社会管理体制不能适应社会快速发展变革的需要，社会中隐藏了大量影响和谐稳定的因素。因此，我们迫切需要重视社会建设，对社会管理体制进行更深刻的改革创新。

另一方面，长期以来，由于我国政府在社会管理中担负着重大职责，而社会管理仅仅是政府管理职能的一个部分而已，从而形成了一种政府不断吸纳社会组织的管理体制，社会组织和广大民众就在这一体制中成了被管理者。随着市场经济体制改革的不断深入，人们已经越来越重视市场在经济社会生活中的重要作用，政府不同于市场，政府既不能代替市场，更不能干扰市场。政府的主要职责便在于根据社会发展，对社会管理模式不断进行创新变革，从而为整个社会的健康有序发展提供各方面必要的指导和帮助。因此，在当前社会发展中，政府只有承认、尊重社会主体的活动，并平等地与之合作才是明智之选。

由此，党的十八大提出了社会管理创新的任务目标。这一目标的核心在于强调党和政府必须认真倾听群众呼声，社会管理创新的评判标准必须基于群众的满意度，以科学、民主的新型管理方式整合社会，提高政府决策的公平性和透明性。这与现实的社会发展情况密切相关，由于改革开放的深化，权利和财富的分配不均导致了社会利益之间的分裂以及越来越多的社会冲突，严重影响社会和谐。城乡差别持续扩大，收入分配不公等长期无法解决的问题，造成了中国社会存在着事实上的不平等，严重影响了广大人民群众的幸福感，并影响社会的正常发展，还进一步影响到执政党的执政合法性。如果不合理现象持续存在，人民群众的不满情绪不断增长，由此产生的心态不平衡定会加剧社会矛盾。因此，党和政府必须通过加强和创新社会管理来解决民生问题，解决突出的社会发展问题。但是，当前的社会管理绝不可能只依靠政府的力量，政府应当看到社会组织壮大的态势，应对社会组织进行合理培育，引导其共同承担一定的社会责任。要注重发挥各类社会组织的协同作用，推进社会管理的规范化、专业化、社会化，使社会组织成为社会管理中不可替代的重要力量。社会组织在国内的兴起也反映出中国社会结构发生了深刻变化。在这种多元化社会格局的基础上，一个政府主导、市场调节、民间主动参与的良好社会管理格局逐步形成。不同类型的社会组织分别代表了社会中不同阶层和团体的利益，它们能够在扶助弱势群体、提供公共服务、维护公平正义等方面发挥独特的作用。从这个意义上来讲，此种“社会管理”已经不再仅仅是单一主体管理社会，而形成了多元主体共治的局面，因此，这种社会管理创新背后的核心理念，就变成了“社会治理”。

“社会治理”在十八届三中全会上的正式提出，有其深刻的历史背景。经过30多年改革开放的发展，中国已经基本解决了温饱问题。在这个过程中，随着全面建设小康社会目标的不断推进，人们的需求层次也愈发提升，已经开始寻求情感认同，并萌发出追求社会公正和实现自我价值等更高的社会需求。这些变化使得产生于计划经济时代的社会管制理念成为时代的弃儿。因此，党和政府必须加强社会管理的创新力度，尊重人民主体地位，维护人民合法权益，并协调好各方的利益。为了更好地保障和改善民生，促进社会公平，实现均等化的基本公共服务，政府必须主动改变公共服务提供不足的局面，对于一些政府无力承担或者由政府承担会导致成本过高、效率低下的事务，可以引入社会参与模式。政府有必要为其他组织在社会中发挥作用营造一定的氛围，推动社会组织发展，凝聚社会各界的共识，维护中国的经济和社会发展的成果。党和政府必须长久地坚持深化体制改革的总目标，提高社会治理效果，打破行业、地区垄断，便利群众。要积极发挥各类社会组织的作用，继续推进公共产品供给的多样化，并扩充公共服务的范围，切实保障和改善民生。

二、社会治理理念的核心任务在于探索国家、社会和个人关系良性互动运行机制

长期以来，我国社会管理体制存在一个突出特点，即“强国家—弱社会”的结构。党和政府（国家）在社会管理领域的一元主导地位十分突出，虽然党的十六届四中全会提出建立“党委领导、政府负责、社会协同、公众参与”的社会管理格局，但是地方上一元主体的社会管理问题依然严重。政府大包大揽了一些本应由社会力量自行管理的社会事务。政府

在占据社会权力中心的同时，也垄断了社会资源，并摇身一变成了一个全能型政府。政府在社会管理上也依然沿用了行政和经济处罚等强制手段，不重视各种社会力量对社会事务参与的可能影响。政府包揽一切低效率、高成本的社会工作，在消耗政府有限资源的同时，弱化了创新社会管理体制的活力。特别是面对社会转型时期的复杂形势，仅仅依靠单一的社会管理主体和手段早已无所适从。

虽然我国社会组织的数量在不断增加，但严格说来，仍有大量的社会组织基本是官办或官管的性质，缺乏独立性，自然难以成为独立从事社会事务管理的主体。与西方发达国家相比较，我国政府机构数量众多、规模庞大的事实一定程度上削弱了其社会管理的能力，经常出现职能交叉、职责模糊、多头管理的不合理现象，导致行政效率低下，社会管理体制改革严重滞后。政府不善于通过协商对话、平等沟通等民主手段来协调利益关系，解决社会问题。由于体制外社会主体缺少生存空间，因此社会问题、矛盾一旦发生就没有任何缓冲地带，所有的问题到头来都要交由政府这一单一主体处理。近年来，随着互联网信息技术的快速发展，社会管理的平台和手段也随之发展，政府必须充分认识这些平台和手段的重要意义，及时加以利用，妥善处理社会矛盾和纠纷。政府不能再用以往的“管控打压”等手段处理突发事件，这种手段表面上使社会矛盾不再显现，但有可能使矛盾隐藏集聚，存在最终爆发更大矛盾的危险。

党的十八大提出从维护广大人民根本利益的目标出发，健全基本公共服务体系，创新社会管理。这显示了我们党对旧式社会管理中的管理理念、权责分配、运行机制等进行了调整，希望社会治理能够跟上市场经济发展和社会主义和谐社会建设的脚步，努力构筑一种能够与经济发展水平相适应的新型社会管理体制。随着经济发展，我国社会组织数量与日俱增，社会力量的日益壮大早已成为社会管理不得不面对的事实，在此种情形下，政府需要发挥主导作用，调动各种社会力量，转变思维方式，运用新的管理理念、新的体制机制。从“社会管理”到“社会治理”这一提法的改变表明，不仅治理的主体更加多元化，而且治理主体之间的关系有了新的样貌。要实现社会管理促进和谐社会建设的总目标，关键不在于加强某个单一主体的治理能力，而在于要尽可能维系多元主体——党和政府、社会组织和社会力量、大众之间的良性互动，为此有必要从以下两个方面进行着手。

第一，有必要建立一套多元社会主体之间的利益协调机制。中国社会已步入一个“利益博弈时代”，旧有的利益格局被打破，新的利益格局还未建立，此时的利益矛盾和冲突特别多。面对诸多利益纠纷难题，社会治理面临着更大的挑战，因此，有必要构建一套有效的利益协调机制，确保社会既充满活力又和谐稳定。在社会转型期需要特别注意的是，社会上一些弱势群体的利益无从表达，更无从保障。在利益诉求疏通无门的情况下，这些弱势群体极易寻求一些非制度化的特殊方式表达利益诉求，例如近年来多发的农民工讨薪、拆迁自焚等以性命作为赌注来保障权利的事件。因此，从追求社会公平的角度来讲，首先是要拓宽公众利益诉求表达的通道，构建一种有效调节各利益主体之间利益关系的长效机制，有效处理利益体系中存在的内部矛盾，最大可能地化解利益冲突。在寻求公平的基础上，加大对弱势群体利益的保护力度，逐步构建科学有效地利益协调机制。依靠利益协调机制的运作，促进各利益主体间的沟通、协商与合作，有效地实现主体意志的表达与聚合，保证多元主体间的依法、有序、高效的良性互动，推动利益诉求的实现。这种国家与社会的良性互动，一方面可以最大限度地激发社会创造活力，引导群众在政策制定和实施过程中与政府对话和协商，鼓励公民有序参与，广泛动员民众管理国家事务和社会事务，最终实现社会的自我管理、自我服务和自我监督。另一方面，政府能够在社会管理中更多地了解群众的实际情况，增进社会政策制定和执行过程中的公开透明度，解决效率低下、反应滞后、缺乏弹性等问题，使社会管理更加及时有效。

第二，有必要拓宽组织和公众参与社会治理的渠道。社会治理必须建立在政府治理改善的基础上，必须使社会组织发挥更多的作用，最终实现多元治理。不断拓宽公众参与社会管理的渠道，可以逐步提高公众参与的深度和广度，增强公民参与社会管理的活力，维护全体人民的共同利益，构建安定有序的社会秩序。政府在社会事务方面应更多地采用规范引导方式，而尽可能避免或杜绝直接管制；民间组织及公民社会应尽可能多地承担社会治理责任；市场力量在社会治理中也应发挥重要作用。转型期对社会管理的创新，只有通过强化社会治理的方式才能实现，要发挥社会组织的规范作用，让经济社会发展各方面利益都能得到制度性保障，使各种合理正当的诉求都能在社会管理体系中得到应有的满足，使各种社会矛盾都能在法律的框架内得到有效的解决。最大限度地激发全社会的凝聚力，为社会稳定和发展打造最坚实的基础。

三、社会治理理念包含了对马克思主义国家、社会和个人关系视角的遵循与发展

本书第二部分已阐述了经典作家马克思、列宁以及葛兰西等思想家对国家、社会、个人关系的认识。正像前文所指出的那样，社会治理理念的核心任务就在于探索国家、社会和个人关系的良性互动机制。

通过对上述思想家理论的梳理，我们可以发现，马克思主义对于国家、社会和个人关系的看法存在两个维度。

第一个维度，是理想维度。比如共产主义社会，提出了取消国家的目标，个人作为社会关系的总和，因为生产力的极大进步，可以超脱一切物质条件和政治制度的限制，实现全面发展。在这一层面，只存在个人和社会之间的关系，即劳动者与无产阶级世界社会的关系。马克思在《〈政治经济学批判〉序言》中谈道："大体说来，亚细亚的、古希腊罗马的、封建的和现代资产阶级的生产方式可以看做是经济的社会形态演进的几个时代。资产阶级的生产关系是社会生产过程的最后一个对抗形式……但是，在资产阶级社会的胎胞里发展的生产力，同时又创造着解决这种对抗的物质条件。因此，人类社会的史前时期就以这种社会形态而告终。"① 摆脱"对抗形式"的社会，就是社会主义的社会形态，正如恩格斯指明的："现代社会主义，就其内容来说，首先是对现代社会中普遍存在的有财产者和无财产者之间、资本家和雇佣工人之间的阶级对立以及生产中普遍存在的无政府状态这两个方面进行考察的结果。"② 从这个意义上来讲，马克思、恩格斯等人更多的是考察人类社会从资本主义向社会主义流变的现实性、必要性和可能性，他们是从历史变动趋势的角度来对"社会主义运动"的基本逻辑进行讨论和分析，也提出了更理想的人类社会组织模式的可能性。但是，对于理想的"社会主义社会、共产主义社会"，他们并没有提

---

① 《马克思恩格斯文集》第二卷，人民出版社 2009 年版，第 592 页。

② 《马克思恩格斯文集》第三卷，人民出版社 2009 年版，第 523 页。

供具体实践途径，只是给出了一些大略的描述，马克思在《哥达纲领批判》中大概地描述了共产主义社会的演进过程：由无产阶级取得政权建立新社会，作为“共产主义社会第一阶段”；接下来，通过发展进入共产主义高级阶段，达到自由劳动、按需分配的理想状态。在马克思、恩格斯这里，“共产主义、社会主义”并没有清晰地区分开来，二者发生分离是在实践过程中出现的。而且，马克思、恩格斯并不认为“共产主义、社会主义”可以在一国之内率先实现，他们期待的更多是世界性的社会主义革命。因此，他们对社会主义社会的想象，更多是规范性层面的，是应然层面而非实然层面的，对国家、社会和个人关系的设想，也是规范性的。对于今天的我们而言，这些设想可以提供参考和启发，但不能成为教条。

第二个维度，是现实维度。列宁等人发展了马克思、恩格斯等人的理论，认为国家将长期存在，资本主义也将长期存在，因此，国家、社会和个人的三元关系也因此将长期存在。我们必须从现实维度来理解国家、社会和个人的三元关系，需要以发展的眼光来进行审视，重视历史唯物主义的指导作用，关注生产力对社会发展的决定性作用。在《国家与革命》中，列宁明确地把社会主义和共产主义进行了划分，作为前后相继的初级和高级阶段：“通常所说的社会主义，马克思把它称做共产主义社会的‘第一阶段’或‘低级阶段’。既然生产资料已成为公有财产，那么‘共产主义’这个名词在这里也是可以用的，只要不忘记这还不是完全的共产主义。”① 而俄国十月革命的胜利，使得社会主义从理论走向了现实的制度探索。从现实来看，俄国革命的胜利具有一定的偶然性，在很大程度上与第一次世界大战相关。客观来说，俄国并不具备马克思、恩格斯认为的建设社会主义社会的基本条件——俄国并不是资本主义已经充分发展的国家，无论从生产力水平，还是政治、社会组织形态来说，俄国都大大落后于西欧国家。但是，列宁认为，面对着可遇不可求的革命形势，共产党人只能往前走，不能停步不前，这使得列宁等人摆脱了教条主义的束缚。俄国革命的胜利开创了无产阶级通过先锋队型政党掌握国家政权的先例。但是，在夺取政权之后，社会主义社会到底怎么建设——国家、社会和个人关系如何调整的现实问题摆在了面前。列宁没有解决这一问题。在列宁之

① 《列宁选集》第三卷，人民出版社 2012 年版，第 200 页。

后，斯大林和托洛茨基的争论和斗争也表明了建设社会主义社会的复杂性和艰巨性。再后来，斯大林建立的“官僚工人国家”体制，从后续的发展来看，很大程度上已经偏离了人们对社会主义社会的期待。

对于中国而言，早在20世纪初期，俄国革命是中国老一辈革命家心目中的标准和榜样。随着中国共产党革命实践的深入，毛泽东等人对苏联模式也开始有了反思，摆脱了教条主义，从中国实际出发来探索社会主义理想的道路。毛泽东曾经指出：“马列主义的基本原理在实践中的表现形式，各国应有所不同。在中国，马列主义的基本原理要和中国的革命实际相结合。十月革命就是俄国革命的民族形式。社会主义的内容，民族的形式，在政治方面是如此，在艺术方面也是如此。”① 在中国的社会主义建设实践中，毛泽东希望避免苏联模式的困境，对于中国这样一个现实存在的社会主义国家而言，必须承认我们还处于社会主义初期阶段，生产力发展水平虽然在近几十年来得到了较大提升，但与发达社会主义社会的目标距离依然遥远。所以，我们必须从国情出发，从生产力发展的现实出发，认识到国家的必要性及其正面价值，不仅在于国家推动生产力发展的一面，也在于国家在地缘政治和国家关系的领域内的必要性。尤其是在今天，全球化的推进使得资本主义获得了更大的活动空间，借助国际金融体系和国际贸易体系，国际资本可以较为容易地控制一国的经济命脉，并对该国社会进行全面渗透，不仅在物质生产领域，也在政治领域和社会生活领域，甚至还直接影响着人们的意识形态和价值观。中国取得的巨大经济进展，一方面与发达国家的产业转移趋势有关，另一方面也与社会主义国家的强大功能有关。可以说，今天中国社会的发展及其相应而来的矛盾，都与中国的国家形态密切相关。我们既要看到改革政治结构的必要性，也必须看到国家作为国内社会的守护者的角色。当前，不少社会学学者在看到中国国内存在的大量社会问题时，将这些问题的根源简单地归结到国家身上，甚至要求以社会自治对抗政治国家，进行“小国家、大社会”的颠倒。然而，这样的看法恰恰是唯心主义的，没有认识到国家在当前这一发展阶段的必要性。相反，党中央在此问题上是有清醒认识的，坚持发展的眼光，坚持实事求是，在社会治理领域，强调“党委领导、政府负责、社会协同、公

① 《毛泽东文集》第七卷，人民出版社1999年版，第78页。

众参与”。这一理念本身与马克思主义的社会发展观是内在一致的，而且还体现了对马克思主义国家、社会、个人关系理论的进一步发展。这种一致性和继承性体现在以下几个方面。

第一，社会治理理念的根本出发点是坚持人民民主的政治立场，坚持人民群众当家作主，这与马克思主义社会观中追求实现个人真正解放、实现劳动者的自我治理的根本目标相一致。与西方市民社会受制于资本主义和资产阶级国家的命运不同，中国共产党作为先锋队型政党，具有先进性的特征，相对于资本具有很大的独立性——可以摆脱国际资本的控制，可以调控国内资本的流向。这使得中国在推进社会治理时，可以为社会提供保护和支持，而不会像西方国家那样，往往只能从社会中汲取资源而无法进行反馈。

第二，社会治理理念内含对社会治理主体动态关系的认识，是一种发展的社会观，与马克思主义对国家、社会、个人关系的发展论视野保持一致。正如本书第二部分已经描述的，马克思通过对资产阶级民主制度的考察，认为资本主义国家社会治理职能具有很大的局限性。通过科学总结巴黎公社革命的实践经验，马克思等人对国家社会治理职能的认识达到了一个新高度。他们在批判资本主义制度的基础上，通过对现实的社会主义运动的考察，提出了对未来共产主义社会治理的一些设想。而列宁领导了世界上第一个社会主义国家的社会建设事业，并在领导苏俄社会主义建设过程中继承和发展了马克思关于国家、社会和个人关系的分析框架。对于中国而言，早期过于坚持国家在社会中居于主导地位，通过自上而下的管理模式对社会进行控制和渗透，把整个社会纳入政治设计中，使社会依附于国家，没有真正找到有效的社会治理手段来成功地推动国家的建设和发展，而是依靠国家政权，依靠群众运动。到了改革开放后，我国逐步认识到社会的独立价值，放松社会管制，逐步对高度集中的计划管理体制进行改革。到了21世纪，我国不仅认识到社会的独立价值，还进一步提出培育社会、扶持社会的改革目标，推进社会治理主体的多元化发展，使得社会力量逐步成长，并在社会领域起着越来越重要的作用。这说明，“社会治理”理念是党在对国家、社会和个人关系有一个较深层的认识上才提出的。

第三，社会治理理念包含着对马克思主义国家、社会和个人关系视角的发展。马克思并不认为在一个落后的国家可以发生社会主义革命，而列宁没有认识到社会主义国家可以坚持以市场经济体系为主导。中国的发展本身突破了这些认识的边界：前30年，依靠社会主义建设基本实现了工业化的初步积累；后30年，依靠市场经济改革，实现了工业化体系的发展完善和转型升级。中国不仅实现了依靠上层建筑、依靠国家来推动经济发展的艰巨任务，而且，在今天，还在逐步探索一条依靠国家推进社会发展、培育社会自主性的道路。改革开放30多年来，中国的现代化进程逐步与全球化进程同步，中国的社会治理思想经历了一个不断演进的过程，从管制到管理，从管理到治理，认识不断深入，对多元主体关系的协调也不断熟练。到了今天，以中国共产党为代表的国家力量，依然在主动地推动社会改革，不断探索社会治理的有效途径，勇于面对挑战和困难。党和政府还在不断总结社会发展和社会治理的实践经验，努力探索解决当前社会问题的社会治理新方法，不断提高党构建和谐社会的能力。

马克思、列宁等人提供的客观认识国家、社会和个人关系的理论角度，毫无疑问地成为指导中国特色社会主义实践的重要理论源泉。中国共产党是在生产力很不发达、经济文化十分落后的社会基础上开始领导人民建设社会主义的，面临的国情和时代环境有了很大变化。因为时代的限制，我们当然不能苛求马克思、列宁等人能够预测到今天资本主义国家体系的强大状态，也不能苛求他们给出指导国家、社会和个人关系良性互动的根本方案。我们必须结合自身实际，把马克思主义理论家的理论探索作为行动指南，通过实践不断加强社会治理来加以回答。例如，现实生活中，因为群众文化水平有限，我们在实际生活中，仍然通过先进分子代替群众实现对国家社会的正常管理。但是，我们也不能因此遗忘了无产阶级国家进行社会建设和管理的最终目标是使得劳动群众真正成为社会主义国家的建设者和管理者。伟大的中国共产党是我国社会主义国家建设、改革、管理的唯一领导力量，而且是核心力量，并作为无产阶级先锋队参与到中国的历史进程之中。她探索着中国人民不断提高参与、管理社会主义国家的能力和水平的道路。

深刻而又准确地理解马克思主义领域中个人、社会、国家的三者关系，且抱以探寻自然科学真理的态度和要求总结我们的历史经验和历史教训，毫无疑问必然大大有助于我国在变幻莫测、风起云涌的国内外现实环境中总结并发展中国共产党的执政规律，有助于加速我国伟大的民族复兴事业和中国特色社会主义事业的历史进程。作为我们统筹、计划一切国家事业和社会事物的马克思主义的世界观和方法论，已经在我国各项事业中发挥了历史性作用，也必将在进一步的社会建设中发挥指导作用。

第二节　社会治理理念标示了中国未来的改革方向

一、执政党与政府的主要任务将从发展经济转向社会治理

当前，随着全球化的持续深入，世界政治经济格局面临重大调整，这一过程导致了各国内部社会结构和财富分配的不平衡被持续放大。从欧洲到美国，作为代议制民主社会基础的中产阶级不断瓦解，福利政策难以为继，民主政治陷入僵局；从阿拉伯世界到拉美国家，高涨的生活成本和失业率将民众推向街头，无论是民主政府还是威权政府都无法收拾局面，国家陷入劣质民主的泥淖。这表明，代议制民主在全球化的时代背景下正在受到巨大挑战。代议制民主作为“唯一的、普世的民主形式”的神话正在崩溃。代议制民主越来越变为一种没有社会化进程的民主：首先，数年一度的选民动员无法制约高高在上的财富精英集团，只能迫使选民在精英集团的各个代表之间做出选择；其次，选举产生的政治领导层，无法有效节制僵化、顽固的官僚体系，只能修修补补；最后，既有的基层自治组织在无法获得来自国家的政治经济资源支持的情况下，不断被外来移民、大资本和市场所侵蚀。政党政治和代议制民主遇到的困境是根本性的，也是全球性的。从根本性方面说，政党政治和代议制民主的内在机理之中，始终存在着自由与民主的矛盾——精英的自由和大众的民主，在经济上则表现为资本与劳动的矛盾。在工业化早期时代，依靠宪法和民族国家的政治架构，大体上可以保证资本与劳动的相对平衡，因为工业资本的流动性还大致处于一个国家的领土界限之内，因此可以通过政治权力加以规制。到了工业化晚期——全球化时代，这种内在矛盾在新的技术条件和生产模式的冲击下，愈发明显地暴露出来，并逐步走向全面失控的局面。

今天，生产环节的全球分布和社会化大生产的全面推进，使得社会生

产的公共性和生产资料的私人所有的矛盾越来越明显，也使得公共利益与私人资本的对立越来越严重。这种对立在互联网等信息技术的推动下不断地涌现出来：信息大众化和教育大众化使得人们的物质和精神诉求越发高涨，政府被要求承担越来越多的公共服务职能，但这些诉求实际上已经超越了政府的行政能力，政府在面对日益膨胀的社会需求的同时还不得不承担民众原本投向私人资本的怒火。

在很多国家和地区，不少组织和政党重拾了针对群众运动的日常性工作，努力在已经漂浮的现实中再一次扎根到自己的社会基层、重建自己的底层联系、重构自己的群众基础。这种“回归”是在现实社会运动的逼迫下进行的，这样的重建联系步伐得到了加快，也就是说，贫富分化的现实趋势催化了这一过程，即扩大自己的社会基础。当然，作为推动社会发展的最根本性的革命力量即新兴科学的出现，为这一运动提供了坚实的物质技术基础，提供了现实的交流平台，为组织群众和动员群众提供了最真实的现实可能性。这也与全球化时代的社会矛盾相关——政党和政府丧失群众基础，日益精英化、官僚化，可以说，是长期存在并且不断加剧的社会矛盾决定了群众组织和群众动员的必然性。

当下的一个重大思想误区，是将代议制民主视为“唯一、普世”的民主形式，同时将市民社会视为“唯一、普世”的良性社会形态，将其变成了一种神话，其结果就是限制人们的思考，将政治仅仅理解为选举权、代表权等等抽象概念。然而，代议制民主在创生之初，实际上也只是一种补救直接民主的不足的选择，而且，代议制民主的真正活力，不是来源于选举，而是来源于丰富、多元的基层政治运作。而一旦这种基层政治运作出现了问题，则任何选举模式都将难以应对现实。目前，西方国家最大的问题，就在于社会的溃败、资本的外逃和外来移民的涌入颠覆和瓦解了原有的社会结构，使得国家逐步陷入福利危机、政治危机和社会危机之中。在全球化时代，代议制民主国家、地区的组织和政党，如美国茶党、埃及穆兄会，以及我国台湾地区的民进党，虽然也意识到了动员群众、重建社会的重要性，但由于代议制政体的强大惯性，这些政党无法将民众支持转化为有效的政治决策，而只能在议会体制的派系和党派斗争中泥足深陷。

今天，处于全球化浪潮之中的中国，也出现同样的趋势，一方面，党政干部日益脱离群众，先富阶层垄断社会财富的局面也日益明显，社会分裂不断加剧；另一方面，在互联网的推动下，中国的群体性事件不断增加，并且开始向超出地域范围的社会运动方向发展，越来越有着无政府主义破坏性倾向。要解决这些问题，关键就要找到新的政治、社会和经济组织形式，使得党和政府找到民众，也使得民众找到组织。从这个意义上来讲，党和政府必须调整工作重心，从集中力量发展经济逐步转向推进社会治理，调节社会冲突，凝聚社会共识，重建自身的社会基础上来。

在“邓小平时代”提出“四个现代化”目标和“分三步走”战略，时至今日，这一目标和战略已经初步实现：从工业现代化角度看，中国现在已经是世界上最大的工业国家，制造业所占份额已经超越美国，跃居世界第一。而工业技术水平虽然在某些领域还不如美、德、日等国家，但已经没有一个国家对中国具有整体工业优势，而且，中国近些年的工业转型升级速度较快，技术水平不断提高。从农业现代化角度看，中国在主要农产品生产数额上均处于世界领先位置，随着大量农民转移到工业领域就业，中国的农业机械化水平也进一步得到提高。从国防现代化角度看，中国在2010年以后进入国防装备研制、生产的高速发展时期，战机、战舰、导弹系统全面突破，国防实力大增，与美国等国的差距不断缩小。从科技现代化角度看，中国近些年的专利申请数量大幅度上升，超越日本、德国，直追美国；中国的重大科研突破不断涌现，科技人才储备日益丰厚。同时，中国的“三步走”战略前两步，“到1990年国民生产总值翻一番，解决人民温饱问题”和“到20世纪末国民生产总值再翻一番，人民生活水平达到小康水平”的任务已经完成。而第三步，即“到21世纪中期，人均国民生产总值达到中等发达国家水平”的目标大体上也可以确定将提前实现。从GDP总量来看，中国于2010年超越日本成为世界第二，到了2014年，按购买力计算，中国的GDP已经接近和即将超越美国。这一切都说明，中国的经济建设取得了巨大成就，综合国力有了巨大增长。

2014年以来，习近平同志提出“新常态”的概念，表明中国的经济发展已经达到了一个较高的阶段，经济更多地遵循自身的发展规律，国家的刺激和推动能起到的作用相对越来越小。到了这个阶段，党和国家有必要将更多的资源和精力投入社会治理领域，一方面，因为同样的资源投入数量，在刺激经济发展和改善社会治理这两个领域，后者所能取得的效益明显大于前者；另一方面，社会财富的分配不公直接影响了社会稳定，也严重影响着民众对党和政府的态度和立场，党群矛盾、干群矛盾激化就是一个具体表现。为此，党和政府有必要进行及时调整，向民众让利，培育社会组织，促进社会和谐、健康发展。

二、进一步强化企业与社会组织的社会责任

进入21世纪以来，中国有两个具有代表性的社会力量取得了长足的发展并获得了越来越大的影响力，一个是各种类型的企业，另一个是各种类型的社会组织。

企业尽管是以盈利为目的的，但企业本身不是社会的寄生体而是社会的重要主体，必然要承担一定的社会责任。尤其在全球化的条件下，企业规模越来越大，资金实力和技术实力越来越雄厚，很多大型企业，比如谷歌、微软、苹果等公司的资产总额甚至超越大多数国家的经济总额，它们的决策和行动本身不仅会对世界市场发生直接的影响，也会作用于不同国家的社会，产生各种影响。因此，在如今全球化发展背景下，特别有必要重提企业社会责任这一话题，因为企业由于拥有资本和技术，可以在世界范围内快速转移，这往往使得由国家法律体系对企业设定的利益与责任之间的平衡关系被打破。比如大型跨国企业可以在非洲采矿、在亚洲建立高耗能企业、在西欧和北美撤出投资等等，这些行动本身都会对上述地区造成一定的社会损害后果，无论是环境污染、失业问题，还是国家安全问题，所以，必须要求企业承担相应的社会责任。

企业的社会责任源自两方面的考虑：一是考虑到企业内部。企业在为出资者创造巨大利润的价值指引下，不能忘记了为创造这种利润的大量员工营造一种安全生产的必要条件，逐步提高员工的工资和福利待遇，维护他们的权益。二是对企业外部的考量。企业必须在社会中建立诚信、守法、公正、良好的外部形象，依法缴纳税款，适当关注消费者权益，为社会创造并累积物质财富，担负起对自然资源的必要义务，支持社会各项公益事业发展。虽然不得不承认不同企业关于以上两方面的社会责任存在一定的差别，但其也存在共同的因素。首先，任何企业的经济属性是毋庸置疑的，它都以生产产品或提供服务取得利润为生存的第一要务。其次，任何一个企业还需肩负一定的社会责任，在赚取利润的过程中，不断地回报社会、投资公益、救助贫困。之所以这样，一方面因为社会为企业的活动

提供了场域；另一方面，企业为社会注入了活力。经济责任构成了社会责任的根基，而反过来，社会责任是经济责任的扩展，两者应形成一种相互融合的关系。因为经济责任的逐利性和社会责任的奉献性势必在企业的社会责任和经济责任之间形成一定张力。我们有必要为企业明确其自身定位，让其理解身处社会中，“皮之不存，毛将焉附”的道理，使企业在完成经济责任时，更加注重对社会责任的履行。两种责任不可偏废其一，忽视企业的任何一种责任，企业发展终将难以为继。

针对目前企业经济责任与社会责任严重不平衡的局面，我们必须采取强有力的对策，努力改变现状，使企业担负起构建和谐社会中坚力量的责任。企业的发展必须时刻坚持中国特色社会主义制度。所有企业主应该明确把自己的企业看作社会“公民”，明确社会责任的范围，积极履行应尽的社会责任，严格要求企业行为，把履行社会责任的认识提高到企业核心竞争力的高度上来。

政府的引导责任不容忽视。一方面，政府有必要制定和完善关于企业社会责任的政策法规，通过法律手段引导企业积极履行责任。另一方面，政府需要赏罚分明，对积极履行社会责任的企业给予优惠，形成长期的坚固的企业责任激励制度。

对于社会组织而言，与企业有所不同，社会组织一般都具有一定的社会功能，但需要注意加以协调、引导，一方面要充分发挥社会组织的正面作用，另一方面要避免社会组织与政府的对抗性。从正面作用来看，社会组织往往具有五个功能。一是发挥自身特点弥补政府组织在治理公共事务方面的缺陷，同时激活以往被遗漏的社会“治理盲区”；二是社会组织扎根民间，能够有力地团结社会力量，构筑新型组织网络；三是社会组织能够以服务与治理行为作为纽带，以达到对社会阶层利益要求的整合目的，即社会组织可以在“留给精英”的政府与“留给富人”的市场之外，为社会中的弱势群体服务，促进对弱势群体的福利保障；四是社会组织能够通过自身的各项活动提高民主意识，营造参与型社会文化；五是社会组织能够帮助政府探索新型的合作路径，政府与社会组织是平等合作的伙伴关系。

在全球化的背景下，社会组织往往有复杂的外部联系，比如，很多NGO组织属于国际组织的分支机构，其资金和人员来源较为复杂。在激烈竞争的国家背景下，很多NGO组织实际上充当着欧美等国对发展中国家进行“软实力”渗透的重要工具。这些NGO组织看似从事公共事业，标榜人权、自由、民主，因此很容易获得发展中国家民众的认同。尤其是当一个国家处于社会转型期之时：社会分化加剧，公民的自主性要求日益强烈，具有多元性的价值观，有着强烈的权利和参与意识，长期冲击着这些国家的社会和政治结构，人们开始逐渐寻求新的组织渠道来主张权利、表达利益。而这些国际性的NGO组织往往充当起“导师”的角色，却又不能从本土实际出发，而是以欧美国家社会条件为圭臬，往往造成发展中国家形成政治激进主义诉求，又无法提供现实可行的改革方案，最终只能引起动乱。这说明，对社会组织的区分和引导十分有必要。而对社会组织的引导，也较为复杂，不能以行政权压制，因为社会组织可以转入地下活动。对于当代中国而言，以互联网、物联网等为代表的现代信息技术的快速发展，无疑使得人与人之间联系和交流更加方便快捷，使得公民权利意识快速加强，对于社会事务管理的参与愿望随之增强，各种带有多元诉求的社会组织也不断涌现，这已成为一种必然趋势。如果我们仍然忽视这一趋势而固守行政干预的传统管理手段，以“管控打压”手段强行维稳，社会矛盾的能量只会不断积攒并等待爆发。

三、我国公民自主意识的培育需要马克思主义思想资源的滋养

在我国当前社会条件下，要推进社会治理，公民自主意识是一个必不可少的条件。国家共同体的内在团结强度完全取决于一个国家内部全体公民在自主意识方面发展的状况，这无疑会影响一国的发展速度。相对于政治法律制度等硬件设施而言，一国的公民自主意识可以称得上是软件设施，它能够使国家获得更广泛的公民认同而保障国家在心理层面的统一完整。一国之公民正是通过公民自主意识获得了自我觉醒，从而能够以国家主人的强烈感觉参与国家事务的管理，并能够包容任何作为共同体之共同组成部分的他人和社会团体，将个人利益与他人及国家利益紧密联系在一起，从而更加自觉自愿地为国家建设付出努力乃至生命。

社会治理强调多元主体的良性互动，这意味着个人不是一个被动的被治理者，而是主动的行动者。公民自主意识的突出特点表现在：第一，以社会稳定为目标的共同理想是以公民自主意识为基础的。社会生活目标的

完成当然离不开广大群众的共同奋斗，公民自主意识就在这一过程中担负起凝聚民心、达成共识，创造条件维护稳定的重要作用。第二，国家利益与公民自主意识保持一致。公民自主意识在社会主义初级阶段，完全是通过观念形态表现出来的国家利益，此时的公民自主意识与国家利益、社会稳定相统一，公民意识的彰显无疑能够促进社会稳定目标的实现。第三，公民自主意识能够有效化解社会矛盾。公民自主意识中的个人间相互平等，他们之间即便存在矛盾也是非对抗性的，同时这种矛盾也是从属于人与人之间一致利益之下的。在公民自我意识的认同上，人与人之间的矛盾最终将通过对共同利益的认识而不攻自破。第四，公民自主意识能够增强公民的责任意识。当公民普遍获得一种自主意识的认识后，他们能够在监督社会的过程中及时发现潜在的各种不稳定因素，并予以更正、解决，以便重新恢复社会的稳定。

我们必须明白，公民自主意识并不指向单个人的零散意识，当然也就不会在生活中自发完成。而作为一种社会意识形态存在的公民意识，是对一定历史发展阶段社会意识的理论化、系统化样态的表现。公民意识的养成只有通过不断的系统培育，才能够在公民中形成一种科学的、良好的、对社会及自身发展有重大意义的公民意识。大力加强对公民自主意识的培养教育，也能够不断地提升公民责任意识，使公民更为积极地参与到社会治理之中。

目前，思想界存在的一个普遍误区，是将公民自主意识的培育视为“自由主义”教育，以“自由之精神、独立之人格”为口号，将国家教育视为意识形态宣传，却又很容易地被各种西方流行文化、时髦理论所俘获，以为处处与政府对抗就是主张自由，殊不知这种做法南辕北辙，只不过使得个人愈发地封闭化、狭隘化。然而，这种趋势也体现在我们今天培育公民自主意识上，因此非常有必要汲取马克思主义的思想资源，尤其是在社会治理领域。

首先，公民自主意识培育具有强烈的实践性，必须在社会实践中实现。马克思主义社会理论可以为公民提供科学的、发展的认识视角和分析框架，避免个人陷入狭隘的世界观中，被各种碎片化的认同文化所俘获。在社会治理实践中，根据每个公民不同的自身需求开展相应的公民自主意识教育。比如，在社区治理领域中，可以培养公民的参与意识，逐渐提高参与公共事务的积极性、自觉性。

其次，公民自主意识的培育需要科学的方法论支撑，马克思主义的社会理论最突出的特点就在于科学的方法论。使公民自主意识真正发挥一定的社会功能是公民自主意识培育的最终目标，在实现这一目标的过程中，必须尽可能避免各种形式的教条主义，必须使公民自主意识获得每一个公民发自内心的真正认同，并建立在理性自觉之根基上，变为公民参与社会治理的现实方法。

最后，公民自主意识的培育是一个不断发展的过程，与社会发展趋势具有一致性，马克思主义社会理论恰恰体现了系统的发展观，可以为公民的自我教育提供思想支持，以便尽快在结合中实现社会教育与公民自我教育的共同发展。为此，社会有必要为公民自主意识的教育提供尽可能广阔的场域，让公民个人在参与各种国家机构和社会组织团体的互动过程中实现自我教育。

第三节　社会治理现实探索作为中国特色社会主义的实践方式

一、工业化与城市化背景下的社会分化挑战

新中国成立以来，中国发展的一大主题是工业化，在前30年，工业化是以国家的统一规划为基础的，主要任务是积累原始资本。在与世界市场相对隔离的条件下，中国初步建立起了一个相对完备的工业体系，避免了沦为西方发达国家商品倾销地的危险。与中国相比，印度、巴西等国，因为长期受到世界市场的影响而逐步依附于欧美国家主导的产业分工链条，无法完成自身的工业化重任。后30年，工业化以市场化为动力，主要任务是扩大再生产，形成良性的工业循环。通过20世纪八九十年代承接欧美日产业转移和2001年以后加入WTO扩大工业产品出口等途径，中国的工业化进入高速发展期，并开始赶超西方国家。在这一时期，城市化作为中国发展的另一大主题也蓬勃发展。工业化和城市化的深入推进，猛烈地冲击了中国曾经保持的社会结构，这便将整个阶层结构推向了可以接受开放和

流动的境地，从而使社会由原来的工人阶级、农民阶级、知识分子阶层组成的阶段转变到可以容纳接受新社会群体、新阶层出现的阶段。

整体来看，在工人阶级分化的过程中，虽然他们能够大胆破除原有单位体制的局限，使得自身结构扩大、数量丰富，但是，却在经济和社会地位方面面临降低的局面。另一方面，农业领域的劳动阶级面临着更大的改变，不断分化、缩减规模，截至目前，最少已有2亿多农民背井离乡，舍弃熟悉的土地和村庄，进入城镇，从事第二或第三产业，这一群体还在不断扩大。由于这一批人生活环境发生改变，怎样才能够使原本风俗习惯差异巨大的群体相互融合，是社会管理必须予以解决的紧迫问题。此外，面临最大变化的还是知识分子阶层，社会地位提高，人口数量增大，突出反映了社会分层的状况逐渐与市场经济改革发展相适应的现代社会结构。城市白领阶层和专业技术人员规模也处于不断扩张之中。而以私营业主为代表的新兴富裕阶层成为改革开放的最大受益者，在短时期内就积累了巨额财富，获得了极大的社会权力。

阶层分化的迅速扩张，也使得社会利益矛盾冲突在今天不断涌现：一方面，随着改革开放一同发生并发展的社会结构转型必将随着社会的进一步深化改革一同前行。毫无疑问，在这种社会结构整体型、结构型转变中，利益纷争和阶层矛盾是无可避免的。政治、经济、文化、意识形态等领域在不同层面经历着深刻变化。我国所经历的社会转型不限于一地一域，而是整体和全面的，这种转型方式必将对原有的利益格局造成巨大的冲击，社会成员之间的利益分配方式会随着整体的变化而变化。由于市场经济发展过程中必然面对的资本积累，加之每一个市场主体具有形态各异的禀赋和千姿百态的人生际遇等，在社会财富的占有上必将有多寡之分，具体表现在占有不同资源和地位的主体因利益分层而形成一种多元化的利益格局。

改革的进一步深入瓦解着，也重构着旧有的社会结构。“单位人”成了“社会人”，社会中不断涌现出新行业、新组织，分别代表了多元的利益主体。由于新兴的利益主体自由度高、流动性强，它们之间难免发生利益冲突和纠纷。主体多元、来源多样、关系异质都是社会在政治、经济、文化等方面产生纠纷的主要原因。政府职能还未对这种转型给予足够的应对，仍将重心放在旧有的调节和监管手段上，对于社会管理和公共服务领域重视明显不足。我们应该充分地认识到利益分化必将会伴随利益诉求的增多，这是社会矛盾产生的深刻原因。

换一个角度看，随着市场经济的深入发展，以及利益分化深入变革，不同社会主体在文化价值方面的碰撞与融合产生了。形形色色的社会不公不但是既定事实，而且已经极其严重地损害了广大人民的正常心态，这又势必侵害社会健康成长。而推行的促进公平的手段在实践中却很难收到预期的效果，甚至还会将推动改革的方式方法扭曲为一种腐败的方式。在利益格局变动的时候，整个社会缺少合理的收入分配方式，没有利益平衡协调方法、空缺损害补偿机制，从而对社会弱势群体缺少应尽的生存保障义务，加之利益表达不畅、政治参与渠道有限，不仅难以及时化解利益矛盾，还进一步加深了公众的不满情绪，最终造成广大人民难以平等地享有改革发展成果的局面。如果继续放任自流，不仅难以消解群众的不满情绪、不平衡心态，而且会造成社会矛盾激化。因此，在应对以上情况的过程中，政府应当加强和创新社会管理形式，必须尽可能处理协调好政府、市场与社会之间的关系。面对社会利益主体日益多元化的现实，政府应当谨慎处理社会转型期的各类问题。

综上可知，我国社会治理目前面临的最大难题即工业化和城市化的红利及其成本分配的不平等。回顾我国不同历史阶段的改革，通常是“强势主体利益”主导着经济社会格局的变革，其利用手中权力塑造新型的资源配置，成为社会转型的最大受益阶层。相应地，弱势群体这种社会边缘群体的利益必然受到损害，他们无疑默默地承担了变革过程中的损失和代价，却难以尝到改革的甜头。而各阶层在改革过程中的利益悬殊势必会转换成阶层利益冲突，并伴随着社会转型的深入而逐渐明朗。长此以往，弱势群体利益损失、不断践踏整个社会公正原则的事实就会成为影响社会稳定的导火索，最终不仅破坏了整个社会的信任机制，还将造成严重的社会合法性危机，危及党长久稳定执政的社会根本。因此，对于社会既有矛盾应给予足够重视，而寻找积极稳妥的化解之道势在必行。合理地化解社会矛盾和冲突不仅是促进经济发展、实现社会公正的必然选择，也是保持社会稳定、构建和谐社会的根本出路。

二、社会主义的必要性：重整分裂的利益格局与社会思潮

在今天的中国，社会阶层结构剧烈变动，尤其是近些年来出现了一种

以强势阶层和弱势阶层为标准的社会阶层划分方式，不仅阶层间差距不断加大，而且阶层代际的需求差异也不断扩大。这种新情况是旧式的社会管理方式难以应对的，中国将来的社会管理必将面对一个比今日社会阶层更加多元复杂的新局面，由此也必将带来我党执政环境、阶级基础和群众基础方面的改变。

我国的社会分层经历了一个特别的垂直分化过程。由于各社会阶层所处社会地位的差异，其阶层利益也形成了巨大差异，他们在生活方式、居住空间和社交范围等诸多方面的差异显得不可避免。正是在这种背景下，社会阶层之间逐渐界限分明，而较近阶层之间的交往会促使他们之间逐渐结成一种新型的多样的社会组织。同时，社会阶层间的社会需求差异，将会呈现出一种个性化的差异特征，如此分化的社会阶层必定使得社会管理困难重重。

从国家统计局在2012年1月18日公布的基尼系数来看，近10年以来，我国的基尼系数在平均水平上都保持在大于0.4的阶段，2012年更是高达0.474，较大幅度地超过了国际公认的贫富差距“红色警戒线”。从实践层面来看，各种社会性群体事件此起彼伏，这在一定程度上证明了上述统计数据所反映的现实问题之严峻性。简单地说，社会发展呈现出两极分化的结构格局，而不是橄榄型社会。贫富两极分化的隐性趋势具体表现为，财富集中于少数人手中，贫穷人口数量增加，此种状况无疑会使社会分层结构的认同感降低，“非法致富、为富不仁、贪污贿赂横行等社会病态现象导致人们对上层精英群体所拥有的财富、权力和声望的合法性或者正当性产生强烈的质疑”①。在强势与弱势阶层之间不能形成平等的发展机会，经济失衡、社会失序等现实情况也在激发矛盾，社会稳定问题不断显现。因此，政府面对阶层矛盾无法应对的局面是诱发社会阶层分化加剧、阶层地位变动状况的根本原因，这种局面无疑会使阶层之间甚至阶层内部矛盾与冲突不断，最终为社会治理增加难题。

由于巨大不平等的实际存在，很多人开始质疑中国的社会主义本质，甚至有人相信，中国是一个“比资本主义还资本主义”的国家。由此涌现了两种思潮：一种思潮力图回到前30年的“真实社会主义”，走“老路”；

---

① 何增科：《试析我国社会管理面临的新挑战》，《北京交通大学学报》2009年第4期。

一种思潮则力图彻底抛弃社会主义，走西方式的“邪路”。“老路”走不通，原因在于，全球化的趋势不可阻挡，一国如果不发展生产力，其“社会主义”性质必然在发达国家的对照下成为一种可笑的装饰品，无法获得民众的支持。“邪路”走不通，是因为经过革命和社会主义洗礼的中国民众，天然对“不平等”有着强烈的不满情绪，西式道路无法消除不平等，反而会加剧矛盾。

今天，我们回顾历史，可以发现一个客观事实：资本主义将长期存在，而社会主义将面临曲折的探索过程。在过去的100多年中，人类社会经历了前所未有的巨大变迁，这种变迁甚至使得最大胆、最有想象力的预言都显得过于平庸。古老的东方帝国在西方大工业体系的竞争之下，如同沙化的城堡一般，在短短数十年间相继崩溃、灰飞烟灭。然而，在突然而来的巨大胜利面前，资本主义的世界体系却从内部开始爆裂，先后两次陷入疯狂的全面战争之中。也是从这两次战争之中，一些资本主义的边缘性地区相继退出资本主义世界体系，决心使社会主义“道成肉身”，建立了一个与资本主义迥异且坚决反对资本主义的社会。

在接下来30余年的时光里，社会主义事业一度声势浩大、前途光明，社会主义阵营一度拥有了全世界三分之一的人口和领土。然而，资本主义体系并没有在社会主义的竞争之下走向崩溃，而是逐步稳住阵脚，卷土重来。到了20世纪八九十年代之际，社会主义国家却陷入了一系列社会经济系统崩溃和政权瓦解的浪潮之中。笑到了最后的似乎是资本主义，以至于很多人宣称，历史已经终结，资本主义及与其相匹配的政治制度是一种不是最好但却是唯一可能的选择。这种乐观情绪也没能维持超过一代人的时光，2008年以来的全球性金融危机再度以残酷现实教育世人，确定的未来并不存在，痛苦的政策选择过程无法被必然的趋势所覆盖。

历史往往比理论更为复杂和吊诡，尽管人们曾经无数次期待发现一个可以“一劳永逸”地解决现实难题的理论体系，但现实的难题却并非意味着对理论的“修修补补”。理论在掌握群众的同时，群众也在选择理论。自由主义如此，保守主义如此，社会主义也如此。国家结构、世界体系的崩溃，并不必然带来新的秩序；相反，任何新的秩序，都需要借助或是通过改造在旧有体系中生长出的权力结构和社会阶层才能实现自身。今天，在这个全球资本主义时代，民族国家体系下的政治经济结构疲态尽显，但是，新的、更好的世界秩序并没有由此而自然生长出来。相反，资本主义固有的缺陷却由于丧失了旧体系中一些制约因素的平衡和束缚，愈发显示出其自我瓦解的惊人破坏力。无论是物质生产和财富分配领域的巨大不平等，还是伦理生活层面的虚无主义浪潮，都表明我们必须有所行动。这种行动，既不能以乌托邦式的革命热情为动力，也不能放弃人类理性决策的目标，而是必须在反思过往和当下处境的基础上，探索改善人类生活的可能性。从这个意义上而言，社会主义不仅仅作为一种理念，而应当作为实际探索过的政治实践，被严肃对待；社会主义不仅仅作为一种矫治资本主义固有缺陷的政治经济治理方案，而应当作为探索人类更美好社会的理想，被继续推进。尤其是对于中国而言，社会主义不仅仅作为执政党的执政宣言，而应当作为重塑中华民族这一共同体的政治原则，必须进行新的探索和丰富。

马克思主义所无限向往的社会是消灭国家，消除个人与社会的对立，从而达到新的更高统一的一种社会。然而，历史的实践不可能完全按照马克思的预想来发展，在经济不发达的国家建设社会主义不能依靠照抄照搬马克思主义的经典理论获得前进动力。落后国家的社会主义社会建设造成了国家权力高于社会和个人的局面，因其具有一定的社会历史条件而赋予其一定程度的合理性。但是，当社会主义在各方面发展到更高水平以后，以往处理个人、国家与社会关系的模式迎来新的挑战，因此，就必须在社会主义中再次找回“社会”。

社会主义希望能够在新时代条件下重新厘清个人、国家与社会三者的关系，需遵循三点：收缩公共权力，发展社会组织，培养个体个性。三者中首先是要将公权力的削减和个体个性的培养规范到社会组织发展的轨道上来，也就是说，公民社会的建设必须成为社会主义的中心任务。

社会主义个人、国家与社会关系的核心指向了社会主义公民社会的构建。公权力必须有序退出由其长期侵占的社会领域，将其留给社会，由社会自我管理实现其全面高效的发展，达到自我成熟的状态。具体到每个人，也只有通过对社会管理的参与，才得以确保个人的发展和成熟，从而达到参与社会管理的目的。所以，公权力的理性收缩和个体个性的培养成熟，最终都要回归到社会组织发展的道路上，而且，两者也有必要将社会组织的长远、全面发展作为目标，为之奋斗。因此，必须建设社会主义公民社会。

社会主义公民社会是在对资本主义公民社会否定的基础上逐步成长的，这无疑需要保留和继承资本主义公民社会中的“精华”，同时去其“糟粕”，最终还原社会应有的真实面貌。公民社会一直以来都是资产阶级安身立命的形式，其也正是依靠公民社会这一手段实现了对国家权力的防范，实现了广大的自由平等。同样的，资产阶级也以公民社会为抵御对手的手段。由此看来，资产阶级的公民社会无法正视分裂的现实，它充其量只是一部分人的社会，而非全部人的社会，它终将难以摆脱狭隘的标签。社会主义社会正是谋求将狭隘扩展成为广泛，使其承担更多的利益阶级，谋求将形式的“社会”变成实质的“社会”。因此，我们万万不能将公民社会仅仅看作资产阶级的“脏水”嗤之以鼻，而有必要正视公民社会，并在此基础上重造社会主义公民社会，恢复社会本位的本来面目。

三、社会主义的可能性：中国社会治理实践对个人、社会和国家角色的重新定义

（一）“深圳经验”对社会主义国家中的个人权利的再诠释

正如本书在第四章已经分析过的，深圳市存在的社会问题和社会矛盾，突出体现为社会阶层和社会利益的分裂，这种利益分裂又集中体现在社会公共服务和民生投入的不平等上。在多年的市场化实践中，贫富差距非但没有缩小，还进一步扩大，先富不愿意带动后富，甚至形成了先富剥削后富的客观事实，比如本土居民在住房问题上对外来人员的剥削，事实上已经造就了一个规模不小的地租、房租食利者阶层。但是，要消除这一矛盾，不能靠“均贫富”运动，因为这只会激化矛盾，加剧仇恨。

深圳市的做法是通过加大民生投入和培育、引导社会组织参与社会服务的形式，来提高对弱势群体的福利支出，进而实现间接的调节分配的目标。深圳市政府的具体行动包括：对社会组织建设的鼓励和推动，对各社会利益协调机制建设的推动，对社会保障制度建设的推动，对社区建设的推动等等。以上做法，一方面，说明了社会治理的构建，必须建立、完善合理配置社会资源与机会的社会结构和社会机制，并形成相应的能够良性调节社会关系的社会组织和力量；另一方面，社会治理目的在于依据社会矛盾、社会问题与社会风险的最新变化和特点，发展出能够正确应对、处

理以上变化和特点的新机制等，并能够以此种新机制、新实体或者新主体来化解分歧、纠纷和矛盾，同时达到控制冲突、降低风险、增加安全、增进团结、改善民生的目的。在社会建设的目标指引下，需要构建更好的人际关系，建设更加和谐的、认同度高的社会共同体，以便实现社会公平公正，梳理政府组织、企业组织和社会组织这三大社会发展主体间的良好关系。

深圳市的经验，在东部沿海地区，具有一定的推广意义：在经历了经济快速增长，我国在社会结构、组织形式及社会利益格局等方面均已不同程度地发生了剧烈深刻的变革，我们必须不断地将社会结构与制度更进一步地优化健全，以完善的公民社会形式，构筑权力制约的篱笆，以及对市场的限制。最终形成一种独特的，建立在政府有限、市场有界，而且二者能够与自组织社会间相互约束、良性互动的基础上的多元社会治理体系和社会治理模式。总之，社会的进步是社会治理的终极目标，这便要求通过主动建设与变革的手段，对人类共同生活的社会状况加以改造，一起达到一个幸福感极强的状态。在经历了改革开放的快速变迁后，我国应在未来更长的一段时间内将精力更多地投放在社会治理层面上，以这种方式来逐渐改进经济发展所带来的不良后果，为经济的更深远发展保驾护航。同时，要不断健全完善医疗保险、社会保障、教育和环保等制度，以抑制社会不平等状况的加剧。从社会治理任务的角度出发，有必要使经济成果以公平的形式为更多的人民享有。不仅如此，还要确立积极公平的多元社会政策，以消除在住房、教育、医疗卫生等领域的过度市场化现状，最终建立起一种具有社会全方位的保护机制，有力支持社会中产阶级力量壮大的内需型社会。郑永年就曾指出，社会秩序是每一个社会都必需的，但是社会秩序的维持离不开特定的机制。社会管理的主要任务便是对秩序的构建，以及更为长久的秩序维持。以上目标的达成必然得益于三个方面：一是放开社会限制，使社会自由成长；二是开展社会制度建设，以保障自上而下地实现社会基本权利和正义；三是鼓励自下而上的社会整体参与。

“深圳经验”表明，作为一个社会主义国家，中国必须注重个人的基本权利，尤其是生存权、发展权等社会权利。在我国30余年的改革开放历程中，以农民工为代表的普通民众为国家的发展和建设做出了巨大的贡献，也做出了巨大的牺牲。作为我国工业化进程的推动者之一，农民工阶层有权利分享城市化带来的红利。同时，在深圳这样的发达地区，社会组织发展活跃，客观上能够保证群众依法合理行使自己的民主权利，管理自己的个人事务，开创自己的美好生活。因此，人民当家作主的本质要求便是实现人民自主管理社会事务。党的领导，不仅是一种权力领导，而且需要党在引导人民群众对社会事务有序管理的过程中发挥坚强核心作用。政府负责，则是强调政府在公共事务管理中，时刻以保障社会成员安居乐业为宗旨。不断激发人民对自主管理社会事务的广泛热情，扩大人民对社会管理的参与渠道，从而使社会日益强大；同时不断创新各项社会制度，为社会腾挪出尽可能广大的自我管理空间，以便为群众合理诉求的表达和利益追求提供合理、长久、安全的制度设计。

（二）“成都经验”对社会主义国家中政府和社会关系的重新定义

与深圳作为一个城市化与工业化后期的地域相比，成都代表了一种城市化和工业化中期的社会。成都市打破城乡二元结构的做法，一方面是力图为城市化和工业化的进一步发展提供充足的人口、土地和资源供给；另一方面则是为了克服城乡收入差距。这种“一破一立”的做法，其真正的困难不在于“破”，而在于“立”，即如何实现人的城市化，以及如何保障城市生活本身对于新入城的人员而言，不仅是物质上的便利，也是精神上的富裕。城乡一体化的真正难点，正在于新的社区的建设。

无论是居住社区还是工作社区，社区内部的各个成员之间能够紧密组织到一起，在很大程度上要取决于一种“共同体意识”，在这样的意识带动下才会有进一步的“共同体行动”。在社区中，这种行动就意味着日常生活的分享。如果我们进一步解析这种“共同体”会发现，它依赖于呈递进趋势的三个阶梯型过程：第一，由相同的生活或者工作环境而产生的正相关性利益，譬如，业主们所持有的居住小区的公有产权，或者企业内部的福利内容等等；第二，由这些正相关性利益勾连进一步牵引出共谋性相互认同观念，这些观念通常以概念称谓表现出来，例如，我们公司、我们小区、我们街道、我们居委会、我们部门、我们小组等等概念；第三，从实际的切身利益关联导出观念认同，又回到实践即产生的共同行动本身，再如，小区业主因卫生或基础建设问题共同去找物业公司商量，工人为了自身利益去找公司讨要说法，甚至社会内部的自治机构的组建和运转等，都带有明显的为了共同利益而产生共同行为的特点。三个环节在现实中构成了有机整体和可持续的并置运动过程，其中任何一个环节的缺失与断裂都会从自身方面破坏这个共同体的行动，因而也就毁坏了这个共同体本身。这种共同体行动有别于整个社会层面的公共参与性质的行动，其原因在于它是一个确定范围的主体性事件。小区的就是小区的，工厂的就是工厂的，这种局域性的共同利益催生出相应主体的责任意识和权利观念；而后者即公众参与性质的行动则没有对应的责任意识，进而也没有相应的共同体意识，集体的没有意识的、没有针对性的活动，例如科技下乡、文化表演、普法宣传等等，这种行为完全是自发的非利益相关性主体行为，因而也就是没有主体的行为。行为者之间的关系是松散的，至少对于这种行动而言，他们之间没有利益关系。

就当前来说，我国新型社区建设面对的严峻问题是，人口流动性巨大，人与人之间的社区性交流在这种流动性中无法建立起来，进而人们之间相互区隔和陌生的现象十分突出。由此，基于生活层面的社会共同利益在现实中根本不存在，社区完全是一个陌生环境，社区成员之间的关系不仅仅是陌生的，还夹杂着潜在的防备和对立。

“千禧之年”后，城镇化建设速度进入快车道。这种高速发展带来了一些亟待解决的问题。譬如，很多居住型社区并非基于居住而是根据城市规划和商业逻辑建立的，因此，它们的公共服务、基础设施、配套政策、组织结构就严重滞后。原有的社区基础组织——街道办事处或者居委会，在这样的基础环境中逐渐淡出了社区成员的日常生活范围，它们只是技术性地存在于基层结构中而难以发挥有效功能。旧的制度在分崩离析，可新的居民自治组织却未能稳健地跟上步伐。社区建设在这里事实上出现了断层。此外，不少工作型社区主要由以盈利为目的的现代企业构成，社区成员就被各自的经济单位即公司企业强制分割而置于彼此竞争的状态，这种密密麻麻的科层制结构严重阻碍了社区成员之间的有效整合与组织。例如，富士康公司用半军事化的方式管理工人的生产和生活，工会组织在工人生活中并没有起到主导作用，仅仅是企业公司的“助手”和“护士”而已。由此，工会组织如果不能（实际上也不能）帮助工人，给他们带来实际利益，保障他们的现实好处，那就万难得到工人的任何形式的认同。私有制在这方面更是严重缺乏人文关怀。所以，更多的青年在就业选择的时候不愿意去私营企业，而是选择国企或者事业单位。因为在这些单位，人们能够找到更多的认同感，也存在着更高的期望，即在社区共同体当中组织和建设自己公共空间的期望。

对于这样一个关系复杂、涉及面广的时代性难题，我们需要从多维度、多路径来建设一种新的“公共性”空间。涉及的领域除经济、政治、文化、社会等诸方面外，还包括从伦理层面展开分析和探究。当然，伦理层面也不仅是伦理本身。国家和政府就应该在社会建设的整个过程中发挥自己的组织优势，提供多方面的资源支持、理论指导和制度帮助。当前的城镇化（城市化）过程中的伦理问题就集中在有“躯壳”而无“灵魂”、有“社区”而无“文化”、有“人口”而无“组织”等方面，也就是说“社区”更像是有名无实的景观堆砌。没有共同的利益和诉求就不会产生共同的利益观念，也就不存在基于共同利益的事务性决策和行动，因而社区成员也就不会在真正意义上被组织起来。只有解决了社区成员的生活所需、满足他们的利益渴求，才能团结他们、争取他们，社区建设才具有可持续的生命力。国家性或政府性的公共权力就是这样的推动力量，当然这不是自上而下的命令模式，而是一种引导性的管理方式。具体来说，其可分两个方面：第一，基层政府公务员的工作应该深入基层，扎根到社区日常生活之中，从漂浮型转化为属地化，当然也可以从基层社区选拔人员。这是一个从上而下又从下而上的双向过程，既要融入社区也要从社区中脱颖而出，在大量的基层社区服务工作中获取社区成员的认可。因而，这也是我国建构服务型政府的基础一步，也是十分关键的一步。国家和政府的单项性管理不再能满足多元化的利益诉求。当然，政府引导下的社区空间的建构不仅是解决社区自治的问题，也是政府同社区成员之间相互沟通和融合的平台，因而这样的社区具有吸纳性和包容性，从而为社区重塑社团组织。

因此，社区公共事务是社区基层自治共同体建设的历史进程中最核心的内容。这个核心内容最关键的地方又在于社区和社区成员的日常生活事务，而非那些政治说辞，例如人权、民主、自由和政治选举等带有意识形态面纱的各种口号。按照哲学路径，笔者把作为社区成员活动的共同体的特点概括为，共同体的情感是从市场经济的利润原则在人民群众生活中的那种本质的无效性的地方生产出的“不以金钱作为衡量标准”的社会关系。例如，社区成员作为业主同物业公司的矛盾、同资本和资本人格化身的代表即资本家的矛盾，都能很好地说明社区关系理应具有的伦理意蕴与资本逻辑之间的对抗。而且，社区的这种伦理意蕴呈现的多元化、多结构性与资本逻辑主导下的市场原则的绝对性、唯一性相抵牾，因此社区可以提供完全不同于市场经济的具有内部多重辩证关系的互联的共同体意识，以便于管理、参与和决策社区事务，从而在实践中造成了人与人的最真实的联合的社会关系。这是社会扁平化的历史过程。

社区建设与社会管理，首先在理念上存在不同，因为社区建设不再将社区视为资源掠夺地，功利性地对待它，而是将社区看作培育的共同体。现在正在发生的是，全球化正在轰轰烈烈地改造世界原有的秩序结构，这必然摧毁之前能够供人类容身的共同体结构，但也并不意味着我们走向了一种完全自由的共同生活，因为任何人的自由的实现都离不开共同生活的舞台，离不开公共性的铺垫。经济的进步一定能够带来物质的丰富，但却并不一定带来秩序的良好，因为秩序的形成离不开人类的努力营造。因此，我国社区的构建必然包含着一种伦理意涵，面对全球化的外部环境，既要重视当前经济发展，又必须正视市场化带来的社会危机，以期实现共同的生活理想。这一进程中，国家、社会和个人的角色都将得以成长和完善，国家代替不了个人的“生活”和“行动”，社会也不能成为带有生命意识的“自生自发”主体，而个人在缺乏组织的情况下就将丧失公共性。由此可知，任何社区的构建都必然是联合国家、社会和个人一同运作的流程，是一个需要国家、社会性力量和个人共同完成的任务。

（三）“鹰潭经验”对社会主义国家中的国家角色的再定义

经济和社会的发展往往具有不平衡性，与深圳、成都分别作为工业化和城市化后期与中期的代表不同，鹰潭农村是城市化和工业化起步阶段的代表。这一地区最大的问题，就是自然资源、中青年人力资源被抽空之后导致的组织资源稀缺和基层秩序恶化。为了解决这一问题，鹰潭市的做法是依托基层党政组织，激活和引导基层社会的自组织资源，以此维持基层公共事务的处理和基层公共服务的供给。鹰潭所面临的问题具有很强的代表性，而其经验本身也有很大的推广空间。

鹰潭面临的基层组织萎缩的问题，恰恰反映了中国大部分农村地区的现状。在资本主义国家历史发展进程的渗透，以及内在文化逻辑展开的影响下，我国现如今的个人、社会和国家关系呈现出了前现代性、现代性、后现代性一同显现的“普罗透斯”之面。在如何协调个人、社会和国家关系的问题上，经典的马克思主义理论并没有给出具体的实践指导。巴黎公社的实践不能解释现代化条件下的城市社区、农村社区的民众自治和日常管理，而苏联的“党国体系”也无法组织有效的民众自治，反而沦为官僚专制，日益丧失活力和民心。中国也一度出现过类似于苏联的以国家取代社会、管制个人的问题。

改革开放之后，在城市，国家逐步放开对企业的管制的同时，新的劳动用工制度的改革也打破了工人阶层的“铁饭碗”；在农村，国家赋予农民生产自由的同时，也逐步解除了公社、生产队等集体对个体农民负有的保障责任。伴随着这样的历史过程，已有的乡镇集体企业和农村中社会主义建设时期遗留下来的农村集体单位，逐步从社会职能中脱离出来，演变为单纯的经济生产组织，而那些脱离了集体单位和组织的农民、工人甚至个体户像潮水般涌入城市打工或者经商。农村秩序开始恶化，“三农问题”不断显现。为此，国家提出了“新农村建设”的战略，力图以“工业反哺农业”，为农村地区“输血”。自党的十七大以来，农业税已经取消，种粮补贴、农村儿童入学补贴、新农合等福利政策全面推开，农民群体普遍受益。然而，从农村的现实发展状况来看，广大农村地区在解决温饱问题之后，农民在拥有了一定物质基础之后，面临的最大问题是农村集体生活的瓦解和精神生活的空虚化。农村伦理秩序在新观念的影响下趋于瓦解，家庭矛盾突出、亲属关系恶化，赌博、吸毒等不良风气蔓延，农村秩序“黑恶化”。这表明，伴随着农业税的取消，基层政权逐步退出农村地区，农村地区由此也失去了基本的组织资源，公共服务处于空白状态，尤其在广大中西部农村地区，国家政权“悬浮”于农村之上，村民自治实践基本以失败告终。

未来的农村建设，需要进一步在组织、伦理和精神生活层面推进。中国的农村基层重建刻不容缓，这有必要依赖中国社会自身发展积累的各项资源和财富资本，解决在以往发展中产生的财富分配不均、城乡二元对立等社会问题，依靠基层党政机构的扶持和协助，实现农村社会的自我组织和自我发展。

推动和加快农村的社会治理，实现农村秩序的良性运转，是社会主义建设的要求。这一要求不仅是理论上的，同样需要通过实践手段将其变为现实。在现阶段，社会治理已经成为处理所有社会问题的枢纽，因而也成为决定社会主义在中国能否取得更进一步发展的重中之重。中国的社会主义必须重新找回社会，唯有如此，社会主义在中国才能真正抓住自己的未来。

四、全球化时代中的“中国特色社会主义”的未来前景

自20世纪70年代末开启的改革开放，以及随之而来的中国特色社会主义现代化建设，无疑是一个逐步打开国门，向西方学习的过程，这当然也被纳入全球化的进程。因此，中国的全面建设小康社会也是全球化的一部分，以全球化的角度来观察全面建设小康社会无疑是一种更为宽广的视角。如今的世界仍然处在一种复杂多变的态势下，虽然正在经历从旧秩序向新秩序的转变，但是目前仍然处在旧秩序的竭力反抗和主导中。一方面，这种状况为中国提供机遇，有力推动经济快速发展，为社会建设和社会治理夯实了坚固的经济根基；另一方面，机遇与挑战并存。全球化给我国社会带来了巨大的风险、危机，在社会转型中加剧了社会分化，使社会中贫富分化问题更为突出，早先通行的管理手段已难以适应全球化背景下的社会治理新形势。

全球化侧重于推动全球共同的发展，必然在一定程度上忽视了财富分配、就业等问题，所以，在全球化不断取得成绩的同时，其忽视的贫富差距、社会分层等问题便会越发突出。因此，世界各国在追求全球化发展的同时，也在全球范围内加重了贫富两极分化的现象。其直接表现为，一方面，各国间的贫富分化加剧；另一方面，国家内部的贫富差距扩大，财富分配和社会福利等方面越发难以达到平等。处在全球化进程中的中国自然也难逃此种全球化的弊端与困境，可以说“全球化是一个不平衡的历史进程，其中既有根深蒂固的等级和不平等，也滋生着新的控制关系和差距”①。

全球化带给中国机遇的同时，也将中国带入一个无法确定的年代，带入一个处处充满了不可知风险的社会，其特征就是全球性。“每个社会都

---

① ［英］戴维·赫尔德：《全球大变革：全球化时代的政治、经济与文化》，杨雪冬译，社会科学文献出版社2001年版，第10页。

经历过危险，但风险社会制度是一种新秩序的功能：它不是一国的，而是全球性的”①。对于仍然是发展中国家的中国而言，全球化必然会在社会转型中产生政治的摩擦或动荡。约瑟夫·凯米莱里等人认为，“随着而来的是正在出现的一系列政治动乱”②。此种转型无疑将打破中国自身原有的已稳定的社会结构，同时也将瓦解稳定的体制，造成社会组织和社会体系的重新组合，降低社会组织化程度，“非组织化”或“去组织化”特征将会凸显。由于能够适应市场经济的社会组织体系还未出现，社会必将呈现出高分化、低整合，缺乏必要的活力和理性的面貌，缺少凝聚力和稳定性，社会与政府难以完成有效互动的局面。

如今，任何一国的社会治理都已不可能在任何局部或分散的地方展开，只有从全球视角出发对整个社会进行总体和全面的治理才是唯一的可行路径。正如我们现在已经意识到的，只有经济增长不能成为真正意义上的发展，而有必要形成一种综合全面的发展。正是全球化模式的出现，将现代化的各种方案引领到一个史无前例的阶段，然而，所有这些也只是现代化在当代的表现，不能指示现代化问题的解决与终结。社会管理的创新是由全球化推动着的，同时也要降低全球化风险，不断摸索社会管理的创新模式。

中国步入21世纪以后，工业化和城市化逐步踏上了新台阶，多元化的社会利益主体不断出现，社会治理实践也在各地加以推广。例如，在广东等沿海经济相对发达地区，宗族等传统社会中典型的社会组织形态，因为物质财富的极大增长和由此得到的各方面长期支持，得以一种新的良好的形式复苏。其形式多样，以家族、老乡、血缘或地缘联系为纽带，在村镇中缓慢形成一种类似于“共同体”形式的社群空间或者社区空间。我们发现，这样的空间在经济较为发达且文化底蕴较为深厚的苏南地区发展态势比较明显。从经济基础的角度分析，这些曾经以集体所有制为主导的经济区域改制转型为股份制形式后，抽象的集体经济主体转变为现实的可操作的集体企业，当地的人民群众即为现实的利益获得者。这就是一种将经济

① ［德］乌尔里希·贝克：《世界风险社会》，吴英姿、孙淑敏译，南京大学出版社2005年版，第4页。

② ［澳］约瑟夫·凯米莱里等：《主权的终结》，李东燕译，浙江人民出版社2001年版，第8页。

关系和社区空间糅合在一起的生产和生活共同体。不过，在现代化程度更高的一线城市，如北京或者上海，实践模式有很大不同。因为现代生态城市和产业聚集，它们形成的社会空间在经验上破坏了工业形态的样式，而带有都市化和后现代的样式。同时，由此产生的大量中产阶层的市民，形成了独特的自我组织的动力和资源。他们通过一定的志愿活动或权利抗争活动而走到一起。这就导致了带有中国特色的社会治理内涵从理论走向实践、从一般走向特殊、从抽象变为具体。

直到今天，我们依旧面临着这些理论难题，即怎样在理论上阐释、分析、解读和进一步完善这些具体的实践问题。从已有的实践经验可知，基层党组织同宗族式的乡贤组织在村落地域存在较大的矛盾和冲突。群众基础的政治性质和群众本身的宗法性质之间存在着历史鸿沟，因为一个象征着现代政治文化，一个象征着封建农耕文明。如此分析，现代社会的治理问题，不只是一个管理问题，即不是简单地对社会组织的培养、对社会力量的引导、对社会社区生活的自治构建问题，还是涉及社会多元化主体之间的矛盾关系的处理问题，也可以说是这些社会内部的相互矛盾的力量如何平衡的问题。在笔者看来，这是社会治理方面一个极其重要的维度，是其他方面的现实根源所在，进而又构成了社会治理领域下的个人、社会和国家之间的最真实的，却又带有隐匿性质的现实维度。由此，从实践的角度思量，探究新型的国家、社会和个人的关系，可以从以下几个方面考虑。

首先，在处理国家、社会和个人的关系的时候，应当努力避免沉浸在理论迷信当中，因而应该谨慎处理好三者的辩证关系。比如说，不少学者认为，中国社会问题严重的原因是国家放权不够，个人自由不足，因此要推进更彻底的改革，学习和引进西方市民社会理论，鼓励民间的自组织的发展，推进基层自治，改变自上而下的官僚制模式，让社会自我治理、自我救治。实践证明，过度理想化地追求和探讨国家、社会和个人关系的完美展现绝非明智之举。不可否认，我国在过去较长的一段时间中国家力量和国家地位被过度强化和强调，可是我们不能矫枉过正、病急乱投医。一方面，国家的简政放权不一定就必然带来社会良好的发展景象，特别是对于还在成熟过程中的社会建设而言尤其如此。另一方面，社会建设需要投入大量人力、物力、财力，但其非营利性目的又使得市场多不愿意介入其中。因此，在现阶段，国家投入是不可或缺的。可见，问题并不在于是否采用了国家放权的形式，而在于通过国家放权如何规范和制约国家权力。

其次，不要过度依赖技术主义路线，陷入科学主义的泥潭中不能自拔。要知道，科学技术本身就是一把“双刃剑”，技术的浪漫主义幻象在科学技术双重影响下被击碎了。比如说，目前很多人将互联网视为民主化、社会化的标志，却对互联网时代自身内涵的困境缺乏感受力：与其他国家相似，互联网成为我国人民群众生产和生活中不可缺少的一部分。它不但极度延伸与拓展了整个社会的时间和空间领域，而且与现有的现实的物理时空、社会结构、社会组织等严密地结合起来，深入到所有人的生活社交行为规范和心理选择当中，造成了整个社会的人际网络的圈层化趋势。由当代著名的马克思主义社会空间理论家卡斯特的社会网络理论可知，这种趋势事实上是一种带有后现代主义的意识形态布控社会空间景观。可以说，从形式和个人的角度来看，它仿佛扩展了我们的社会空间，特别是私人空间。不过，从内容来看，这些虚拟空间带上了福柯和列斐伏尔谈到的政治权力空间的意识形态魅影，因而在本质上确是一种后现代主义的“虚假的公共性”：人们看到的、听到的、触及的所有海量信息都是被设定好的，而这些设定的依据是基于网络社会数据统计和整个社会的意识形态同化性所产生的强烈的个人偏好所致，因而真正的公共生活、国家的重大议题、社会的真实面貌在这虚拟网络中得不到应有的、严肃的对待。由此推知，倘使坚持资产阶级自由主义理论主导中国特色社会主义改革事业，那么极端原子化、私有化、散落于社会的破碎化的个人权利将以极端的形式呈现自身，因而这些个人原则在“虚假的公共性”社会空间中将会更加封闭和自我，自然也就不排除更加极端的情况出现。所以，必须对这些新技术抱以历史唯物主义的辩证态度，必须通过长时间的、科学的、全面的、细致的理论研判和技术经验观察，分析这些新技术和由新技术带来的新经济趋势的特征与发展趋势，从而扬其利而去其弊。

再次，要利用资本，又要节制资本，始终对资本宰割的市场逻辑保持公允的理论警惕和技术区隔。市场逻辑可以简约化为盈利逻辑或商品逻辑，为了交换和通过交换而获取利益，这是市场的内在概念。矛盾的另一方是，共同体在这一层面是拒斥市场逻辑的，它的特性就在于为了守护人的精神属性而排斥对人类的道德情感、人文风貌、政治原则、伦理传统、文化规约等等各个非经济层面的定价行为，人际关系的商品化是不能容纳于这个共同体的。

然而，自从资本主义全球扩张以来，市场的力量愈发强劲，往往可以从经济领域进入政治、社会领域，造就“市场社会”，即所有的关系，无论是亲情、友情还是政治关系都可以被交易化。所以，市场对共同体具有很强的侵蚀功能。可是反过来，不能因“一朝被蛇咬”而“十年怕井绳”。市场的力量在理论上和实践中都是不可以简单粗暴地加以抛弃和否定的。历史从两个方面证明，人类还找不到一种比市场经济运行更加高效、更加有利于经济社会发展的经济结构和组织模式。所以，不是对市场经济采取一票否决制，而是要在理论和经验层面像给政府和国家划定边界一样为市场划定边界。这个边界、这个平衡点究竟在哪里，需要我们在生产和生活的实践中不断地、反复地加以探索。

在全球化背景下，国家、社会和个人关系的再调整，也意味着中国对社会主义边界的再探索。到了今天，我们已经很难想象全球性的社会主义革命将在一个较短时期内到来，因此，在一国范围内探索和实践社会主义是一种必然的选择。正像邓小平指出的“贫穷不是社会主义”，在与资本主义国家的竞争中，社会主义必须体现在生产力的快速增长上。经典的计划经济模式，实际上只能在一个较短的战后恢复期运转，而时间一旦拉长，计划经济模式就会因为无法进行准确的资本和需求核算而陷入破产。因此，邓小平强调社会主义也可以搞市场，江泽民则是进一步提出了中国特色社会主义市场经济的概念。党的十八届三中全会更是强调“市场在资源配置领域的决定性作用”，这实际上承认了如果在生产领域无法体现社会主义特征，那么，要体现社会主义的特征，只能在分配领域有所探索。而在分配领域的探索，又不能以直接均贫富的方式，因此只能通过社会治理的方式来实现。社会治理有着广泛和多样的努力方向和最终目标，不仅包括社会的公平公正、社会问题的消弭，同时还包括人民福利的增加。在一定程度上，其最终的目标也反映了社会治理的核心追求及价值所在，包括化解社会问题、追求公平正义、解决各方利益关系等。

第七章　结论与展望

在马克思和恩格斯逝世之后，由于后继者对他们思想的不同理解以及现实环境的变化和影响，修正主义、教条主义和发展主义三种不同的路线逐步出现。修正主义最早出现在西欧的社会主义理论家阵营之中：恩格斯逝世后，德国的社会民主党代表人物伯恩施坦、考茨基等人提出，需要根据现实情况对马克思主义进行全面“修正”。客观地说，根据现实对马克思主义进行必要修订是合理的，也是必需的，然而，伯恩斯坦等人的“全面修正”却放弃了马克思主义的基本立场，放弃了暴力革命论、剩余价值理论、历史唯物主义等，主张以“议会斗争”的形式争取工人权利。而教条主义则将马克思、恩格斯等人的具体表述上升为行动标准，没有理解马克思主义的基本方法和内在精神。与这两种过右或过“左”的立场不同，发展主义既要求坚持马克思主义的基本原理和基本方法，也要求根据现实的历史条件发展和完善马克思主义理论，列宁主义和毛泽东思想是其中的突出代表。

在19世纪末20世纪初，修正主义一度成为社会主义运动中的主导性思潮，这与当时的国际政治、经济变局密切相关。在这一阶段，由西欧和美国主导的资本主义世界体系扩张到全球范围，形成了“中心和边缘”的资本主义结构。处于西欧和美国等中心地区的社会结构日益复杂和多元化，出现了大量中小型业主、专业技术人员、公职人员等“中产阶级”。同时，这些地区的工人阶级内部也发生了复杂的分化，由于行业水平、技术水平、教育水平的不同，工人阶级内部出现了很多收入较高的“工人贵族”群体。而且，随着社会福利政策的出台，各个资本主义核心国家往往通过各自的民族主义意识形态来吸纳工人力量，使其散失革命热情。这使得马克思主义依靠生产资料所有制形式来划分阶级标准和政治立场的做法受到了质疑，修正主义的出现与此密切相关。修正主义者认为，阶级斗争的形势正在缓和，暴力革命的路径无法取得胜利，因此，必须采取“合理、合法”的议会斗争和政党斗争模式，通过将工人诉求转换为福利诉求，通过选举将福利诉求转化为公共政策。这被称之为“逐步建设社会主义的和平、民主之路”。这一道路一直被西欧的社会主义政党和工人政党所继承，直到今天依然有所体现，比如英国的工党、德国的社会民主党和北欧的各个左翼政党。

但是，修正主义者没有意识到或者有意忽略的一个事实是，资本主义中心国家实现“阶级和解”的福利政策的物质基础，是建立在对边缘地区和边缘国家的残酷剥削之上的。我们可以看到，在欧洲工人阶级生活水准普遍上升的同时，俄国、中国以及广大亚非拉地区的普通民众日益陷入生活贫困的泥淖之中。列宁在当时就已经认识到这种“中心和边缘”结构带来的巨大不平等，也意识到了这种世界体系的内在弱点——“资本主义体系薄弱链条断裂”的可能性及其蕴含的在落后国家和地区探索实践社会主义的可能性。列宁清醒地意识到，马克思主义关于资本主义会造成资本主义世界无产阶级日益贫困化的论断并没有因为西欧工人阶级处境的改善而失效，因为这种贫困化被“输出”到了边缘地区，造成了这些地区的农民、小手工业者和新生的工人阶级的普遍贫困。因此，在这个意义上，这些地区“无产阶级”是较为广泛的，并不限于就业于大工业的产业工人，但是，这些“无产阶级”还缺乏作为无产阶级的政治自觉和组织能力，这需要职业革命家群体，需要“先锋队型政党”的领导。在俄国革命爆发后，列宁领导的布尔什维克顺势而为，带领俄国民众建立了“无产阶级专政”型国家——苏联。从这个意义上来说，列宁完善和发展了马克思主义中的国家理论等内容，尽管马克思和恩格斯并没有在著作中明确地设想出无产阶级国家，但列宁的理论符合他们思想的基本精神，不仅在世界观上坚持历史唯物主义，而且也在所有制形式层面上坚持公有制等基本原则。列宁逝世后，在斯大林的领导下，苏联逐步发展出了一种以计划经济为主导的国家积累和分配体系，国家“高速膨胀”在一定程度上压制了社会和个人的发展。这与地缘政治形势和经济发展需要资本积累的现实相关，在当时有其必要性，但无疑需要后来者进行调整。但是，当斯大林逝世后，以赫鲁晓夫为代表的苏联领导集体在纠正斯大林体制的弊端时，没有找准问题来对症下药，反而执着于官僚体系内部的权力斗争，丧失了马克思主义的基本立场。到了勃列日涅夫时代，苏联的党政干部群体更是进一步堕落为官僚利益集团，日益与人民的利益相背离，成为“打着红旗反红旗”的新型帝国主义者。

在中国，将马克思主义理论与中国的具体国情相结合，已经存在两次意义非凡的伟大实践。

第一次，是以毛泽东同志为领导的老一辈无产阶级革命家主导和承担的社会主义革命和社会主义建设。毛泽东很早就积极关注世界形势，他对欧洲修正主义思潮和斯大林的做法中存在的问题都有着清醒的认识，他经常指出，既要防右也要纠“左”，既要反对经验主义也要反对教条主义。早在土地革命时期，毛泽东就已经认识到，中国的现实情况既不同于西欧也不同于苏联，不能照搬欧洲和苏联模式。毛泽东等人提出从中国的实际出发，倡导要走适合中国国情的社会主义革命道路。而中国当时的社会现实是，经典意义上的无产阶级——工人阶级尚处于初生阶段，力量薄弱；当时的中国农民，虽然按照经典意义属于小资产阶级，但是已经普遍贫困化，具有了无产阶级特质。而中国共产党人正是通过团结和领导最广大的农民阶级，最终才取得中国革命的胜利。新中国成立之后，中国借鉴了斯大林式的以“国家重塑社会”的建设和组织模式，这与中国需要在短时期从农业国转变为工业国的现实密切相关——社会主义理想的实现需要强大的物质资源。马克思与恩格斯的一个著名论断，是社会主义革命要在经历过资本主义充分发展之后才可行；列宁则提出了以无产阶级专政取代资本主义国家来发展生产力，从而使得落后地区和边缘国家有了摆脱被中心国家控制的可能性。从这个意义上来说，无产阶级专政国家是一种以现代型政党来组织、分配资源从而推动生产力发展的“赶超模式”。从辩证唯物主义的角度来看，一方面，这种“赶超模式”力量巨大，苏联和中国的社会主义建设实践就是证明；另一方面，这种“赶超模式”必然也会造成一些严重后果，比如国家力量过度膨胀，社会和个人发展受到限制。毛泽东在20世纪50年代，也已经认识到了这一问题，并试图探索一种不左不右，相对中正平和的社会主义建设模式。但遗憾的是，无论是毛泽东本人，还是其他老一辈领导人，由于受到各种地缘政治要素和国内政治形势的影响，对这些问题的解决并没有很好地加以推进。

第二次，则是20世纪70年代末，以邓小平为核心的第二代领导集体领导的改革开放事业，在很大程度上就是对早期社会主义建设造成的国家力量过于膨胀带来的社会和个人发展严重滞后倾向的纠正。改革，主要是国家向社会放权，激发个人自主性；开放，则是为了解决社会主义国家与世界市场融合的问题。通过改革开放，中国的经济取得了巨大发展，人民生活水平有了极大提升，社会风气日益开放，个人自主性不断提高。但是，改革开放同样带来了相应的社会问题：原本被消除的阶级分化问题再次出现——贫富差距拉大、阶层对立日益严重，基层社会被市场化原则所分割，拜金主义、虚无主义盛行，既得利益集团与人民的利益相背离，社会主义国家的基本性质受到质疑。为了应对此问题，思想界出现了以下两种思路：一种把目光投向美国模式，主张彻底放弃社会主义的立场，在社会领域进行更进一步的市场化改革，放松对资本的管制，给予个体更多自由。但是，2008年以来的金融危机再次表明，这种“新自由主义”的治理理念，必将加剧一国内部的阶级分化和阶级对立。这表明，向美国学习没有出路，只会导致更严重的社会对抗。另一种思路将目光投向北欧和德国，主张在政治制度上进行自由化改革，而在社会政策领域以福利社会主义来调节社会分化。这一思路在很大程度上与修正主义的思路一脉相承，其问题在于，在全球化的背景下，放弃国家的社会主义性质和公有制经济模式，仅仅将社会主义理解为二次分配领域的贫富调整，面临的一个直接矛盾就是：国家经济竞争力下降导致福利政策难以为继。

当前，国际政治经济格局的深刻变化在于：一方面，在金融全球化和信息技术革命的深刻影响之下，资本可以超出单一的国家和政府的管制，资本世界的无政府主义倾向日益明显，劳动者则受制于地域、国家、族裔和行业的影响，日益分化，无法实现普遍联合，资本相对于劳动的优势地位在短期内无法改变。另一方面，由于中国的崛起，世界政治经济体系出现复杂变革，资本主义的“边缘和中心”关系发生改变，无论是欧洲福利主义的溃败还是美国的产业空心化都与此相关。

今天，处于世界变革核心地带的中国，面临的巨大挑战在于，我们已经深刻地融入了世界体系之中，无法像苏联和前30年一样选择从世界体系中脱离出来而隔绝资本扩张带来的社会、经济问题。同时，旧有的社会治理模式，无论是美国式的还是欧洲式的，都已经不是一种理想模式，也无法成为中国未来学习的榜样。因此，中国的社会治理理论，必须在实践的过程中加以探索，并与社会治理实践组合成一个循环模式，成为一个动态的自我调节和自我完善的过程。

进入21世纪以来，在社会治理的理念层面，党和国家的领导集体，已经开始进行初步探索，并提出了“中国特色社会主义”“和谐社会”“中国梦”等概念。但这些概念还缺乏足够的支撑，缺乏与社会现实的有效结合，也缺乏更深层次的阐释和发展。可喜的是，在社会治理的实践层面，已经出现大量有意义的基层治理案例，比如“成都经验”“深圳经验”等等，但这些探索本身还处于自发阶段，缺少相应的理论自觉，很多实践者本身也无法意识到这些经验所具备的理论可能性。当下的马克思主义社会思想研究者，或许应该发挥沟通理念和实践的作用。本书的写作就是希望进行一个较为初步的尝试。而通过本书的写作，笔者意识到，无论是执政层面的社会治理理念，还是现实层面的社会治理实践，都与马克思主义基本观念存在深刻的联系。这一联系可以进行以下的初步总结：

首先，当代中国社会治理理念和实践发展过程，是对中国特色社会主义体系的不断完善。可以看到，尽管在一些具体实践之中存在着借鉴西方经验的做法，但这种局部借鉴不意味着整体模仿的可能，相反，而是证明了“具体问题具体分析”的思路。这集中体现在“国家、社会和个人”三元关系的调整过程之中。各地的实践都反映了这样一个事实：在中国，国家的内涵远比西方的国家理念更为复杂。现行的政府运行体系，不仅具有现代行政科学意义上的“公共服务”职能，也具有政治和经济意义上的“公共属性”。国家不仅作为政府、政党的集合体，也作为人民政治共同体的象征。这种政治属性使得民众对于国家有着很高的要求——既要求国家不能与民争利，又要求国家必须扶助民众，甚至必须具有集体主义和理想主义的一面。这既与中国数千年的历史传统相关，也与1949年以来的社会主义传统密切相关。尽管很多民众没有自觉的认识，但对国家的社会主义道德诉求已经潜移默化到思想观念的深处，会不断通过各种争议性实践暴露出来。而自由主义国家理念，虽然被很多人不断宣扬，但对于多数中国人而言，依然是一种外在和陌生的概念，无法与人们的日常生活相结合。

其次，社会治理实践对执政党和国家体系具有正面反馈作用。社会治理理念，既要有自上而下的总体性构想，也需要自下而上的经验反馈。毛泽东、邓小平等人的经历表明，领导集体对国家发展的理想设计，也可能被各种因素所扭曲，最终偏离其初衷。尊重现实，坚持群众立场是马克思主义的一个基本要求。这种要求不仅仅意味着领导干部集体要了解基层现实，更意味着民众诉求需要有效的表达渠道。改革开放30年来，中国经济取得成功的一个重要因素是地方竞争的“试验主义”模式。当前各地的社会治理实践，很大程度上也借鉴了这种“试验主义”的方法，亦取得很多成就。但是，需要认识到的是，社会治理与经济发展相比，政治动员的可能性更强，必须做到张弛有度，一方面鼓励地方探索，一方面还必须坚持社会主义的基本立场。中东地区冒进式的“社会革命”就是一个反面典型。在这个意义上，无论是对社会治理实践的探索，还是对社会治理的学术分析，对现有制度的改革和批评必须是“同情式的批判”，既不能以马克思主义中的理念教条来彻底否定今天，也不能以自由主义的教条理念来指导明天。因此，中国的社会治理，无论是理念还是实践，都必须在坚持社会主义基本立场的前提下发展社会主义。

最后，中国的社会治理实践存在着完善和发展马克思主义社会观的可能性。在国家、社会和个人关系视角的问题上，由于“国有企业”这一物质基础的存在，作为一个政治和经济实体，中国与美国、欧洲国家相比，在限制资本问题上，有着更大的行动自由度。在世界经济体系的竞争中，这种优势得到充分体现，成为中国的核心竞争力之一。因此，对于中国而言，现在的问题不是限制和削弱国家能力，不是放弃国有经济制度和国有土地制度，而是必须探索如何保证国有经济和国有土地制度的收益能与民众的整体利益相协调，保证公共收益的公平性。从这个意义上来说，社会主义在今天的中国非但没有过时，还十分迫切，需要被落到实处。这种落实不能靠概念上的分析和想象，而是需要具体的实践加以探索，很多社会治理实践恰恰包含了对社会主义共同富裕和公共理念的探索，需要进一步加以发掘。

参考文献

(一) 经典著作

[1]《马克思恩格斯全集》第一卷，人民出版社1956年版。
[2]《马克思恩格斯全集》第三卷，人民出版社1960年版。
[3]《马克思恩格斯全集》第三卷，人民出版社2002年版。
[4]《马克思恩格斯全集》第九卷，人民出版社1956年版。
[5]《马克思恩格斯全集》第十卷，人民出版社1956年版。
[6]《马克思恩格斯全集》第二十一卷，人民出版社1965年版。
[7]《马克思恩格斯全集》第二十一卷，人民出版社2003年版。
[8]《马克思恩格斯全集》第三十八卷，人民出版社1972年版。
[9]《马克思恩格斯全集》第四十二卷，人民出版社1979年版。
[10]《马克思恩格斯全集》第四十七卷，人民出版社1979年版。
[11]《马克思恩格斯选集》第一卷~第四卷，人民出版社1995年版。
[12]《马克思恩格斯文集》第一卷~第十卷，人民出版社2009年版。
[13]《列宁全集》第三十四卷，人民出版社1985年版。
[14]《列宁全集》第四十一卷，人民出版社1986年版。
[15]《列宁全集》第四十二卷，人民出版社1987年版。
[16]《列宁选集》第一卷~第三卷，人民出版社2012年版。
[17]《毛泽东选集》第一卷~第四卷，人民出版社1991年版。
[18]《毛泽东文集》第一卷~第八卷，人民出版社1999年版。
[19]《邓小平文选》第一卷~第三卷，人民出版社1994、1993年版。
[20]《江泽民文选》第一卷~第三卷，人民出版社2006年版。
[21]《胡锦涛文选》第一卷~第三卷，人民出版社2016年版。
[22]《习近平总书记系列重要讲话读本》，学习出版社、人民出版社

2014 年版。

[23] 胡绳主编：《中国共产党的七十年》，中央党史出版社 1991 年版。

[24] 中共党史文献选编：《社会主义革命和建设时期》，中共中央党校出版社 1992 年版。

[25] 中央党史研究室：《中国共产党历史》第一卷上、下，中共党史出版社 2002 年版。

[26] 中央党史研究室：《中国共产党历史》第二卷上、下，中共党史出版社 2010 年版。

[27]《中共中央文件选集（一九四九年十月～一九六六年五月）》第 24 册，人民出版社 2013 年版。

[28]《十五大以来重要文献选编》上，人民出版社 2000 年版。

[29]《十六大以来重要文献选编》中，中央文献出版社 2006 年版。

[30]《十六大以来重要文献选编》下，中央文献出版社 2008 年版。

（二）中文译著

[1] [加] 查尔斯·泰勒：《现代社会想象》，林曼红译，译林出版社 2014 年版。

[2] [英] J. G. A. 波考克：《马基雅维利的时刻》，冯克利译，译林出版社 2013 年版。

[3] [英] 维克托·迈尔·舍恩伯格：《大数据时代》，周涛译，浙江人民出版社 2012 年版。

[4] [德] 滕尼斯：《共同体与社会》，林荣远译，北京大学出版社 2010 年版。

[5] [美] 汉娜·阿伦特：《马克思与西方政治思想传统》，孙传钊译，江苏人民出版社 2007 年版。

[6] [英] 戴维麦·克莱伦：《马克思传》，王珍译，人民大学出版社 2006 年版。

[7] [法] 爱弥儿·涂尔干：《职业伦理与公民道德》，渠东、杜月译，商务印书馆 2006 年版。

[8] [法] 库郎热：《古代城邦》，谭立铸等译，华东师范大学出版社 2006 年版。

[9] [法] 科耶夫:《黑格尔导读》，姜志辉译，译林出版社 2005 年版。

[10] [德] 乌尔里希·贝克:《世界风险社会》，南京大学出版社 2005 年版。

[11] [德] 尤尔根·哈贝马斯:《交往行为理论》，曹卫东译，上海人民出版社 2004 年版。

[12] [美] 戴维·哈维:《后现代的状况》，阎嘉译，商务印书馆 2003 年版。

[13] [英] 戴维·赫尔德:《全球大变革：全球化时代的政治、经济与文化》，杨雪冬译，社会科学文献出版社 2001 年版。

[14] [澳] 约瑟夫·凯米莱里等:《主权的终结》，李东燕译，浙江人民出版社 2001 年版。

[15] [法] 邦雅曼·贡斯当:《古代人和现代人的自由》，阎克文、刘满贵译，商务印书馆 1999 年版。

[16] [英] 艾瑞克·霍布斯鲍姆:《资本的年代：1848—1875》，张晓华译，江苏人民出版社 1999 年版。

[17] [德] 黑格尔:《法哲学原理》，范扬、张企泰译，商务印书馆 1961 年版。

[18] [德] 文德尔班:《哲学史教程》下卷，罗达仁译，商务印书馆 1987 年版。

[19] [德] 黑格尔:《小逻辑》，贺麟译，商务印书馆 1980 年版。

[20] [英] 洛克:《政府论》，瞿菊农、叶启芳译，商务印书馆 1964 年版。

[21] [英] 吉登斯:《第三条路——社会民主主义的复兴》，郑戈译，北京大学出版社、生活·读书·新知三联书店 2000 年版。

[22] [美] 詹姆斯·N. 罗西瑙:《没有政府统治的治理》，张胜军译，江西人民出版社 2001 年版。

[23] [美] 彼得·德鲁克:《社会的管理》，徐大建译，上海财经大学出版社 2003 年版。

[24] [美] 彼得·德鲁克:《下一个社会的管理》，蔡文燕译，机械工业出版社 2007 年版。

[25] [德] 沃尔夫同·查普夫:《现代化与社会转型》，陈黎译，社会

科学文献出版社 1998 年版。

[26] [美] 盖伊·彼得斯:《政府未来的治理模式》, 吴爱明等译, 中国人民大学出版社 2001 年版。

[27] [美] 卡尔森、威尔莫特:《创新: 变革时代的成长之道》, 蒋怡、黄水平译, 北京师范大学出版社 2007 年版。

[28] [印] 哈斯·曼德、穆罕穆德·沙斯夫:《善治: 以民众为中心的治理》, 国际行动援助中国办公室编译, 知识产权出版社 2007 年版。

（三）中文著作

[1] 孙艳秀:《演进与形塑》, 社会科学文献出版社 2012 年版。

[2] 郑杭生:《"中国经验"的亮丽篇章——社会学视野下"杭州经验"的理论与实践》, 中国人民大学出版社 2010 年版。

[3] 邓正来:《国家与社会》, 北京大学出版社 2008 年版。

[4] 孙立平:《博弈: 断裂社会的利益冲突与和谐》, 社会科学文献出版社 2006 年版。

[5] 俞可平:《中国公民社会的制度环境》, 北京大学出版社 2006 年版。

[6] 李春玲:《断裂与碎片: 当代中国社会阶层分化实证分析》, 社会科学文献出版社 2005 年版。

[7]《梁漱溟全集》第三卷, 山东人民出版社 2005 年版。

[8] 陆学艺:《当代中国社会阶层研究报告》, 社会科学文献出版社 2002 年版。

[9]《毛泽东传 (1949—1976)》, 中央文献出版社 2003 年版。

[10] 周大鸣:《当代华南的宗族与社会》, 黑龙江人民出版社 2003 年版。

[11] 李路路:《再生产的延续: 制度转型与城市社会分层结构》, 中国人民大学出版社 2003 年版。

[12] 风笑天、张小山、周清平:《社会管理学概论》, 华中理工大学出版社 1999 年版。

[13]《严复集》第三册, 中华书局 1986 年版。

[14] 卢汉龙:《社会建设与社会治理》, 社会科学文献出版社 2006

年版。

[15] 梁树发：《社会与社会建设》，人民出版社 2007 年版。

[16] 蒋红：《马克思市民社会理论研究》，人民出版社 2007 年版。

[17] 侯衍社：《马克思的社会发展理论及其当代价值》，中国社会科学出版社 2004 年版。

[18] 吕世荣：《马克思社会发展理论研究》，中国社会科学出版社 2001 年版。

[19] 俞良早：《关于列宁学说的论争》，中共中央党校出版社 2006 年版。

[20] 俞良早：《马克思主义东方社会理论研究》，中共中央党校出版社 2006 年版。

[21] 陈先达等：《马克思主义基础理论若干重大问题研究》，经济科学出版社 2009 年版。

[22] 林尚立主编：《社区民主与治理》，社会科学文献出版社 2002 年版。

[23] 孙晓莉：《中国现代化进程中的国家与社会》，中国社会科学出版社 2001 年版。

[24] 张静、关信平主编：《中国社会建设与发展研究》，中国人民大学出版社 2009 年版。

[25] 王继荣等：《社会管理理论与实践》，中央文献出版社 2007 年版。

[26] 丁开杰、俞可平：《和谐社会与政府创新》，社会科学文献出版社 2008 年版。

[27] 李燕等：《政府社会服务提供机制的构建研究》，中国财政经济出版社 2008 年版。

[28] 陈干全：《社会服务民营化及其政府管理研究》，安徽大学出版社 2008 年版。

[29] 张宇：《中国的转型模式：反思与创新》，经济科学出版社 2006 年版。

[30] 李惠斌等：《中国现实问题研究前沿报告》，华东师范大学出版社 2006 年版。

[31] 孙晓莉：《中外社会服务体制比较》，国家行政学院出版社 2007 年版。

[32] 陆学艺、李培林：《中国社会发展报告》，社会科学文献出版社 2007 年版。

[33] 林嘉：《社会保障法的理念、实践与创新》，中国人民大学出版社 2002 年版。

[34] 盛红生：《当代国际关系中的"第三者"——非政府组织问题研究》，时事出版社 2003 年版。

[35] 雷振扬：《马克思主义社会发展理论与中共社会发展问题研究》，民族出版社 2002 年版。

[36] 俞良早：《马克思主义东方学》，人民出版社 2011 年版。

[37] 何增科：《中国社会管理体制改革路线图》，国家行政学院出版社 2009 年版。

[38] 何增科：《社会管理与社会体制》，中国社会科学出版社 2008 年版。

[39] 尹继佐：《体制改革与社会转型》，上海社会科学院出版社 2001 年版。

[40] 周弘：《福利国家向何处去》，社会科学文献出版社 2006 年版。

[41] 顾海良：《马克思主义发展史》，中国人民大学出版社 2009 年版。

[42] 唐铁汉：《中国公共管理的重大理论与实践创新》，北京大学出版社 2007 年版。

[43] 郑杭生：《中国人民大学中国社会发展研究报告 2011 · 走向民生为重的社会：现阶段社会建设面临的挑战及其应对》，中国人民大学出版社 2011 年版。

[44] 郑杭生：《中国人民大学中国社会发展研究报告 2006 · 走向更讲治理的社会：社会建设与社会管理》，中国人民大学出版社 2006 年版。

[45] 汪大海：《社会管理》，中国人民大学出版社 2013 年版。

[46] 李培林、陈光金、张翼：《2014 年中国社会形势分析与预测》，社会科学文献出版社 2013 年版。

[47] 连玉明：《中国社会管理创新报告》，社会科学文献出版社 2013 年版。

[48] 龚维斌：《中国社会体制改革报告》，社会科学文献出版社 2013 年版。

[49] 陆学艺：《当代中国社会建设》，社会科学文献出版社 2013 年版。

[50] 许海清：《国家治理体系和社会治理能力现代化》，中共中央党校出版社 2013 年版。

[51] 郑杭生、胡宝荣：《包容共存——社会管理的精神内核》，中国人民大学出版社 2014 年版。

[52] 苑芳江：《中国共产党社会建设理论与实践》，中国社会科学出版社 2013 年版。

[53] 詹真荣、熊乐兰：《马克思主义社会建设理论与实践》，云南教育出版社 2011 年版。

[54] 丁竹元：《中国社会体制改革战略与对策》，国家行政学院出版社 2013 年版。

[55] 徐硕强：《社会管理创新——理论与实践》，科学出版社 2012 年版。

[56] 魏礼群：《加强和创新社会管理讲座》，学习出版社 2011 年版。

[57] 石英、尹小俊：《多元科学视角下的社会管理读本》，三秦出版社 2013 年版。

[58] 秦龙：《马克思"共同体"思想研究》，辽海出版社 2007 年版。

[59] 周谨平：《机会平等与分配正义》，人民出版社 2009 年版。

[60] 杨善华、谢立中：《西方社会学理论（上、下卷）》，北京大学出版社 2005 年版。

[61] 汪大海：《西方公共管理名著导读》，中国人民大学出版社 2011 年版。

[62] 马斌：《社会保障理论与实践》，中国劳动社会保障出版社 2006 年版。

[63] 舒天戈：《建设幸福中国：在改善民生和创新管理中加强社会管理》，红旗出版社 2013 年版。

[64] 任映红、戴海东：《中国共产党的社会公正观研究》，人民出版社 2009 年版。

(四) 中文期刊

[1] 何增科:《试析我国社会管理面临的新挑战》,《北京交通大学学报》2009 年第 4 期。

[2] 何增科:《论改革完善我国社会管理体制的必要性和意义》,《毛泽东邓小平理论研究》2007 年第 8 期。

[3] 李强:《当前我国社会分层结构变化的新趋势》,《江苏社会科学》2004 年第 6 期。

[4] 郭风英:《单位社区改制进程中社区治理结构的变迁》,《河南师范大学学报》2011 年第 1 期。

[5] 陈伟东:《论社区建设的中国道路》,《学习与实践》2013 年第 2 期。

[6] 李跃新:《社会建设理论的丰富与发展》,《北京党史》2014 年第 1 期。

[7] 林梅、程军:《加强社会建设要求下的社会体制改革探析》,《学习论坛》2014 年第 3 期。

[8] 宋友文:《马克思恩格斯社会建设思想的理论特质》,《中共中央党校学报》2013 年第 3 期。

[9] 蒋晓俊、韩小谦:《拓展社会建设理论研究新视野——马克思社会建设思想的研究与反思》,《云南社会科学》2013 年第 3 期。

[10] 刘明明:《市场社会主义的社会建设思想及当代价值》,《理论与改革》2013 年第 2 期。

[11] 牛敏静:《加强管理与改善民生——试论中共十八大报告中社会建设思想》,《学理论》2013 年第 23 期。

[12] 王祥:《论马克思社会发展理论的创新性及其对当代中国的建设启示》,《求实》2013 年第 10 期。

[13] 李爱军:《科学理解马克思恩格斯社会建设思想的三个着力点》,《求索》2013 年第 4 期。

[14] 刘卫平:《论马克思社会建设思想的人本意蕴及其当代意义》,《中央社会主义学院学报》2013 年第 6 期。

[15] 蒋晓俊:《和谐社会视野下马克思社会建设思想研究的创新与发

展》，《广西社会科学》2013 年第 7 期。

[16] 袁琳：《论马克思社会建设理论的形成路径及其启示》，《求索》2012 年第 11 期。

[17] 杨阳：《马克思市民社会视角下的社会建设思想》，《前言》2012 年第 16 期。

[18] 郑杭生、杨敏：《关于社会建设的内涵与外延》，《学海》2008 年第 4 期。

[19] 逄锦聚：《研究和把握马克思主义整体性》，《马克思主义研究》2008 年第 6 期。

[20] 贺祥林、雷希颖：《论社会建设的当务之急与关键所在》，《学习与实践》2008 年第 7 期。

[21] 宋新海：《科学发展观的社会建设诉求》，《理论探索》2007 年第 5 期。

[22] 陈方刘：《马克思的和谐社会思想及其中国化》，《求实》2007 年第 1 期。

[23] 王家云：《毛泽东对和谐社会的理论探索》，《毛泽东思想研究》2007 年第 3 期。

[24] 王扬：《中国共产党社会主义社会建设思想的形成和发展》，《中央社会主义学院学报》2007 年第 3 期。

[25] 王继、王浩斌：《马克思主义社会建设思想探析》，《毛泽东邓小平理论研究》2007 年第 10 期。

[26] 恒云：《马克思的社会发展理论及其当代价值》，《江苏大学学报》2007 年第 1 期。

[27] 丁剑：《社会和谐是中国特色社会主义的基本要求》，《江汉论坛》2007 年第 10 期。

[28] 王振民：《邓小平和谐社会建设思想初探》，《西北大学学报》（哲学社会科学版）2007 年第 1 期。

[29] 汪信砚、夏昌奇：《论黑格尔的市民社会概念》，《武汉大学学报》2007 年第 3 期。

[30] 郑杭生：《社会学视野中的社会建设与社会管理》，《中国人民大学学报》2006 年第 2 期。

[31] 刘生康:《构建社会主义和谐社会重在社会建设》,《湖南社会科学》2006 年第 3 期。

[32] 严书翰:《中国共产党社会建设的历史经验》,《中共云南省委党校学报》2006 年第 1 期。

[33] 齐英艳:《邓小平社会管理体制创新思想探析》,《理论视野》2010 年第 5 期。

[34] 白瑾:《90 年来中国共产党关于社会管理的创新与实践》,《科学社会主义》2011 年第 4 期。

[35] 邵静野、韩一丁:《论加强和创新社会管理》,《当代经济研究》2011 年第 9 期。

[36] 张莉:《在创新社会管理中解决民生问题》,《理论导刊》2011 年第 9 期。

[37] 马凯:《努力加强和创新社会管理》,《求是》2010 年第 20 期。

[38] 刘旺洪:《社会管理创新:概念界定、总体思路和体系建构》,《江海学刊》2011 年第 5 期。

[39] 向春玲:《论多种社会主体在社会管理创新中的作用》,《中共中央党校学报》2011 年第 5 期。

[40] 王磊、胡鞍钢:《中国社会管理创新的制度背景》,《探索与争鸣》2011 年第 9 期。

[41] 李赞:《地方政府社会管理创新研究——以应对突发事件为例》,《湖南社会科学》2012 年第 5 期。

(五) 外文类

[1] Christopher Chood, David Heald. Transparency: The Key to Better Governance. British Academy: Oxford University Press, 2006.

[2] Lester M. Salmon and Helmut K. Anheier. Global Civil Society: Dimensions of the Nonprofit sector. Maryland: The Johns Hopkins University, 1999.

[3] J. N. Roseau and E. O. Czempei. Governance without Government: Order and Change in World Politics. Cambridge: Cambridge University Press, 1992.

[4] Salmon, Lester M. ed, The State of Non-Profit America. Washington

DC: Brookings Institution Press. 2002.

[5] Rothstein B. The Quality of Government: Corruption, Social Trust and Inequality in a Comparative Perspective. Chicago: University of Chicago Press, 2011.

[6] Baogang He. The Democratic Implications of Civil Society in China. Macmillan Press LTD, 1997.

[7] Arthur Lewis Rosenbaum ed. State and Society in China: the Consequences of Reform. Westview Press, 1992.

[8] Michael Hechter, Christine Home. Theories of Social Order. Stanford Social Science. An Imprint of Stanford University Press. 2003.

[9] Robert E. Goodin. The Theory of Institutional Design, Cambridge. Cambridge University Press, 1996.

[10] David Judge. Political Institutions in the United Kingdom. Oxford: Oxford University Press, 2005.

[11] R. A. W. Rhodes, Sarah A. Binder and Bert A. Rockman, eds. The Oxford Handbook of Political Institutions. Oxford: Oxford University Press, 2006.

后　记

本书是在我的博士论文基础上修改完善而成。记得五年前，我心怀惴惴，一路期盼，一路祈祷，终于如愿踏入河海大学的大门。转瞬间，四年的学习生涯就过去了。时值不惑之年，还让我得以遇到众多博识多才的师长，结识许多才思敏捷的同学，实乃人生之幸。在与他们的交往中，我获益颇丰，这些都将成为我人生当中的魅力音符。在书稿即将付梓之际，借此机会向所有帮助我完成学业的师长、同学、朋友和家人表示最诚挚的敬意和最衷心的感谢。

感谢我的导师余达淮教授。余老师渊博的学识、深厚的学术功底、缜密的思维方式和严谨的治学精神给予我极大的启迪，让我钦佩不已。每次去见他，清晨7：30，他就早早坐在办公室，或学习，或著述，或给学生批改论文，等着我去。余老师的谦和、勤奋深深地影响着我。虽然没能成为余老师所期望的优秀学生，但余老师的严格要求，还是让我收益良多。在论文撰写的过程中，余老师的每次指点都如醍醐灌顶。在论文的选题、框架的调整、内容的增删，乃至具体格式的规范等方面，余老师都投入了大量精力，倾注了诸多心血，提出了许多精准的建议和意见，给了我极大的启发和帮助，让我领会到了一个真正的学者所应该具有的风采以及治学为人的道理，一如在和那些民国大师们亲近交往。

四年的学习生活中，我聆听了张燕燕、尤震、王国权、戴锐、陈绍军及学院其他诸多老师的教诲与指导，受益匪浅。特别是丁长青教授，就我的论文结构、概念界定、文理表述等方面，不止一次做过深度指导。还有黄明理教授、吴远教授、刘爱莲教授等，在课堂内外、开题论证、中期检查和预答辩的过程中，都给我提出了宝贵的意见和建议，给了我有益的启迪和精心的点拨。感谢孙秀芳老师、曹芸老师为论文开题、中检及答辩所付出的辛苦劳动，祝你们心想事成、健康顺利！

与我一同走过求学道路的各位同学，张华、王玲、李克明、李先广、吕林、张尚兵、解红辉、赵苍丽等，无论在学习上，还是生活上都曾给予我许多关心、支持与帮助，一回想起与你们相处的点点滴滴，总感到无比亲切和温馨。祝各位同学学业有成、前程似锦！

感谢我的爱人，从准备考博直至临近毕业，你一个人包下了家里的一切琐事，扛起了一家人的生活重任，日常起居、教育孩子、人情往来等，都是你拿主意、做决断，并去完成，只为不影响我的学习。感谢我的儿子，你的四年本科，恰是我四年博士在读的时间。来不及关心你，每每还是你在关心我的身体和学习进展，让我倍感温暖和骄傲，更坚定了我求学的意志。因为有你们，让我更深刻地懂得爱与责任；因为有你们，我不敢有丝毫懈怠；因为有你们，我一直在加倍努力。

本书引用了许多专家、学者的著作与文章，还有许多帮助过我的师长、同学、亲人、朋友，未能一一提及，在此一并表示真诚的谢意！

最后，衷心感谢评阅本论文的各位专家，感谢你们在繁忙之中为本书提出的宝贵意见和建议。

殷树凤

2016 年 5 月于南京